"十四五"职业教育国家规划教材

轨道工程检测技术

GUIDAO GONGCHENG JIANCE JISHU

曹英浩　霍君华　李冲光　主　编

李冬松　徐　刚　车　媛　于可鑫　副主编

人民交通出版社股份有限公司
北京

内 容 提 要

本书为"十四五"职业教育国家规划教材,主要内容包括轨道工程检测概述、轨道路线与结构检测、钢轨探伤检测、中国高速铁路无砟轨道检测、道岔检测技术、轨道工程试验检测六部分内容。本教材坚持理论与实践的结合,科学性和实用性的结合,学校教育与职业岗位的结合,传统知识与新设备、新方法、新技术的结合,旨在通过职业教育,培养具有轨道工程检测知识和基本操作技能的高素质专业人才。

本书可作为高等职业院校城市轨道交通工程技术等专业的教材或参考书,亦可作为从事轨道工程施工检测和养护人员的自学用书或参考书。

本书配有二维码,读者可通过扫码查看相关视频、动画资源。教师可通过加入"职教轨道教学研讨群"(QQ:129327355)进行教学交流与研讨。

图书在版编目(CIP)数据

轨道工程检测技术 / 曹英浩,霍君华,李冲光主编. —北京:人民交通出版社股份有限公司, 2018.6(2025.7 重印)

ISBN 978-7-114-14698-5

Ⅰ. ①轨… Ⅱ. ①曹… Ⅲ. ①轨道(铁路)—铁路工程—检测—高等职业教育—教材 Ⅳ. ①U216.3

中国版本图书馆 CIP 数据核字(2018)第 108528 号

"十四五"职业教育国家规划教材

书　　名:轨道工程检测技术
著 作 者:曹英浩　霍君华　李冲光
责任编辑:钱　堃
责任校对:刘　芹
责任印制:张　凯
出版发行:人民交通出版社股份有限公司
地　　址:(100011)北京市朝阳区安定门外外馆斜街 3 号
网　　址:http://www.ccpcl.com.cn
销售电话:(010)85285911
总 经 销:人民交通出版社股份有限公司发行部
经　　销:各地新华书店
印　　刷:北京印匠彩色印刷有限公司
开　　本:787×1092　1/16
印　　张:12.75
字　　数:280 千
版　　次:2019 年 6 月　第 1 版
印　　次:2025 年 7 月　第 7 次印刷
书　　号:ISBN 978-7-114-14698-5
定　　价:39.00 元

(有印刷、装订质量问题的图书,由本公司负责调换)

前　　言

近年来,我国城市轨道交通建设正处于蓬勃发展时期,城市轨道交通企业亟须面向生产一线的城市轨道交通专业技能型人才。在这样的大背景下,职业院校积极探索城市轨道交通专业的人才培养方案,实施课程体系与课程结构、内容的改革,开发出与目前城市轨道交通职业岗位需求联系紧密,突出新技术、新方法、新设备的数字化教材。为适应这种形势,本教材应运而生。

本教材坚持理论与实践相结合,突出科学性与实用性,学校教育与职业岗位,传统知识与新技术、新方法、新设备的结合,旨在通过职业教育,培养具备轨道工程检测知识与基本操作技能的高素质专业人才。

本教材主要内容包括轨道工程检测概述、轨道线路与结构检测、钢轨探伤检测、无砟轨道检测、道岔检测技术以及轨道工程试验检测六部分内容。全书由辽宁省交通高等专科学校曹英浩、霍君华和中国铁路沈阳局集团有限公司通化工务段李冲光担任主编。项目一由辽宁省高等专科学校李冬松、于可鑫编写,项目二由辽宁省高等专科学校徐刚、车媛和中国铁路沈阳局集团有限公司李冲光编写,项目三和项目四由曹英浩编写,项目五由霍君华和李冲光编写,项目六由霍君华编写。本书可作为高等职业院校城市轨道交通工程技术等专业的教材或参考书,亦可作为从事轨道工程施工检测和养护人员的自学用书或参考书。

本教材在编写过程中参考了轨道交通工程检测方面的相关文献,在此向各位作者表示感谢。

由于编者水平有限,书中不足之处,敬请读者批评指正。

编　者
2018 年 4 月

目　　录

项目一 轨道工程检测概述

任务一 轨道交通发展概况

学习目标

1. 了解国内外轨道交通发展历史;
2. 熟悉轨道交通系统类型以及基本技术经济特性。

任务描述

当今,发达的城市公共交通系统,特别是先进的城市轨道交通系统,已经成为现代化城市的标志之一。进入21世纪后,我国的地铁、轻轨、市郊铁路得到了迅猛发展。

《城市公共交通分类标准》(CJJ/T 144—2007)对城市轨道交通的定义为:"城市轨道交通为采用轨道结构进行承重和导向的车辆运输系统,依据城市交通总体规划的要求,设置全封闭或部分封闭的专用轨道线路,以列车或单车形式,运送相当规模客流量的公共交通方式,包括地铁系统、轻轨系统、单轨系统、有轨电车、磁浮系统、自动导向轨道体系统和市域快速轨道系统。"本任务要求学生能够利用发达国家城市轨道交通建设的经验,初步具备分析中国城市轨道交通发展前景及途径的能力,能够判断轨道交通系统的各种不同形式所具有的特点和功能。

工程案例

某城市轨道交通12号线的汉中路站为12号线和13号线这两条城市轨道交通线路的换乘站,该站位于恒通路、恒丰路、光复路、梅园路围成的地块之间,将与已建成并运营的1号线实现3线换乘。汉中路站车站施工主要涉及恒通路、恒丰路、光复路、梅园路和长安路。恒通路基本呈东西走向,道路宽度约20m,单向通行(西向东),设4条机动车道+双向非机动车道。过恒通大厦地铁站后,道路渠化成5条机动车道。道路中央设隔离带,隔离带一侧为公交车专用道,路中央设公交车终点站。恒丰路为南北走向主干道,道路宽度约38m。该路跨过苏州河桥,桥上路面部分为5条车道(2条南向北机动车道,3条北向南机动车道)。桥下两侧分别为宽度约7m的机非混合道路。光复路沿苏州河设计,道路宽度约10m,为机非混合车道。梅园路大致呈南北走向,恒通路至长安路路段道路宽度约16m,设双向3车道(1条北向南机动车道,2条南向北机动车道);长安路至光复路路段道路宽度约

10m,为双向机非混合车道。长安路主要为东西走向,道路宽度约8m,为机非混合车道。其中恒丰路至梅园路路段在施工期间道路封闭。

相关知识

一、轨道工程含义

一般来说,轨道工程包括铁路工程和城市轨道交通工程,其中普通铁路高速铁路等属于前者,而地铁、轻轨、有轨电车等属于后者。轨道工程主要由线路、站场和附属工程3部分组成。线路是列车所行驶的轨道式通道,由轨道结构及支撑它的路基、涵洞或桥梁、隧道等建筑物组成;站场包括旅客出入轨道运输系统的车站以及列车进行整备、检查、解体、编组等作业的场所;附属工程包括信号、电力供应和给排水等设施。轨道交通系统按服务范围、行车速度等可以分为普通铁路系统、高速轨道交通系统和城市轨道交通系统,共3种类型。

二、普通铁路系统

1.普通铁路的定义

铁路是使用机车牵引或使用装有动力装置的列车行驶于轨道上的交通线路。一般来说,普通铁路是指设计速度不大于160km/h,或升级改运后运行速度未达到200km/h的铁路线路。

2.普通铁路系统的组成

普通铁路系统一般由车务段、机务段、工务段、电务段、车辆段、供电段以及客运段等组成。

车务段是普通铁路行车系统的重要单位之一,负责列车运营。车务段管理车站货运等业务,其中包括货运和客运的计划和收入、列车的运行监控等,保证客运、货运的正常运营,保证运营收入的正常回收。车务段一般内设安全科、技术科、运输调度科、营销科、职工教育科、总务科、劳动人事科、财务科、行政办公室、党群工作办公室等管理机构。

机务段是普通铁路运输系统的主要行车部门,主要负责铁路机车(俗称"火车头")的运用、综合整备、整体检修(一般为中修、段修)的行车单位,属于一线行车单位。机务段一般设置在重要的铁路枢纽城市或重要的货运编组站附近,主要担当旅客列车、货运列车、行包列车或专运任务的动力牵引任务。铁路局每个机务处下设若干个机务段,机务段下设若干个机务车间、机务折返段,同时还有检修车间、整备车间、设备车间和各职能科室。

工务段是普通铁路系统的基层单位,负责铁路线路及桥隧设备的保养与维修工作。铁路巡道、铁路道口的看守,都属于工务段的职责范围。工务段实行段、车间、班组三级管理制度,下设线路车间、桥梁车间、重点维修车间、综合机修车间、运输车间等专业车间。

电务段是普通铁路系统的一个重要机构,负责管理和维护列车在运行途中的地面信号与机车信号及道岔正常工作。通俗讲,就是负责"交通红绿灯"的管理。电务段的主要职责是维护信号设备,使信号正常显示;维护转辙机及道岔,使道岔搬动正常,确保列车正常运行。

车辆段是普通铁路行车系统的重要单位之一,主要负责列车的车辆(不包含机车)的运营、整备、检修等工作。车辆段通常由检修工厂和列检所组成。列车车辆发生大故障一般由检修工厂进行检修;而列检所则通常设在二等以上的车站,实时检测过往的列车。客车车辆段中还有随车列检(车辆乘务员),即在列车正常运行过程中随车进行实时监控检测。

供电段是普通铁路系统的重要业务部门之一,主要负责电气化铁路的牵引供电、铁路运输信号供电、铁路的电力供应、电力设备的检修与保养等工作。供电段一般内设安全科、物资科、网络电力技术科、变电技术科等管理机构。供电段一般设在重要的铁路交通枢纽处。在较大车站附近一般都会设立电力作业工区,负责管内电气化铁路接触网管理、维修及当地铁路地区中各铁路单位的电力供应等工作。

客运段是普通铁路系统的重要部门之一,主要负责旅客、列车工作人员的管理工作。客运段负责旅客列车的服务(包括旅客列车乘务工作和餐饮服务)。铁路局所在地一般设有客运段,一些省会城市及较重要的城市也会设有客运段。客运段一般内设安全技术科、餐饮业务科、乘务管理科等管理机构。

思政知识1

三、高速轨道交通系统

1.高速轨道交通系统的定义

高速轨道交通系统一般指高速铁路系统。高速铁路(以下简称"高铁")在不同国家、不同时代有不同的定义。根据国际铁路联盟(简称 UIC)定义,高速铁路是指通过原有线路直线化、轨距标准化,使营运速度达到 200km/h 以上,或者专门修建新的"高速新线",使营运速度达到250km/h 以上的铁路系统。中国国家铁路局的定义为:新建设计速度 250km/h(含预留)及以上动车组列车,初期运营速度不小于 200km/h 的客运专线铁路。高速铁路除了列车营运速度达到一定标准外,车辆、路轨、操作都需要配合提升。与其他运输方式相比,高速铁路具有运载能力大、运行速度快、运输效率高、运载成本低、安全系数高等特点。从各地的运行状况来看,高速铁路以客运为主,仅有少数线路开展货运业务。我国高速铁路一般采用无砟轨道,起初用于 CRH2C 型电动车组,后使用高速动车组(G 字头列车),CRH380 系列专用于高速铁路。

2.高速铁路系统的组成

高速铁路系统是一个涉及多部门、多系统、多环节、多要素的复杂大系统,它犹如一台大的联动机,将高速铁路系统中的车、机、工、电、辆五大部门联系在一起,结合高速铁路系统中的高速铁路建设系统与高速铁路运营系统,实现了高速铁路在多工种联合作用下的多环节、多要素的安全作业。该系统具有涉及设备数量庞大、种类繁多,设备布局的延续纵深和操作人员岗位独立分散的特点。

高速铁路系统主要由工务工程、牵引供电、通信信号、动车组、运营调度、客运服务六大系统构成。对于工务工程系统来说,为保证高速列车能够长期、持续地安全、平稳运行,要求线下基础具有高平顺性、高稳定性、高精度、小变形、少维修等特点。线下基础的这些技术特点是高速铁路有别于普通铁路的最主要之处,需要从线路平纵断面、路基、轨道、桥梁、隧道等各方面选用必要的技术标准和措施加以保证。

高速铁路牵引供电系统主要由牵引供电系统和电力系统组成,其技术要求为:满足高速运行的弓网关系;满足可靠稳定的供电要求;满足免维护、少检修、抵御自然环境侵害的要求;动车组自动过分相;供电能力适应高速度、高密度、大功率的要求;具有综合一体化远程监控能力。

我国高速铁路的通信系统包括:光传输系统、数据网、电话交换系统、调度通信系统、数字移动通信系统(简称 GSM-R)、会议电视系统、应急通信系统、综合视频监控、时钟同步、综合网管、监测系统、防雷与接地系统、通信电源及线路等。高速铁路通信系统的主要技术特点是采用数字移动通信系统,其场强覆盖、服务质量标准必须符合要求。特别是 CTCS-3 列控信息区段,必须采用系统冗余设计,以满足调度指挥、公务通信、信息传输和列车运行控制的需要。高速铁路调度指挥系统分为管理层、调度层和执行层。高速铁路行车指挥采用分散自律调度集中指挥控制系统(简称 CTC),由铁路局、车站两级构成,具备列车进路及调车进路的控制、列车运行监视、车次号追踪、列车运行计划调整和列控限速设置等功能。CTC控制模式包括分散自律控制和非常站控两种模式。分散自律控制模式的操作方式又分为中心操作方式、车站调车操作方式和车站操作方式 3 种。

在借鉴国外高速铁路客运服务理念、成熟经验、先进技术和系统集成方法的基础上,结合中国铁路的实际情况,依靠自主创新和自主开发,我国建立了具有自主知识产权的、国际领先水平的客运服务系统。客运服务系统包括票务系统、旅客服务系统、市场营销策划系统和综合服务平台、数据平台、安全保障平台等。

3. 高速铁路的特点

中国是世界上高速铁路发展速度最快、系统技术最全、集成能力最强、运营里程最长、运营速度最快、在建规模最大的国家。在运行速度上,我国高速铁路目前的最高时速超过300km,堪称"陆地飞行";在运输能力上,一个长编组的列车可以运送 1000 多人,运力强大;在适应自然环境上,高速列车可以全天候运行,基本不受雨、雪、雾的影响;在列车开行上,高速铁路采取"公交化"的模式,旅客可以随到随走;在节能环保上,高速铁路是绿色交通工具,非常适应我国节能减排的要求。

高速铁路是当代世界铁路的一项重大技术成就,它使铁路固有的技术经济优势得以有效发挥。与其他交通运输方式相比,高速铁路具有以下明显的十大优势:

(1)全天候。高速铁路不受恶劣气候条件限制,列车按规定时刻到发与运行,这是飞机、汽车等交通运输工具所不能及的。

(2)运能大。输送能力大是高速铁路的主要技术优势之一。

(3)速度快。以北京至上海为例,在正常天气情况下,乘坐飞机的全程旅行时间(含从北京市区至机场、候检等全部时间)为 5h 左右;如果乘坐高速铁路的直达列车,全程旅行时间则为 5 ~ 6h,与飞机相当。

(4)安全系数高。由于高速铁路是在全封闭环境中自动化运行的,又有一系列完善的安全保障系统,因此,高速铁路的安全程度是其他交通工具无法比拟的。

(5)能耗低。研究表明,若在普通铁路中每人每公里消耗的能源为 1 单位,则高速铁路为 1.3,公共汽车为 1.5,小汽车为 8.8,飞机为 9.8。

(6)污染轻。高速铁路基本上消除了粉尘、煤烟和其他废气污染;高速铁路的噪声比高速公路噪声低 5 ~ 10dB。

(7)土地利用率高。在相同运量的条件下,一条高速铁路相当于一条 6 车道高速公路,其土地利用率比高速公路的高40%。

（8）正点率高。

（9）舒适、方便。高速铁路列车车内布置非常豪华,工作、生活设施齐全;座席宽敞舒适,走行性能好,运行非常平稳;减震、隔音效果好,车内很安静。

（10）效益好。高速铁路自投入运行以来,备受旅客青睐,社会效益及经济效益均十分可观。

思政知识2

四、城市轨道交通系统

1.城市轨道交通的定义和类型

一般而言,广义的城市轨道交通系统是指以轨道运输方式为主要技术特征,是城市公共客运交通系统中具有中等以上运量的轨道交通系统(有别于道路交通),主要为城市内(有别于城际铁路,但可涵盖郊区及城市圈范围)公共客运服务,是一种在城市公共客运交通中起骨干作用的现代化立体交通系统。

城市轨道交通在世界范围内发展较快,国家、城市、地区、服务对象等的不同,使得城市轨道交通呈现出多种类型,发展到目前,尚无统一的分类标准。

城市轨道交通系统按轨道空间位置可分为地下铁道、地面铁路和高架铁路;按轨道形式可分为重轨铁路、轻轨铁路和独轨铁路;按支承导向制式可分为钢轮双轨系统、胶轮单轨系统和胶轮导轨系统;按小时单向运能可分为大运量系统、中运量系统和小运量系统;按路权专用程度可分为线路全封闭型、线路半封闭型和线路不封闭型;按服务区域可分为市郊铁路、市内铁路和区域快速铁路;按运能范围、车辆类型及主要技术特征可分为有轨电车、地下铁道、轻轨交通、市郊铁路、单轨交通、新交通系统和磁悬浮交通。

2.城市轨道交通体系统的组成

城市轨道交通系统是集多专业、多工种于一身的复杂系统,通常由轨道路线、车站、车辆、维护检修基地、供变电、通信信号、指挥控制中心等组成。城市轨道交通在运输组织方面要实行集中调度、统一指挥、按运行图组织行车;在功能实现方面,各线路、车站、隧道、车辆、供电、通信、信号、机电设备及消防系统均应保证状态良好,运行正常;在安全保证方面,主要依靠合理行车组织和设备正常运行,来保证必要的行车间隔和正确的行车线路。

为了保证列车运行安全、正点,在集中调度、统一指挥的原则下,行车组织、设备和车辆检修、设备运行管理等均由一系列规章制度来进行规范管理。列车运行是一个多专业、多工种配合工作,围绕安全行车这一中心而组成的有序联动、时效性极强的系统。

城市轨道交通系统使用以电子计算机处理技术为核心的各种自动化设备,从而代替传统的人工、机械、电气的行车组织、设备运行和安全保证系统。如列车自动控制(简称ATC)系统可以实现列车自动驾驶、自动跟踪、自动调度;供电系统管理自动化(简称SCADA)系统可以实现主变电所、牵引变电所、降压变电所设备系统的遥控、遥信、遥测和遥调;环境监控系统(简称BAS)和火灾报警系统(简称FAS)可以实现车站环境控制的自动化和消防、报警系统的自动化;自动售检票系统(简称AFC)可以实现自动售票、检票、分类等功能。这些系统全线各自形成网络,均在控制中心(简称OCC)设中心计算机,实行统一指挥、分级控制。

3. 城市轨道交通系统的作用和特点

(1)城市轨道交通系统的作用

①城市轨道交通是城市公共交通的主干线、客流运送的大动脉,是城市的生命线工程。其建成运营后,将直接关系到城市居民的工作和生活。

②城市轨道交通是世界公认的低能耗、少污染的"绿色交通",是解决"城市病"的一把金钥匙,其对于实现城市的可持续发展具有非常重要的意义。

③城市轨道交通是投资额巨大的公共交通基础设施,对城市的全局和发展模式将产生深远的影响。城市轨道交通的建设可以带动轨道交通沿线的发展,促进城市繁荣,形成郊区卫星城和多个城市副中心,从而缓解城市中心人口密集、住房紧张、绿化面积小、空气污染严重等城市通病。

④城市轨道交通的建设与发展有利于提高市民出行的效率,为市民节省时间,从而改善市民的生活质量。许多国际知名的大都市由于轨道交通十分发达,因而市民出行很少乘坐私人车辆,主要依靠地铁、轻轨等轨道交通,城市交通秩序井然。

(2)城市轨道交通系统的特点

①较大的运输能力。由于城市轨道交通高密度运转、列车行车时间间隔短、行车速度快、列车编组辆数多,因此具有较大的运输能力。单向每小时的运输能力方面地铁可达到3万~6万人次,甚至达到8万人次;轻轨最大可达到1万~3万人次;有轨电车最大可达到1万人次。城市轨道交通能在短时间内输送较大的客流。据统计,地铁在早高峰时每小时能输送的客流数可达到全日客流的17%~20%,3个小时输送的客流数可达到全日客流的31%。

②较高的准时性。由于城市轨道交通车辆在专用行车道上运行,不受其他交通工具干扰,不产生线路堵塞现象并且不受气候影响,是全天候的交通工具,因而列车能按运行图运行,准时性较高。

③较高的速达性。与其他公共交通相比,由于城市轨道交通有专用或半专用路权,受其他交通工具干扰小,车辆有较快的运行速度,有较快的启、制动加速度,并且多数采用高站台,列车停站时间短,上、下车迅速方便,换乘便捷,从而可以使乘客较快地到达目的地,缩短了出行时间。

④较强的舒适性。城市轨道车辆具有较好的运行特性,车辆、车站具备空调、引导装置、自动售票机等为乘客服务的设备,具有较好的乘车条件,因而其舒适性要优于公共汽车等交通工具。

⑤较高的安全性。城市轨道交通具有先进的通信信号设备,极少发生交通事故。

⑥能充分利用地下和地上空间。大城市地面拥挤、土地费用昂贵。城市轨道交通充分利用了地下和地上空间,不占用地面街道,有利于城市空间合理利用,能有效缓解由于机动化发展而造成的道路拥挤、堵塞等问题,特别有利于缓解大城市中心区过于拥挤的状态,提高了土地的利用价值,并能改善城市景观。

⑦城市轨道交通对环境污染小。城市轨道交通采用电气牵引,不产生废气;由于城市轨道交通在线路和车辆上均采用了降噪措施,因此一般不会对城市环境产生严重的噪声污染。

任务二 轨道工程检测技术发展概况

学习目标

1. 了解国内外轨道工程检测技术的发展；
2. 熟悉并理解轨道工程检测的目的及意义；
3. 掌握轨道工程检测内容、方法和设备。

任务描述

轨道工程包括路基工程、轨道线路工程、桥梁工程、隧道工程、道岔工程以及附属设施工程等。轨道工程检测技术是一门正在发展的新兴学科，它融合试验检测技术基本理论和基本技能以及路基、轨道、桥梁、隧道、道岔以及附属设施等相关学科知识于一体，同时涉及自动化技术、计算机技术等，其可为工程设计、工程质量控制、竣工验收评定、管理维护、养护管理决策提供重要的技术保证。本任务需要学生掌握轨道工程检测技术的目的和意义以及轨道工程检测内容、方法和设备。

相关知识

一、轨道工程检测的目的和意义

轨道工程检测的目的是对轨道工程质量进行检验，保证轨道设施安全可靠，同时为评价轨道工程缺陷和鉴定工程事故提供依据。轨道工程的试验检测对提高工程质量、加快工程进度、降低工程造价、提高养护水平、推动施工技术进步起到极为重要的作用。轨道工程检测技术是轨道基础工程设施施工控制、新结构性能研究、结构质量控制和评定的重要手段。认真做好轨道工程检测工作，尤其是轨道线路检测，对推动我国轨道工程建设水平，促进轨道质量水平提高具有十分重要的意义。

轨道工程检测应以国家和相关部门颁布的有关法规、技术标准、设计施工规范和相关材料试验规程为依据，对于某些新结构以及采用新材料和新工艺的基础设施，有关的规范、规定无相关条款时，可借鉴执行国外或国内其他行业的相关规范、规程。我国轨道交通基础设施的标准和规范大致可以分为 4 个层次。第一层次：综合基础标准，是指导制定专业基础标准的国家统一标准；第二层次：专业基础标准，是指导专业通用标准和专业专用标准的行业统一标准；第三层次：专业通用标准；第四层次：专业专用标准。

轨道线路设备是轨道运输业的基础设备，由于它常年裸露在大自然中，并经受着风雨冻融和列车荷载的作用，轨道几何尺寸不断变化，路基及道床不断变形，钢轨、联结零件及轨枕不断磨损，使得线路设备技术状态不断发生变化。因此，工务部门要及时掌握线路设备的变化规律，检测线路状态。加强线路检测管理是确保线路质量、保证运输安全的重要的基础性工作。

安全生产是轨道交通永恒的主题。经常保持线路设备完整和质量均衡，保证列车以规定的速度安全、平稳和不间断运行,并尽量延长设备的使用寿命,是轨道工务部门的重要职责。因此,合理养护线路、确保线路质量是保证工务部门安全生产的前提,也是保证轨道运输安全的基础。通过线路检测可以了解线路的设备技术状态、变化规律及变化程度,从而合理安排线路的养护和维修工作,确保线路处于良好质量状态,保证轨道运输的安全生产。

二、轨道工程检测的内容和方法

1. 轨道工程检测的内容

(1)轨道线路的检测(线路平顺性检测)

轨道平顺性检测主要是指轨道平顺度指标的检测。轨道平顺度指标有高低、轨向、水平、扭曲、轨距等几种。高低不平顺是指钢轨顶面沿长度方向凹凸不平;轨向不平顺是指钢轨侧面沿长度方向凹凸不平;水平不平顺是指左右轨存在一定高差(在曲线部分有超高的情况下,把对应于正常超高量的增减量称为水平不平顺);轨距不平顺是指钢轨左右股之间距离的变化。轨道平顺度的检测就是要对轨道的变形进行监测,若轨道偏离铺设时的精度到一定的程度时,就要对轨道进行维修。

轨道铺设时,对轨道平顺度的精度要求很高,如高低、轨向和水平不平顺偏差值都不能超过 2mm;扭曲不平顺偏差值不能超过 1.5mm;轨距不平顺偏差值不能超过 2mm。

(2)轨道各部件的检测

轨道是铁路线路的组成部分,这里所指的轨道包括钢轨、轨枕、联结零件、道床、防爬器等,如图 1-1 所示。

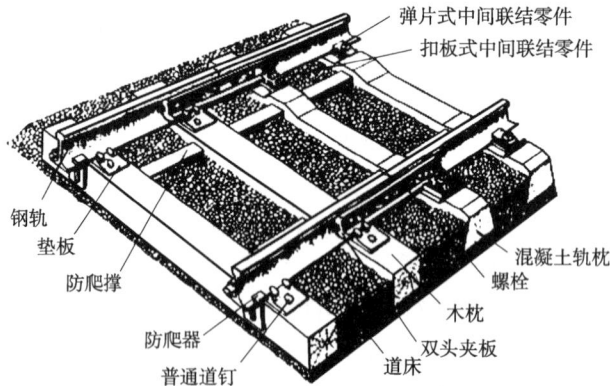

图 1-1　轨道基本组成

轨道各部件的检测主要包括以下几个部分:

①检查钢轨磨耗(钢轨轻伤、重伤标准见《铁路线路维修规则》);

②检查钢轨错牙:轨面或内侧错牙大于 2mm 的记录;

③检查轨缝:瞎缝、轨缝大于构造轨缝、绝缘接头小于 6mm 的记录;

④检查螺栓:缺少、失效、松动的记录;

⑤检查扣件:缺少、失效、离缝的记录;

⑥检查轨枕失效、歪斜、吊板处所:检查轨枕失效依照《铁路线路维修规则》执行;检查轨枕歪斜超过 50mm 的记录,测量轨枕边缘处中心距;

⑦检查加强设备:防爬器、轨距杆、轨撑数量缺少或状态不符合要求的记录;

⑧检查道床:污染、外观不符合要求的记录;

⑨检查标志、标记:缺少或状态不符合要求的记录。

（3）钢轨作用力的检测

运行的列车与轨道组成一个力学系统,它们紧密地联系在一起,并且相互作用。检测轮轨的相互作用力,不仅可以为机车车辆和轨道的维修提供依据,更重要的是可以判断列车是否有可能脱轨掉道,这对保障列车运行安全至关重要。

（4）轨枕状态的检测

轨枕主要包括混凝土轨枕和木枕,轨枕检测主要是指对这两大类轨枕的状态检测。

（5）钢轨伤损的检测

铁路部门是较早开展无损检测工作的部门之一,钢轨探伤是无损检测技术应用的一个重要领域。由于钢轨在使用过程中会因应力作用产生各种疲劳裂纹,若检测不及时,会造成钢轨断裂,以至于引起列车颠覆等恶性事故,从而导致交通中断。因而各国对钢轨探伤都十分重视,不惜投入大量人力、物力对现用钢轨进行定期检测,以便及早发现疲劳伤损,防止断轨,确保安全。高速铁路进行钢轨探伤是必须的,但其对探测速度和精度提出了更高的要求。我国高速铁路钢轨探伤包括 3 方面的检测内容:钢轨伤损、钢轨断面和波浪磨耗。

（6）轨道试验检测

轨道试验检测主要包括:普通混凝土试验;砂、石、水泥、粉煤灰检测;钢筋原材、钢筋焊接检测;硫磺锚固配合比设计;螺旋道钉锚固抗拔力检测;底砟、道砟压实度检测;钢轨焊接试验检测;轨枕结构强度检测;扣件扣压力和疲劳试验检测等。

（7）钢轨噪声的检测

高速铁路由于速度高,产生的噪声也相对较大,因此减小噪声显得尤为重要。噪声主要来自 4 个方面:车体周围的空气、机车受电弓和导线间的摩擦、结构物振动以及轮轨的相互作用。其中,轮轨间相互作用产生的噪声尤为突出。钢轨顶面凹凸不平或车轮踏面不圆顺均会产生噪声。因此,要使用钢轨打磨机定期对钢轨打磨,以保证钢轨顶面平顺。同时,对车轮踏面圆顺性有一定限制,可有效减少轮轨相互作用产生的噪声。

2. 轨道工程检测的方式以及技术发展

轨道工程检测以轨道线路检测为主,其检测方式和技术发展如下。

（1）轨道线路检测的方式

①静态检测

轨道线路静态检测指在没有车轮荷载作用时,用人工或轻型测量小车对线路进行检查。主要包括对轨距平顺状态、水平平顺状态、前后高低平顺状态、轨向平顺度、空吊板、钢轨接头、防爬设备、联结零件、轨枕及道口设备等进行检查。

轨道线路静态检测包括线路和道岔几何形位检测。其检测项目主要包括轨距、水平、轨向、高低及轨底坡的平顺状态,还包括道岔各部分轨距、水平、高低、导曲线支距、查照间距、尖轨与基本轨的密贴程度等。

轨道线路静态检测是各工务段、车间、工区对线路进行检测的主要方式之一,工务段段长、副段长、指导主任、检测监控车间主任、线路车间主任和线路工长应定期检测线路、道岔、其他线路设备,并重点检测薄弱处所。

②动态检测

轨道线路动态检测是指在列车动荷载作用下,使用专用仪器和线路检测车,对轨道状态进行定期的系统检测,检测轨道发生的轨距、水平、方向、高低等轨道变形情况,用以反映轨道状态,分析轨道病害。轨道线路动态检测是对线路进行检查的主要方式之一,也是我国线路检测技术发展的主要方向。

轨道线路动态检测包括轨道动态几何形位检测、走行部振动情况检测和行车平稳性情况检测。其检测内容包括高低、轨向、水平、曲线外轨超高、曲线半径、轨距和三角坑等的平顺状态,左右轴箱垂直振动加速度,车体横向和垂向振动加速度。

(2)轨道工程检测的技术发展

轨道工程检测不仅要求准确,而且要求检测速度快,检测数据要实时处理,并迅速获得检测结果。因此,轨道工程检测必须采用一系列新技术。目前的轨道工程检测采用声、光、电等原理工作的传感器,通过直接或间接与被测物体接触或非接触,获取原始信息,实现物理量向电量的转换,并经过检测设备的处理分析,从而得到所需测量结果,这种技术叫作无损检测技术。无损检测技术不改变被测物体的几何形状,不破坏其结构,不影响其工况,测量结果真实可信。无损检测技术被广泛应用于轨道车辆的各个生产和应用环节,成为轨道车辆检修的重要检测手段之一,在轨道交通发展中已占据举足轻重的位置。

目前,铁路系统常用的无损检测技术有磁粉检测(MT)、超声波检测(UT)、渗透检测(PT)、射线检测(RT)以及涡流检测(ET)技术5种类型。无损检测技术作为城市轨道列车检修的风向标,其在城市轨道车辆的检修当中均有应用,其中以磁粉检测和超声波检测技术为主。

知识链接

磁粉检测技术:磁粉检测技术具有操作简单、灵敏度高、成本低的优点,是地铁车辆检修中应用最为广泛的一种无损检测技术,该检测技术所使用的设备有固定式、在线通过式、移动式和便携式等多种。但由于磁粉检测是利用铁磁性材料在工件表面及近表面缺陷处产生漏磁的原理进行工作,所以又具有一定的局限性。如磁粉检测只适用于铁磁性材料、材料表面的油漆需要去除、对缺陷有方向性要求等。

超声检测技术:超声检测技术是铁路轮轴、焊接件等关键零部件探伤的重要检测手段之一,而目前在地铁车辆检修中主要将超声波探伤应用于轮轴镶入部位的检测。限于技术条件制约,目前用于地铁行业的超声检测技术多为A型脉冲反射法手动扫查,所使用的设备也以便携式为主。虽然在铁路车辆检修中已有自动检测设备、相控阵和超声衍射技术(TOFD)等新技术的应用,但在地铁车辆检修领域并未得到推广。

(3)我国轨道工程静态检测技术标准

我国很重视轨道几何状态的检测参数,轨道几何参数指标的确定需要经过大量的理论分析,还需要进行大量的实验对比和统计分析。目前我国对轨道检测平顺性指标的确定尚未完成,现阶段采用的是德国的指标。我国轨道几何参数标准见表1-1。

我国轨道几何参数标准　　　　　　　　　　表1-1

几何参数		中国指标	德国指标	建议指标
轨距(mm)		1	2	1
轨距变化率		1/1500	1/1500	1/1500
水平(mm)		1	2	1
三角坑(水平变化率)		2mm/2.5m	—	2mm/3mm
高低(mm)	5m/30m	—	2	1
	150m/300m	—	10	10
	10m人工拉弦线	2	—	1
轨向(mm)	5m/30m	—	2	1
	150m/300m	—	10	10
	10m人工拉弦线	2	—	1

知识链接

地铁车辆无损检测标准

与铁道车辆相比,地铁车辆有其鲜明的特点,由于我国关键零部件的制造工艺多由国外引入,因此在进行无损检测时多采用 ISO、EN、NF 等相关国际标准,同时结合我国相关铁路行业标准。

目前地铁行业所涉及的无损检测技术主要是磁粉、超声波等常规的检测手段,但也对一些无损检测新技术进行了积极尝试,随着无损检测技术及理念的不断进步,会有更多的无损检测新技术在地铁车辆检修中得到应用。

三、轨道工程检测技术的发展

1. 静态检测技术的发展

(1)轨距尺

轨距尺是检测线路轨距的主要量具,如图 1-2 所示。其中使用最早的是木质的铁路轨距尺,由于这种轨距尺本身的变形量很大,故其测量的精度很低且使用寿命很短,现已淘汰。目前测量轨距采用的量具主要是专做检测用的 RTG-1 型铁路轨距尺和 RTG-2 型铁路轨距尺,这两种轨距尺的尺体以铝镁合金制成,从而大大提高了轨距尺的测量精度,并延长了轨距尺的使用寿命。

(2)高度板

高度板是检测线路水平的主要量具。自制高度板选用优质木材,高度为 10 ~ 60mm,宽度为 5 ~ 15mm,如图 1-3 所示。

图1-2　轨距尺外形

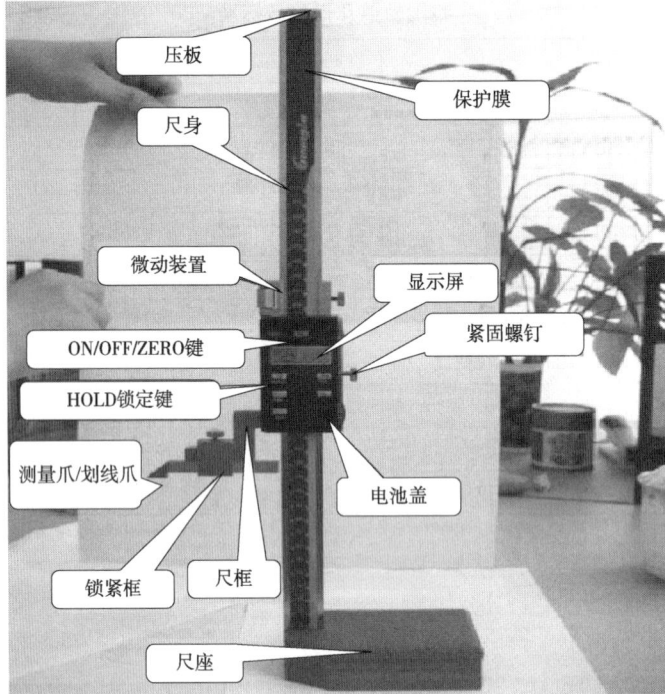

图 1-3　高度板

（3）弦线

10m、20m 弦线是检测线路的前后高低和方向的主要量具,如图 1-4 所示。其中,检测直线方向用 10m 弦线,检测曲线正矢通常用 20m 弦线。

图 1-4　弦线

（4）轨道几何状态检测仪

轨道几何状态检测仪简称轨检车,是测量轨道几何尺寸的手推式静态检查仪器,其测量结果随着仪器在线路上推行而实时显示并记录在存储器中。

轨检车近年来在线路检测中广泛使用,它与轨距尺相比,具有速度快、易于统计查询、结构简单、消除人为读数误差、重量轻、上下道方便等优点。

常用的轨检小车有德国 GEDO CE,瑞士安伯格 GRP 1000、GRP 3000、GRP 5000 及 GRP VMS 等系列,如图 1-5 和图 1-6 所示。自我国大力建设高铁以来,在引进国外产品的基础上,国内一批优秀的企业通过积极吸收、消化、学习和改进,自主设计、研发了多种型号的轨检小车,为国家节约了生产成本,其中主要有 TRIG 1000 铁路轨道检测仪、南方高铁轨检系统(图1-7)以及中铁咨询轨道检测系统(图1-8)。

图1-5 GEDO-CE 轨检小车

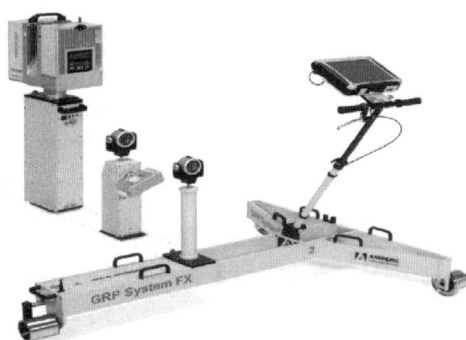

图1-6 安伯格 GRP 1000 轨检小车

图1-7 南方高铁轨检系统(绝对测量)

图1-8 中铁咨询轨道检测系统

(5)钢轨探伤仪

我国铁路主要采用的钢轨探伤仪是国产的配有三个不同角度探头的超声波钢轨探伤小车,其探伤效果非常好,如图 1-9 所示。为提高检测的技术水平,钢轨探伤仪正在向以下几个方向发展:

①用计算机处理记录的探伤信号;

②增加地面设施,实现自动确定里程;

③改进超声波探头经过道岔辙叉时用手工操作起落的方法,实现不起落或自动起落;

④提高超声波钢轨探伤车的检测速度和降低检测费用;

⑤探索可实用的非接触式检测方法。

2.动态检测技术的发展

(1)丢灰包

丢灰包是我国线路检测技术中使用最早、最传统的一种动态线路检测方法。

丢灰包主要是添乘人员在列车尾部的守车上,在其检

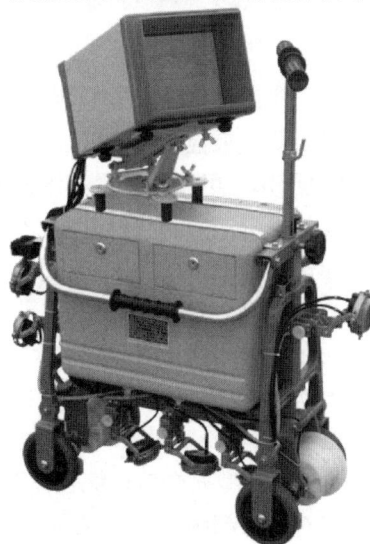

图1-9 钢轨探伤仪

测的线路范围内通过坐在列车上感受列车的上下颠簸和左右晃动情况,从而估计线路的运行情况,对上下颠簸和左右晃动比较严重的区段立即将准备好的灰包抛到车下,地面工作人员会对灰包所在位置的前后范围进行仔细检测,查找出线路存在的质量状态问题,从而指导线路的养护维修工作。

丢灰包的优点是操作简便易行,对技术、设备等没有要求,在一般车间都能实现。但这种方法主要凭借检测人员的经验,对检测人员要求较高;其检测的精度较低,只能确定一个大致范围,还需进行进一步的检测;这种方法没有一个统一标准,操作人员不容易准确把握。

(2)添乘仪

添乘仪以振动图幅显示的峰值大小确定线路上存在的病害类型及等级,是目前各工务段较常使用的一种方法。

我国工务部门最早使用的添乘仪是在沈阳研究制成的 TG-85 型铁路工务添乘仪。这种添乘仪利用车体振动的垂直和水平加速度值来判断轨道的晃车等级、病害等级,具有使用简单、携带方便、判断准确的特点。但这种设备在使用前需录入一些资料,并且检测结果须书写在记录纸上,从而导致使用效率降低。

目前,在我国范围内使用比较多的是轨道智能添乘仪,其型号主要有 ZT-3、ZT-4、ZT-5、ZT-6、ZT-6B 型,其中使用最广泛的是 ZT-5 型(图 1-10)和 ZT-6 型两种轨道智能添乘仪。除此之外,还有便携式添乘仪(图 1-11),其型号主要有 BT-4 型以及 SY-1、SY-2 型。

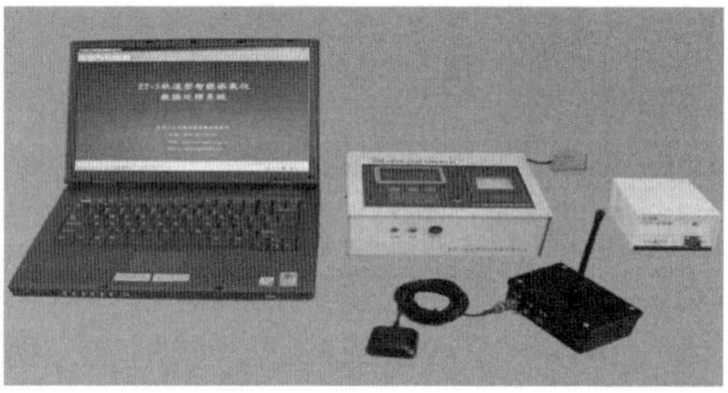

图 1-10 ZT-5 型轨道智能添乘仪    图 1-11 便携式添乘仪

智能添乘仪是根据检测车体走行时的振动加速度来确定线路状态的检测方法,通过使用添乘仪添乘检测,能够及时准确地发现线路病害处所,从而有针对性地进行维修,防止病害蔓延,这样可以大大提高维修工效,保证线路质量,确保行车安全。同时,此种方法由于受到设备本身的限制,目前还达不到同速检测的要求,因此在检测精度方面还不能完全与线路实际运营状态下的要求相符合。

(3)车载式线路检查仪

车载式线路检查仪(图 1-12)通过测量机车或动车组的车体加速度,从而实现实时监测轨道状况,及时发现轨道不良处所。该装置共享机车或动车组安全信息综合监测装置的系统资源,并具备实时报警和历史数据对比功能。安装车载式线路检查仪的机车或动车组必须有 TAX2 型安全信息综合监测装置,这种装置加强了对轨道状况的动态监测。由于该装置能对严重超限处所及时报警,使工作人员对危及行车安全的严重超限处所能够做出及时处理,因此该装置在保证行车安全方面起到了较好的监控作用。

(4)轨道检查车

轨道检查车(图1-13)通过定期或不定期对轨道状态进行动态检测,实时分析检测结果,若发现轨道严重超限,应及时指导现场养护维修人员消灭危及行车安全的隐患。轨道检查车是保障列车安全运输的重要手段。

图1-12　车载式线路检查仪

图1-13　轨道检查车

我国最早使用的轨道检查车(以下简称"轨检车")是从20世纪50年代起就采用的1型轨检车。该轨检车的特点是采用弦测法、机械传动,可以将轨距、水平、三角坑、摇晃(用单摆测量)项目的幅值绘在图纸上,通过人工判读超限并计算扣分。20世纪60年代后期研制的2型轨检车仍采用弦测法,但改为电传动,检测项目比1型轨检车增加了长波高低和短波高低,超限判读和扣分计算方式与1型车相同。20世纪80年代初期研制成功的GJ-3型轨检车是我国轨检车技术的一次重大飞跃,它可以检测高低、水平、三角坑、车体垂直和水平振动加速度,但无法检测轨距、轨向等几何不平顺性。1985年,我国成功研制了GJ-4型轨检车,这标志着我国轨检技术和轨检车技术水平跨入世界先进行列。GJ-4型轨检车检测项目齐全,包括轨距、轨向、高低、水平、曲率、三角坑等轨道几何不平顺和车体水平和垂直振动加速度。GJ-4型车(包括GJ-3型轨检车)具有复杂的机械系统,其在恶劣的使用环境下容易出现故障。目前,大量新型轨检车,如GJ-5型轨检车正处于引进开发阶段,并即将投入使用。

轨检车的成功运用,不仅改变了工务检测的模式,同时也促进了工务管理养修体制的变革。轨检车经过多年的运用,通过对干线轨道状态检测数据的大量分析,以及同现场工务主管进行交流,让现有检测数据充分发挥作用,从而指导现场养护维修,提高轨道作业质量,实现轨道"状态修"模式。

大多数发达国家均拥有自己研制生产的中高速或高速轨检车。在高速轨检车方面,激光、数字滤波及图像处理技术得到广泛应用,主要以计算机为数据处理主体,对轨检信号进行模拟与数字混合处理,确保检测结果不受轨检车运行速度和运行方向的影响。与发达国家相比,我国轨检车的性能和应用标准还存在一定差距,主要表现在:尚没有高速轨检车,现有的准高速轨检车也主要靠引进国外的技术制造而成;部分关键传感器未能国产化;对轨检车的检测数据还不能充分利用。

知识链接

我国轨检车是基于惯性基准法进行设计的。

1. 惯性基准

假设轨检车以车体为质量块,陀螺与车体为基准。惯性基准就是当轴箱(车体)上下运动速度很快时(即底座振动频率大大高于系统的自振频率),质量块(车体)不能追随而保持静止的位置。这个静止位置即为质量-弹簧系统的"惯性基准"。惯性基准法是建立在测量基准线上的,是由质量-弹簧系统中质量块(车体)的运动轨迹给出的,如图1-14所示。

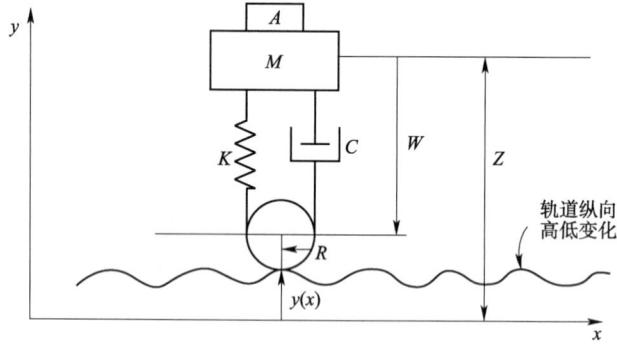

图1-14 惯性基准原理示意图

以高低为例:

假设 M 为车体质量,K、C 分别表示其弹簧和阻尼,轨道高低不平顺值 y 可表示为 $y(x) = Z - W - R$。

2. 轨检车检测项目正负定义

①轨检车正向:检测梁位于轨检车二位端,定义二位端至一位端方向为轨检车正向,轨检车行驶方向与轨检车正向一致时为正向检测,反之为反向检测;

②轨距(偏差)正负:实际轨距大于标准轨距时轨距偏差为正,反之为负;

③高低正负:高低向上为正,向下为负;

④轨向正负:顺轨检车正向,轨向向左为正,向右为负;

⑤水平正负:顺轨检车正向,左轨高为正,反之为负;

⑥曲率正负:顺轨检车正向,右拐曲线曲率为正,左拐曲线曲率为负;

⑦车体水平加速度正负:平行车体地板,垂直于轨道方向,顺轨检车正向,向左为正,向右为负;

⑧车体垂向加速度正负:垂直于车体地板,向上为正,向下为负。

3. 我国轨检车检测项目

我国轨检车检测项目主要包括左右高低、左右轨向、水平、三角坑、曲线超高、曲线半径、轨距、车体水平和垂直振动加速度、左右轴箱垂直振动加速度等。轨检车根据轨道动态不平顺和车辆动态响应综合评价轨道状态。新型轨检车还增加了钢轨断面、波磨、断面磨耗、轨底坡、表面擦伤、道床断面、线路环境监视等检测项目。

(5)钢轨探伤车

钢轨探伤车是装在检测轨道上,检查钢轨伤损专用车辆,如图1-15所示。钢轨探伤车按检测原理可分为电磁钢轨探伤和超声波钢轨探伤车两类。

电磁钢轨探伤车是根据非接触通磁法检测钢轨伤损的,其最佳检测速度为 $30 \sim 70km/h$(最高速度可达 $100km/h$)。电磁钢轨探伤车不能检测钢轨腰部和钢轨接头附近的钢轨伤损,其检测核伤的最佳灵敏度仅为轨头断面面积的20%～25%,因此已逐步被超声波钢轨探伤车所代替。

超声波钢轨探伤车利用超声波法进行钢轨伤损探测,能够探测钢轨的轨头和轨腰范围内(包括接头附近)是否有疲劳缺陷和焊接缺陷,有的还能检测擦伤、轨头压溃和波浪形磨耗,以及轨底锈蚀和月牙掉块。这种车辆装有自动记录设备,能把钢轨伤损信号、里程信号和线路特征信号(桥梁、隧道、接头、轨枕类别等)等记录

图 1-15　南宁铁路局钢轨探伤车

在同一纸带或胶片上。维修员根据记录可分析确定伤损的大小和在钢轨内的位置,也可确定伤损所在的线路里程。此外,根据连续的两次记录还可确定钢轨伤损的发展速度和发展规律。超声波钢轨探伤车常用的检测行车速度为 30～50km/h,检测核伤的最佳灵敏度约 $50mm^2$,检测轨腰裂纹的最佳灵敏度相当于直径为 3mm 的钻孔。

思考与练习

1. 简述轨道交通系统的定义和分类。

2. 轨道检测有几种方式?请阐述每种方式的检测内容。

3. 如何让铁路工务检测人员不再是"低头一族"? (提示:我国高速铁路运营里程不断增加,随着时间的推移,高速铁路轨道发生的病害逐年增加,传统低效率、低精度的轨道检测手段已经不能满足"天窗"时间短、精度要求高的轨道检测需要。大量的高铁人才要持续不断地研究出更先进的检测设备和检测方法。)

项目二 轨道线路与结构检测

任务一 轨道线路静态检测

学习目标

1. 了解轨道线路设备静态检测的要求。
2. 熟悉并理解轨道线路几何形位的定义以及检测验收标准。
3. 掌握轨道几何形位以及轨道线路爬行的检测设备和方法。

任务描述

轨道线路静态检测主要是指轨道几何形位的检测。轨道几何形位指的是轨道各部分的几何形状、相对位置和基本尺寸。轨道是车辆运行的基础,其直接支承车辆的车轮,并引导车辆前进。因而,车辆走行部分的几何形位与轨道的几何形位之间应紧密配合。轨道几何形位的正确与否,对车辆的安全运行、乘客的旅行舒适度以及设备的使用寿命和养护费用起着决定性的作用。轨道几何形位的超限是引起车辆掉道、爬轨以及倾覆的直接因素。同时,轨道的几何形位因素直接影响车辆的横向和垂向加速度,并产生相应的惯性力,随着运行速度的提高,该影响越发显著。

本任务主要介绍轨道的几何形位,重点论述有关轨道几何形位的理论、检测原则、静态检测设备、方法和要求。

工程案例

武广客运专线是我国首条时速 350km 的铁路客运专线,是京广客运专线的一部分。武广客运专线与既有的京广线平行,并与其构成京广铁路通道。武广铁路全线设计为双线,总长约 1069km。该铁路为一次性铺设双块式无砟、无缝轨道,其施工机具设备简便、实用、安全、可靠,轨道精度满足时速 350km 的客运专线的验收标准。双块式无砟轨道路基施工技术的关键是无砟轨道的施工精度和轨道几何形位的控制,这必须依赖于先进的施工工艺、成熟的施工技术、完整配套的施工机械、训练有素的施工队伍和合理的施工工期。

相关知识

轨道几何形位按照静态与动态两种状况进行管理。轨道几何形位参数名称主要包括轨距、水平、前后高低、轨向以及轨底坡。轨道静态几何形位是指轨道不行车时的状态,采用的是小型手工机具比如轨距尺等工具测量,也可用现代的轨道几何状态检测仪进行轨道几何形位的数据采集工作。轨道动态几何形位是指行车条件下的轨道状态,常采用大型轨道检查车以及轨道综合检测列车对列车进行测量。我国 XGJ-1 准高速(140~160km/h)轨检车可检测内容,包括:左右轨的高低、轨向、水平、不平顺,曲线外轨超高,曲线半径,轨距,线路扭曲,车体水平和垂直振动加速度,左右轴箱垂直振动加速度等。除检测轨道几何形位外,还可以从轮轨相互作用和行车平稳性等方面对轨道状态作出综合评价。

进行轨道线路静态检测时对线路设备静态检查的要求如下:正线线路和道岔,每月应检测两次(当月有轨检车检查的线路可减少 1 次),其中一次为"三全"检测(全员、全线、全面),另一次为重点检测;其他线路和道岔,每月应检测 1 次;轨距、水平、三角坑应全面检测;轨向、高低及设备其他状态应全面查看,重点检测;对伤损钢轨、夹板和焊缝应同时检测;曲线正矢,每季应至少全面检测 1 次;对无缝线路轨条位移,每月应观测 1 次;对钢轨焊接接头的表面质量及平直度,每半年应检测 1 次;对严重线路病害地段和薄弱处所,应经常检测。

一、轨距

轨距为两股钢轨头部内侧与轨道中线之间的垂直距离,如图 2-1 所示,轨距量测,应从钢轨头部内侧面下 16mm 处量取。选择这一位置量取轨距,是因为钢轨头部的变形、磨损对轨距的影响不大。

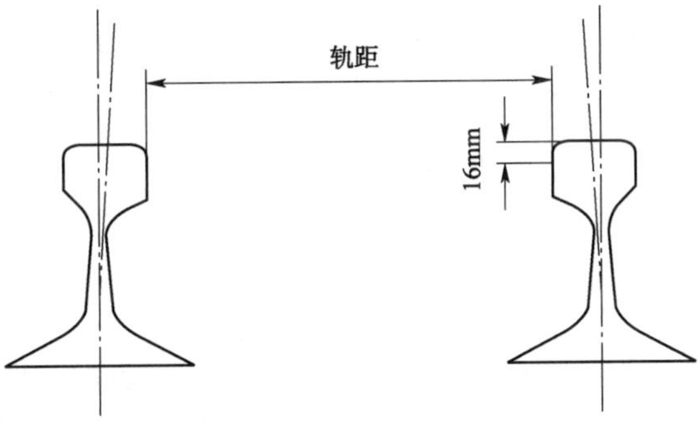

图 2-1　轨距测量示意图

世界各国的铁路由于历史原因,采取不同的轨距标准,分为标准轨距、宽轨距和窄轨距三种,其中标准轨距尺寸为 1435mm。目前,美国、加拿大、墨西哥、欧洲的大部分国家,以及亚洲、非洲的部分国家均采用标准轨距。轨距大于 1435mm 的称为宽轨距,常用的有 1524mm、1600mm 和 1670mm,主要使用的国家有俄罗斯、印度及澳大利亚。轨距小于 1435mm 的称为窄轨距,有 1067mm、1000mm 和 762mm。除少数国家采用 1067mm 和 1000mm 作为干线轨距标准外,窄轨距主要用于工矿企业铁路。

我国铁路绝大多数采用标准轨距,仅在云南省境内的滇越铁路和少数地方铁路及厂矿企业铁路保留了部分 1000mm 的窄轨距。台湾铁路采用的是 1067mm 轨距。目前,世界上大多数国家的地铁和轻轨普遍采用 1435mm 轨距。我国城市轨道交通线路的轨距都采用 1435mm。

📖 **知识链接**

为使车辆能在线路上的两股钢轨间顺利通过,车辆的轮对宽度应小于轨距。因而钢轨与轮缘之间就有空隙,当轮对中一个车轮的轮缘与钢轨贴紧时,另一个车轮的轮缘与钢轨之间的空隙称为游间值 δ,如图 2-2 所示。

$$\delta = S - q \tag{2-1}$$

式中:S——轨距;

$\quad q$——轮对宽度;

$\quad \delta$——游间值。

轨距和轮对宽度都规定有最大值和最小值。设 S_{max} 和 S_{min} 分别为最大和最小轨距,q_{max} 和 q_{min} 分别为最大和最小轮对宽度,则最大游间值 δ_{max} 为:

$$\delta_{max} = S_{max} - q_{min} \tag{2-2}$$

游间值对轨道的稳定性有重要影响。如果游间值太小,就会增加行车阻力并加快钢轨及车轮的磨损,甚至可能会楔住车轮、挤翻钢轨或导致爬轨,从而危及行车安全;如果游间值过大,车辆行驶时蛇行运动的幅度、横向加速度、轮缘对钢轨的冲击角就愈大,从而作用于钢轨上的横向力也愈大。行车速度愈高,其影响愈严重。因此,为提高行车的平稳性和线路的稳固性,游间值 δ 应限制一个最小的必要数值,特别是在高速铁路上。我国现场测试和养护维修经验认为,减小直线轨距是有利的。改道时,轨距按 1434mm 或 1433mm 控制,有利于提高行车的平稳性,延长维修周期。随着行车速度的日益提高,目前世界上的一些国家正致力于通过试验研究的办法寻求游间值 δ 的合理取值。

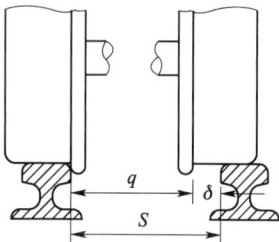

图 2-2　轮对与钢轨的相互位置

二、水平

水平是指线路左右两股钢轨顶面的相对高差,如图 2-3 所示,它必须满足相关规范规定的均匀性和平顺性要求。轨道上两股钢轨的顶面在直线地段应保持在同一水平面上,在曲线地段应满足外轨均匀和平顺超高的要求。这是为了使两股钢轨负担均匀,并保证车辆平稳行驶。

实践中有两种性质不同的钢轨水平偏差,它们对行车的危害程度也不相同。第一种偏差称为水平差,是指在一段规定的距离内,一股钢轨的顶面始终比另一股钢轨的顶面高,且高差值超过容许偏差值;第二种称为三角坑(扭曲),如图 2-4 所示,是指在一段规定的距离内,先是左股钢轨高于右股,后是右股钢轨高于左股,高差值超过容许偏差值,而且两个最大水平误差点之间的距离小于 18m。

一般情况下,超过允许限值的水平差,只会引起车辆摇晃和两股钢轨的不均匀受力,并且导致钢轨不均匀磨耗。但如果在不足 18m 的距离内出现水平差超过 4mm 的三角坑,这将使同一转向架的 4 个车轮中,只有 3 个正常压紧钢轨,另一个形成减载或悬空。如果此时恰好在这个车轮上出现较大的横向力,就可能使悬浮的车轮只能以它的轮缘贴紧钢轨,在最不利条件下甚至可能爬上钢轨,引起脱轨事故。因此,一旦发现三角坑,必须立即消除。

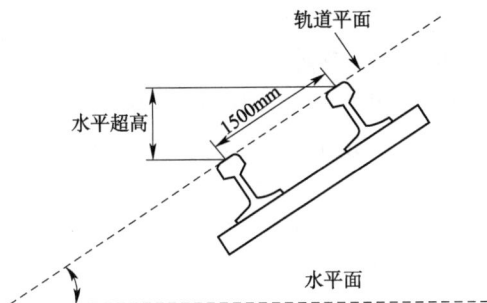

图2-3　轨道线路水平示意图

图2-4　三角坑示意图

知识链接

三角坑的计算,如图2-5所示。

(1)未用仪器对三角坑进行检查的情况下,线路几何尺寸检查以线路一定范围内(18m)相邻两点或三点的水平正负偏差值的代数差的绝对值来表示三角坑值。

(2)勾画三角坑时应注意,在18m范围内,水平偏差为同符号(同为正值或同为负值)时,只勾画水平超限。如正线直线段作业验收时,检查出连续4点水平偏差为 +6mm、+4mm、+3mm、+5mm,其中只对水平偏差值为 +6mm、+5mm 的两处进行水平超限的勾画,而不存在三角坑。在18m范围内,有呈正负相反符号的应勾画三角坑超限,如同时存在水平超限,也应予以勾画。如正线直线段作业验收时,检查出连续4点水平偏差为 +6mm、-2mm、0、-1mm,应勾画三角坑,其偏差则为(+6mm) – (-2mm)=8mm,同时勾画 +6处为水平超限;又如连续4点水平偏差为:+5mm、0、-3mm、-1mm,水平偏差 +5mm 与 -3mm仍在18m范围内,依旧构成三角坑,三角坑偏差值为(+5mm) – (-3mm)=8mm,同时勾画 +5mm处水平超限。

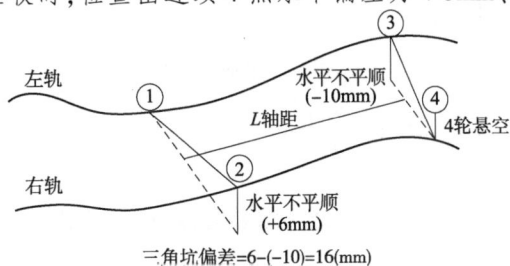

三角坑偏差=6-(-10)=16(mm)

图2-5　三角坑计算示意图

三、高低

轨道沿线路方向的竖向平顺性称为高低,如图2-6所示。

1.静态不平顺

新铺或经过大修后的线路,即使轨面平顺,但经过一段时间列车运行后,由于路基状态、道床捣固坚实程度、扣件松紧度、轨枕状态和钢轨磨耗情况的不同,会使轨面产生不均匀下沉,造成轨面高低不平,有些地方(往往在轨枕接头附近)下沉较多,这种坑洼不平顺称为静态不平顺。

2.动态不平顺

轨道的有些地方,从表面上看轨面是平顺的,但实际上轨底与铁垫板或轨枕之间存在间隙(间隙超过 2mm 时称为吊板),或轨枕与道砟之间存在空隙(空隙超过 2mm 时称为空板

图2-6　轨道高低示意图

或暗坑)。当列车通过时,这些地段的轨道下沉幅度较大,从而使轨面产生不平顺,这种不平顺称为动态不平顺。随着高速铁路的发展,动态不平顺已受到广泛关注。

轨道高低不平顺的危害很大。当列车通过这些地方时,会引起轮轨间的振动和冲击,产生动力增载,即附加动力。这种动力作用会加速道床变形,进而扩大轨面的不平顺范围,加剧轮轨的动力作用,形成恶性循环。不平顺的破坏作用与其长度成反比,而与其深度成正比。一般来说,长度在4m以下的不平顺,都会使机车车辆对轨道产生较大的破坏力,从而加速道床变形。因此,不能允许这种不平顺存在,一旦发现,应在紧急补修中加以消灭。

四、轨向

轨向是指轨道中心线在水平面上的平顺性,即轨道的中线位置应和它的设计位置一致,如图2-7所示。

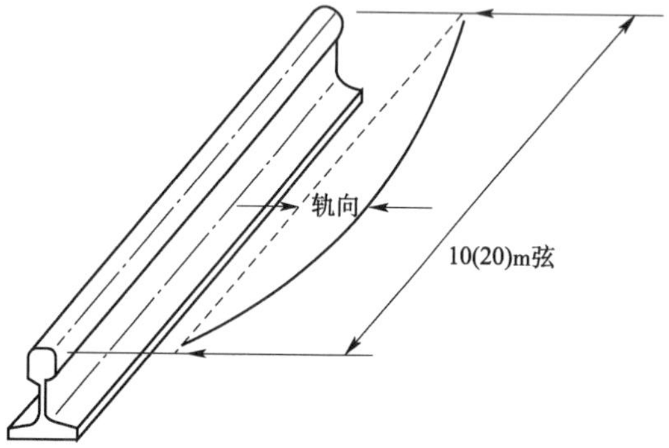

图2-7 轨向示意图

若直线不直,曲线方向错乱,也必然会引起列车的蛇行运动。在行驶快速列车的线路上,轨道方向对行车的平稳性具有特别重要的意义。相对于轨距来说,轨道方向是可控制的。只要方向偏差保持在容许范围之内,轨距变化对车辆振动的影响就不会很大。

在无缝线路地段,若轨道方向不良,还可能在高温季节引发胀轨跑道事件(轨道发生明显的不规则横向位移),严重威胁行车安全。

任务实施

一、轨道线路几何形位检测——轨距检测

1. 轨距检测设备

(1)传统量具

传统量具有铁路轨距尺(标尺类和数显类)和支距尺,如图2-8~图2-10所示。其中,铁路轨距尺主要用于测量线路的轨距、水平和超高,其准确度分为0级、1级和2级三个等级:0级轨距尺用于测量允许速度不大于350km/h的线路;1级轨距尺用于测量允许速度不大于250km/h的线路;2级轨距尺用于测量允许速度不大于160km/h的线路。

图2-8 铁路轨距尺(标尺类)

图2-9 铁路轨距尺(数显类)

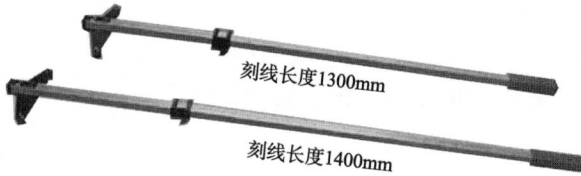

图 2-10 铁路支距尺

铁路轨距尺简称道尺或者万能道尺,或铁路轨道测距尺、铁路轨道测量尺,适用于标准轨距铁路的直线、曲线、道岔的轨距、水平和超高的测量。铁路轨距尺是铁路施工、检测、养路必备的工具,可对轨距、水平等轨道线路指标进行数据测量,广泛应用于铁路正线、地方铁路、城市轨道交通、矿山及钢厂铁路专用线等的检测维修与养护。轨距尺的测量范围见表 2-1。

轨距尺的测量范围 表 2-1

项 目 名 称		测量范围(mm)
标准轨距	标尺类	1428 ~ 1470
	数显类	1410 ~ 1470
查照间隔		1381 ~ 1401
护背距离		1338 ~ 1358
水平(超高)	标尺类	− 150 ~ + 150
	数显类	− 185 ~ + 185

(2)现代测量工具

现代测量工具主要是指轨道几何状态检测仪,如图 2-11 所示。

图 2-11 轨道几何状态检测仪

2. 轨距测量方法

(1)数显轨距尺的操作界面(以 DGJC-C 型,0 级为例),如图 2-12 所示。

图 2-12 数显轨距尺的操作界面

23

（2）轨距尺的使用方法

①确定:确定操作键;

②查/护:向上选择查照间隔/护背距离测量键;

③撤销:退出当前操作、删除数据;

④左/右:左/右股切换键;

⑤提示:查看下一点名称;

⑥加尺:向左选择或加尺功能键;

⑦跳尺:向右选择或跳尺功能键;

⑧设定:正线或道岔的参数设置键;

⑨电源:开机、关机键;

⑩(存储)键:存储数据、标定校准时的存储确认键。

（3）轨距测量方法。

①一般每 6.25m 检查 1 处。12.5m 钢轨的接头及中间各检查 1 处,每节钢轨检查两处;25m 钢轨的接头及其长度的 1/4、1/2、3/4 处各检查 1 处,每节钢轨检查 4 处。非标准长度的钢轨可比照办理。对于无缝线路,每千米检查 160 处(每 6.25m 检查 1 处)。

②检查轨距时,道尺必须与线路中线垂直,现场操作时,道尺垂直于任一钢轨均可。测量时,不论钢轨头部有无肥边和磨耗,也不论轨顶有无坡度,均以标准轨距尺测得的数据为准。

③记录。在线路检查记录簿上,按线路里程(股道)、轨号、检查部位记录轨距值。

3.轨距验收标准

验收线路时,线路轨距的容许误差为4mm。轨距变化应和缓平顺,其变化率须满足以下要求:正线和到发线不应超过 2‰(规定递减部分除外);站线和专用线不得超过 3‰。在长度为 1m 内的轨距变化值须满足以下要求:正线和到发线不得超过 2mm,站线和专用线不得超过 3mm。

二、轨道线路几何形位检测——水平检测

1.水平检测设备以及检测要求

水平检测用道尺或轨检车进行测量。维修线路时,两股钢轨的顶面水平误差不得超过规定值,且沿线路方向的变化率不可太大。在 1m 距离内,变化值不可超过 1mm,否则即使两股钢轨的水平偏差不超过允许范围,也将引起机车车辆的剧烈摇晃。《铁路线路修理规则》规定:两股钢轨顶面水平的容许偏差,正线及到发线不得大于 4mm,其他站线不得大于 5mm;允许误差:±4mm(站间为 ±5mm)。

2.水平检测方法

（1）进行水平检查时,水平差的符号:在直线地段,以顺线路里程增加方向,以左股钢轨为基本股,对面股低于基本股时的水平差符号为"＋"号,反之为"－"号;曲线地段以曲线内股钢轨为基本股,外股钢轨顶面与内股钢轨顶面的高差比曲线超高大时用"＋"号,反之为"－"号。对于道岔来说,以导曲线内股及内侧直股为标准股,比标准股高时记录为"＋"号,反之记录为"－"号(含辙叉部分)。道岔岔首至岔尾范围以外的所有钢轨,均纳入相应股道编号。线路检查手册中如遇道岔,应在空格内注明"道岔"二字。

（2）水平检查与轨距检查应同步进行。在钢轨长度的同一处所，按先轨距后水平的顺序检查，口述与标准尺寸的偏差，如 +3、-5，即轨距与标准值偏差为 +3mm，水平与标准值偏差为 -5mm。

（3）记录。在线路检查记录簿上，按线路里程（股道）、轨号、检查部位，记录水平的偏差值。

三、轨道线路几何形位检测——高低检测

1. 高低检测设备以及检测要求

轨道的高低用弦线、轨检车或轻型轨道不平顺检测仪进行测量。经过维修或大修的轨道，要求目视平顺，高低偏差用 10m 弦线量测的最大矢度不应超过 4mm，其他站线不得大于 5mm。线路大中修验收标准中规定：普通线路的空吊板率不得超过 12%；无缝线路的空吊板率不得超过 8%。

2. 高低检测方法

轨道线路高低检测大多采用弦测法或惯性基准法。

在检查轨距、水平的同时，每隔 100～150m 目测轨道线路高低，全面查看，重点检查。对超限的轨距和高低记录在"紧急工作量及其他"栏中。高低检查时，先俯身目测下颚圆弧的延长线，从纵向上找出线路高低不良的位置，用石笔作出标记，如图 2-13 所示。在钢轨顶面垫以同样高度的垫墩，将 10m 长的弦绳拉紧使两端紧贴垫墩上表面，量取弦绳至轨顶面的矢度。用垫墩高度减量取的矢度之差，即为该处线路的高低偏差值。偏差值大于零，符号为" + "，线路向上凸起；偏差值小于零，符号为" - "，线路向下凹陷。

图 2-13　施工人员在目测轨道线路高低

工程案例

在沪宁线混凝土轨枕硬结道床地段曾做过这样一个试验，将钢轨人为打磨成长 350mm、深 3mm 的不平顺状态（模拟焊接接头打塌后的形状），如图 2-14 所示。列车以 90km/h 的速度通过此段钢轨时，1 个动轮产生的冲击力达到 294kN 左右，该值接近于静轮载的 3 倍。但是，这种不平顺往往容易被忽视，即使轨道检查车也不能完全检测出来。

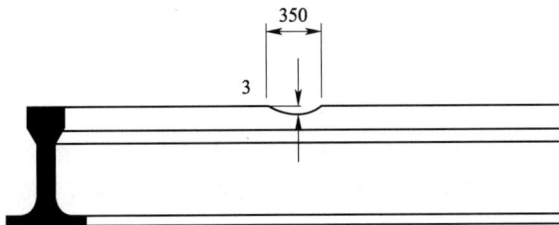

图 2-14　钢轨不平顺（尺寸单位：mm）

四、轨道几何形位检测——轨向检测

1. 轨向检测要求

为了确保行车的平稳和安全,有必要定期检查轨道方向,并及时整正,使之恢复到原来的设计位置。《铁路线路维修规则》规定:轨道直线方向必须目视平顺,用 10m 弦测量,正线上正矢不超过 4mm,站线及专用线上正矢不得超过 5mm。

2. 轨向检测方法

轨道方向一般采用弦测法进行测量,如图 2-15 所示。轨向检测时,目测找出两股钢轨的轨向不良处,用石笔作出标记。将 10m 长的弦绳两端贴靠在钢轨内侧踏面下 16mm 处,测量弦绳至轨向不良处钢轨作用边的最大矢度。若轨向是向轨道内侧凹入的,则应在 10m 弦绳的两端垫以同样高度的垫墩,使弦绳两端垫离轨头内侧,量取弦绳至轨向不良处钢轨作用边的最小矢度。用垫墩高度减去量取的最小矢度的差,即为该处轨向的最大凹矢度。在这种情况下,也可以检查相对股钢轨的外凸矢度。轨向、高低偏差值的确定,是以检查出的最大偏差值作为该线路单位长度(每千米或每股道)的偏差值。记录时须标注最大偏差值出现的位置。

五、轨道几何形位检测——轨底坡检查

轨底坡的设置是否正确,可根据钢轨顶面上由车轮碾磨形成的光带位置来判定,如图 2-16 所示。若光带偏离轨顶中心向内,说明轨底坡坡度不够;若光带偏离轨顶中心向外,说明轨底坡坡度过大;若光带居中,说明轨底坡坡度合适。在线路养护工作中,可根据光带位置调整轨底坡坡度的大小。

图 2-15　弦测法测量轨向

图 2-16　钢轨表面的光带

六、轨道线路爬行检查

1. 检查要求

对无缝线路长轨条的位移情况,应每月观测一次,并填写记录。当发现观测桩处累计位移量大于 10mm 时(不含长轨条两端观测桩),应及时上报工务段查明原因,并采取相应的措施。对普通线路爬行情况,应每个季度至少检查一次,当爬行量大于 20mm 时,应安排整正。要检查线路爬行位置、测量数值、记录正确和完整,并且数值的正负号和观测桩编号无误。

2.检查程序和方法

轨道线路爬行检查首先要确定观测桩标记及两钢轨外侧轨底位移标记。具体方法是：在两个观测桩标记间拉紧弦绳，使弦绳处于两钢轨底面下，并向上贴靠轨底。分别测量两钢轨外侧轨底位移标记至弦绳与外侧轨底边缘交点的距离，所得长度即为线路的爬行量。顺爬行观测桩编号方向爬行的爬行量符号为"＋"，反之为"－"（即钢轨位移标记符号在弦绳顺公里方向侧为"＋"，反之为"－"）。同时，以观察为主得到的其他静态检查内容（零配件松动、缺损等）也要记入线路检查记录簿，见表2-2。

线路检查记录簿

表2-2

___线___行___km+___~___km+___

检查日期	检查时间	气温(℃)	轨温(℃)	左股(mm)											
				始端轨缝	各观测点位移量							终端轨缝			
					1	2	3	4	5	6	7				

锁定轨温___℃

右股(mm)										原因分析	
始端轨缝	各观测点位移量							终端轨缝			
	1	2	3	4	5	6	7				

注：1.在单线上各测点顺计算公里方向编号，在双线上各测点顺列车运行方向编号。

　　2.顺编号方向分左、右股。

　　3.顺编号方向位移为"＋"号，逆编号方向位移为"－"号。

七、轨道线路曲线正矢检查

用弦线法对曲线正矢按10m一个桩点进行测量，检测结果填入曲线正矢检查记录簿，见表2-3。

曲线正矢检查记录簿

表2-3

曲线位置___km+___~___km+___　　　曲线半径___m　　　直缓点位置：___号测点+___m

缓和曲线长___m　曲线全长___m　　　　　　　　　　缓直点位置：___号测点+___m

测点号	计算正矢	年 月 日		年 月 日		年 月 日		年 月 日		年 月 日		年 月 日		记　事	
		现场正矢	拨道量	拨后正矢	现场正矢	拨道量	拨后正矢	现场正矢	拨道量	拨后正矢	现场正矢	拨道量	拨后正矢	现场正矢	拨道量

八、轨道线路几何形位静态检测仪器——轨道几何状态检测仪

1. 检测设备

轨道几何状态检测仪主要包括轨检小车和全站仪,如图 2-17 所示。轨检小车是一种静态检测轨道不平顺的便捷工具。它采用电测传感器、专用便携式计算机等先进检测和数据处理设备,可检测高低、水平、扭曲、轨向等轨道不平顺参数。国外的铁路在动、静态不平顺差异较小的高平顺线路、无砟轨道线路,以及在新线施工中整道、检查铺设精度、验收作业质量时,广泛应用轨检小车。

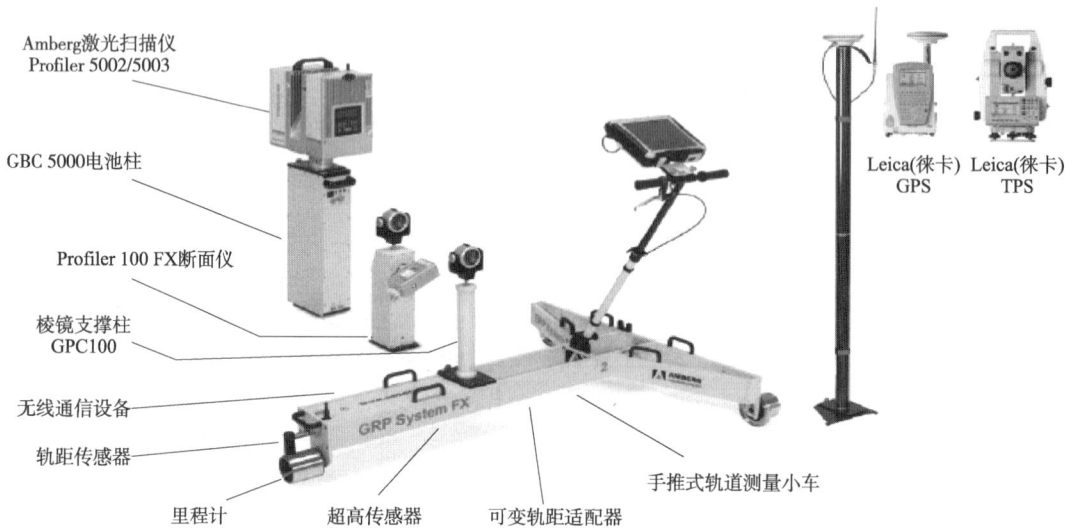

图 2-17 轨道几何状态检测仪

GRP 1000 测量系统主要由手推式轨检小车和分析软件包两大部分组成,如图 2-18 和图 2-19 所示。该测量系统既可单独测量轨道水平、轨距等,也可配合 Leica(徕卡)全站仪实现平面位置和高程的绝对定位测量。此绝对定位测量通过全站仪的自动目标照准功能以及与 GRP 1000 测量系统之间持续无线电通信来完成。

图 2-18 手推式轨检小车

图 2-19 分析软件包

测量作业完成后,系统能产生轨道几何测量的综合报表。用户可根据需要定义报表的

输出界面,选择性地输出轨道位置、轨距、水平、轨向(短波和长波)、高低(短波和长波)等几何参数。

知识链接

GRP 1000 轨检小车精度见表 2-4。

GRP 1000 轨检小车精度　　　　　　　　　　表 2-4

项　目	精　度	项　目	精　度
里程	光电计数器测量方式	轨距传感器精度	±0.3mm
测量误差	<0.5%	水平传感器量程	−10°～+10°,换算成高差为 ±225mm
里程分辨率	±5mm	水平传感器精度	±0.5mm
轨距	1435mm	水平位置和高度测量精度	±1mm
轨距传感器量程	−25～+65mm		

2.检测内容及方法

(1)中线坐标及轨面高程检测

对轨道中线坐标和轨面高程进行检测,是对线路轨道工程质量状况的最基本评价。通过轨道实测坐标和高程与线路设计值进行比较得出的差值,可以全面、直观地反映轨道工程的质量。

在进行轨道中线坐标和轨面高程检测时,要使用高精度全站仪实测轨检小车上棱镜中心的三维坐标。全站仪设站的位置应靠近线路中心,而不是在两侧控制点的外侧;设站位置首先要考虑目标距离,其次是与近处控制点之间的距离(一般应超过 15m),如图 2-20 所示。结合事先严格标定的轨检小车的几何参数、定向参数以及水平传感器所测的横向倾角及实测轨距,即可换算出对应里程处的中线位置和低轨的轨面高程,进而与该里程处的设计中线坐标和设计轨面高程进行比较,得到实测的线路绝对位置与理论设计之间的差值,最后根据技术指标对轨道的绝对位置精度进行评价。

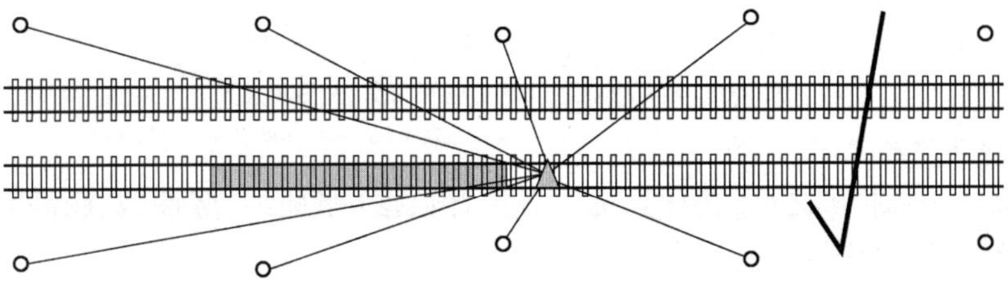

图 2-20　全站仪设站位置

(2)轨距检测

在进行轨距检测时,通过轨检小车上的轨距传感器进行测量。轨检小车的横梁长度须事先严格标定,轨距可由横梁的固定长度加上轨距传感器测量的可变长度而得到,进而进行实测轨距与设计轨距的比较。

（3）水平（超高）检测

列车通过曲线时，将产生向外的离心作用，该作用使曲线外轨受到很大的挤压力，这不仅会加速外轨磨耗，严重时还会挤翻外轨而导致列车倾覆。为平衡离心作用，可在曲线轨道上设置外轨超高。

检测时，由轨检小车上搭载的水平传感器测出小车的横向倾角，再结合两股钢轨顶面中心间的距离，即可求出线路超高，进而进行实测超高与设计超高的比较。在每次作业前，必须校准水平传感器。

（4）轨向/高低检测

轨向检测指检测轨道的方向在直线上是否平直、在曲线上是否圆顺。如果轨向不良，势必引起列车在运行过程中的摇晃和蛇行运动，影响列车行车的速度和旅客的舒适性，甚至还会危及行车安全。高低检测是指检测钢轨顶面纵向的高低差。高低的存在将使列车在通过这些钢轨时，钢轨受力不再均匀，从而加剧钢轨与道床的变形，影响列车行车速度与旅客的舒适性。

得到实测中线平面坐标后，在给定弦长的情况下，可计算出任一实测点的正矢值；该实测点向设计平曲线投影，则可计算出投影点的设计正矢值。实测正矢和设计正矢的偏差即为轨向/高低值。轨向/高低（以 10m 弦长为例）检测示意图如图 2-21 所示。

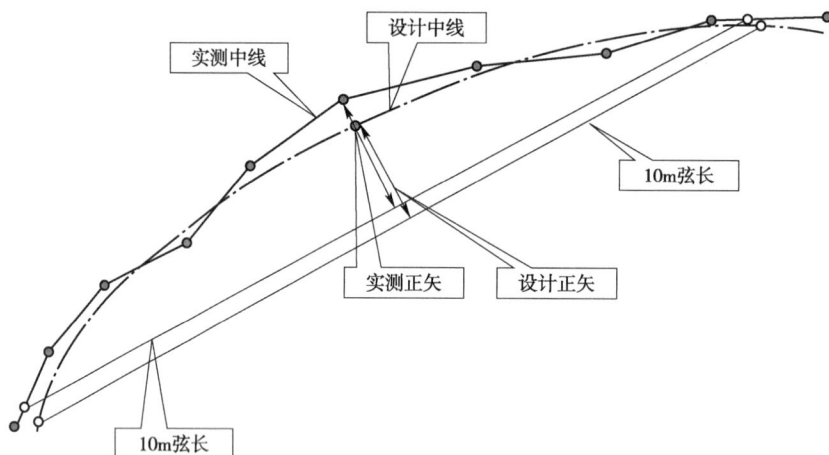

图 2-21　轨向/高低（以 10m 弦长为例）检测示意图

3. 轨检小车检测流程

（1）在前往现场检测之前，在计算机中对设计数据（平曲线、竖曲线、超高）复核无误后将数据输入测量控制软件中。

（2）将 CPⅢ成果输入全站仪中，操作过程界面如图 2-22 所示。到达现场后，对控制点进行检查，确保控制点数据（平面坐标及高程）正确无误，检查控制点是否受到破坏。

（3）使用 8 个控制点（CPⅢ）进行自由设站；全站仪自由设站时，平差后东坐标、北坐标和高程的中误差应在 0.7mm 以内，方向的中误差应在 1.4″以内，否则应重新设站。全站仪设站精度界面如图 2-23 所示。

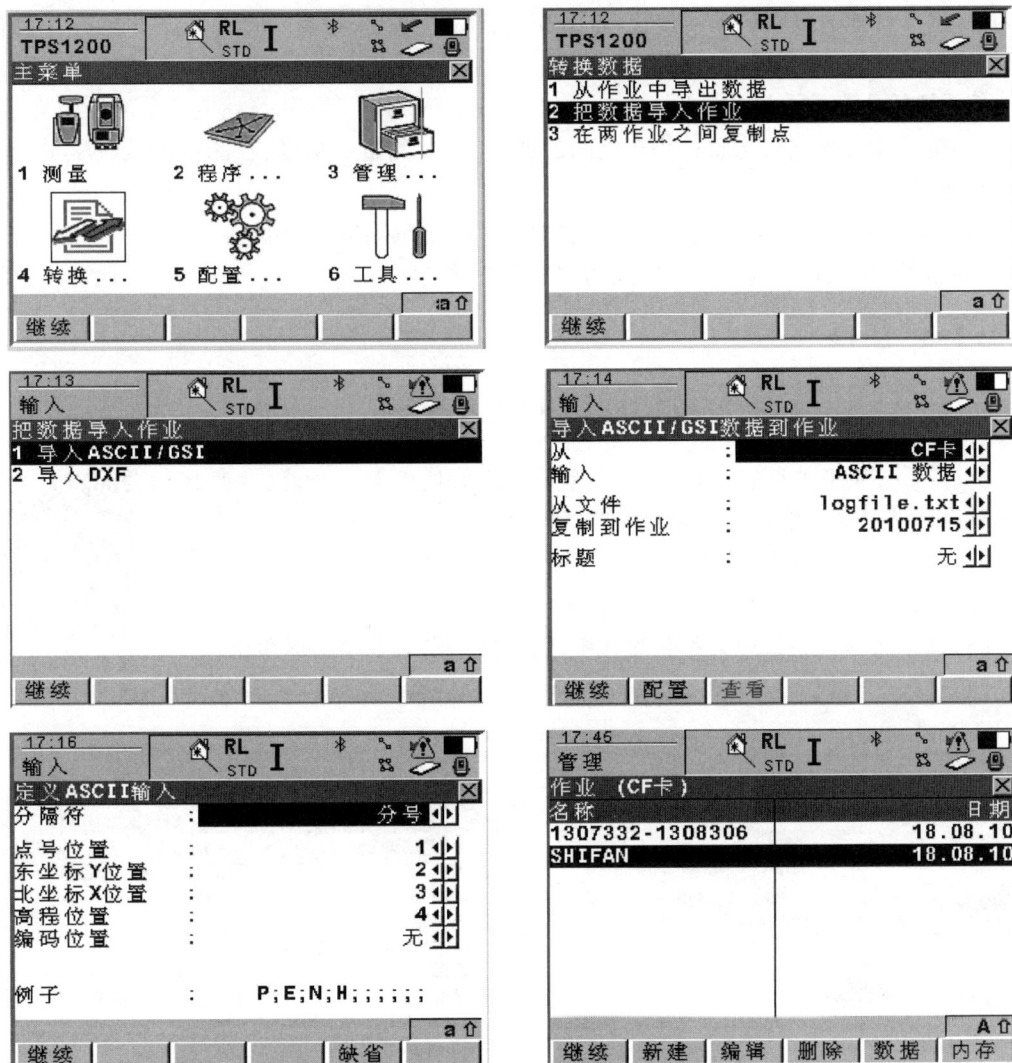

图 2-22　CPⅢ成果导入全站仪的操作过程界面

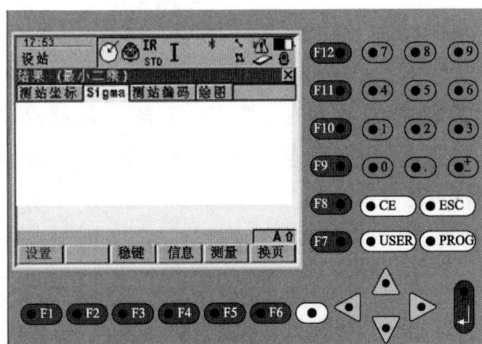

图 2-23　全站仪设站精度界面

（4）进行正确的测量设置，例如高程以内轨为基准、超高以 1.5m 为基长等。

（5）测量完成后，输出轨道几何参数，制作报表并进行评价。可根据需要定义报表的输出内容,选择性地输出轨道平面位置、轨面高程、轨距、水平/超高、轨向(长波和短波)、高低(长波和短波)等参数的偏差。

使用轨检小车检测注意事项:

(1)为了确保全站仪与轨检小车之间的通视,以及测量的精度,在测量区域应尽量避免进行其他施工作业。

(2)轨检小车每次测量作业之前,都要对其超高传感器进行校准。

(3)全站仪搬站后,前后两个区间的测量需交叠 5～10m。

知识链接

全站仪设站方法——后方交会法(见二维码1)

使用"后方交会法"进行设站时,要选择合适的地点架设全站仪,使其有足够的可以通视的控制点。具体操作流程如下:

(1)选择合适的地点,整平全站仪,使全站仪尽量靠近轨道中线。

(2)确保整个测量过程中地面稳定。

(3)确保全站仪和三脚架不会受到阳光直射(必要时可使用遮阳伞)。

1-高精度全站仪
(徕卡)自由设站

(4)进入"全站仪设站"界面,如图 2-24 所示。选择"后方交会"设站方式,点击"确定",如图 2-25 所示。

图 2-24 "全站仪设站"界面

图 2-25 选择"后方交会"设站方式

(5)进入测站详情,输入新的测站点号,按 F4 键自动量取仪器高(不需要测量高程值时,仪器高可以默认为 0),如果后视已知点不在当前项目中,需要勾选"从不同项目选择目标点"再进行选择,点击"确定"。

(6)进入测量目标 1,选择第一个点号,然后点击"观测",如图 2-26a)所示。

(7)进入测量目标 2,选择第二个点号,然后点击"观测",如图 2-26b)所示。

(8)如果有第三个后视点,用同样的方法进行观测,如图 2-26c)所示。

(9)观测完成后,点击"计算",如图 2-27 所示。

(10)在"设站结果"界面,出现测站点坐标值,点击"质量",可以查看几个后视点计算出的标准差是否满足精度要求,若满足设站要求,则点击"设置"。

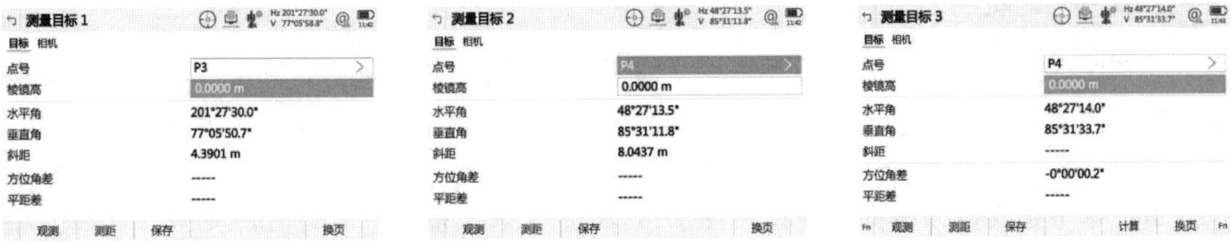

| a) "测量目标1"界面 | b) "测量目标2"界面 | c) "测量目标3"界面 |

图 2-26　"测量目标"界面

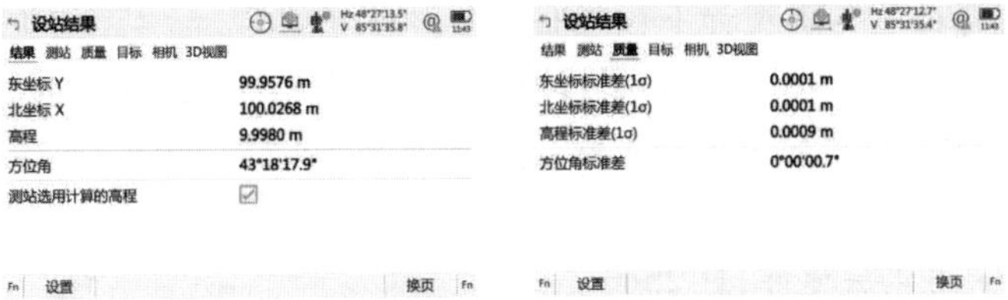

a) "结果"界面　　　　　　　b) "质量"界面

图 2-27　"设站结果"界面

(12) 完成测站设置后,将弹出"是否要拍摄一张周围环境的照片"对话框,如图 2-28 所示,一般可选择"否",至此后方交会方法设站即完成。

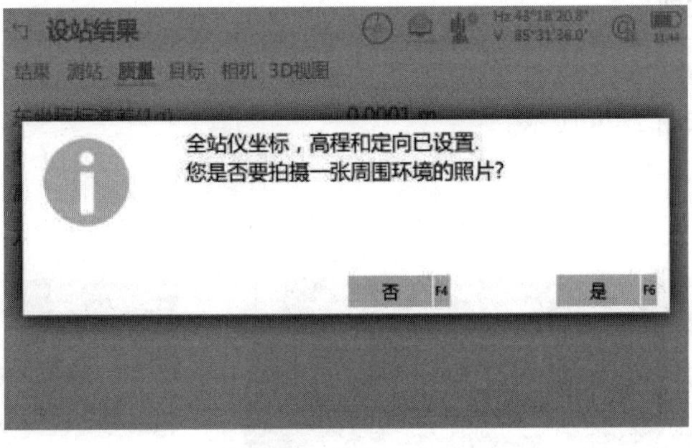

图 2-28　"是否要拍摄一张周围环境的照片"对话框

任务二　轨道结构检测

学习目标

1. 了解轨道类型和轨道结构分类以及组成;
2. 熟悉并理解轨道结构检测内容;
3. 掌握轨道结构检测设备和方法。

![任务描述图标] **任务描述**

轨道结构从大的方向来说有两种：一种是有砟轨道,另一种是无砟轨道。城市轨道交通使用较多的轨道结构也是这两种类型。这两种轨道结构在使用性能、适应环境、养护维修、造价和运营费用等方面有不同的特点和优势。轨道结构作为一个整体性工程结构,必须确保轨道的每个组成部分都要符合设计要求,这样才能保证整个轨道运营的安全。本任务要求学生掌握轨道结构分类以及组成,重点掌握对轨道结构状态检测的内容和方法。

![工程案例图标] **工程案例**

某轨道工程轨道的主要类型如下：

(1)钢轨：采用 50kg/m、25m(或 12.5m) 标准长度钢轨及相应弹性扣件；

(2)轨枕：采用新Ⅱ型预应力混凝土枕；

(3)道床厚度：到发线采用双层道砟,厚 20/20cm；

(4)其他站线采用单层道砟,厚 25cm；

(5)道岔：改建沙良车站正线上的道岔采用 P60-1/12 号道岔,到发线及货物线均采用 P50-1/12 号道岔,安全线、机待线等采用 P50-1/9 号道岔。

![相关知识图标] **相关知识**

一、轨道结构组成

轨道是铁路线路的组成部分,这里所指的轨道结构包括钢轨、轨枕、连接零件、道床、防爬设备和道岔等,如图 2-29 所示。

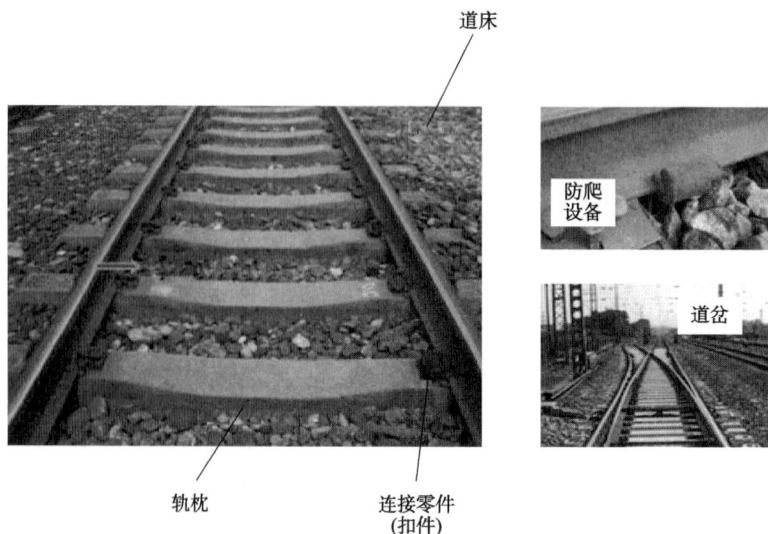

图 2-29 轨道结构组成

轨道作为整体性工程结构,铺设在路基、桥梁或隧道仰拱之上,是列车运行的导向,承受着机车车辆荷载的巨大压力。因此,轨道要有足够的强度和稳定性,以保证列车按照规定的速度,安全、平稳和不间断地运行。轨道施工是指在路基面上铺设道床、在道床上铺设轨枕、在轨枕上铺设钢轨和道岔。钢轨与钢轨之间,钢轨与道岔之间,钢轨、道岔与轨枕之间用连接零件扣紧连接而成。

二、有砟轨道结构

1865 年,钢轨代替了铁轨,有砟轨道成为现代轨道结构的基本结构形式。有砟轨道是指用散体材料碎石组成道床的传统轨道形式,也叫普通轨道,如图 2-30 所示。在轨枕下铺设一层碎石,可提高轨道的弹性和排水性能,使轨道便于维修。有砟高铁一般使用路基,最高设计行车时速 250km;有砟轨道一般使用高架路桥设计,行车时速可达到 350km 以上。有砟轨道应构造均匀、坚硬、耐风化、冲击韧性好、富有弹性。传统有砟轨道具有铺设简便、综合造价低廉的优点;但容易变形,维修频繁,后期维修费用较高。相关数字资源见二维码 2。

2-有砟轨道结构

图 2-30　有砟轨道

三、有砟轨道的一般规定

(1)钢轨

正线轨道应采用 100m 定尺长的 60kg/m 无螺栓孔新钢轨,其质量应符合相应速度等级的钢轨相关要求。

(2)轨枕

正线有砟轨道采用长 2.6m 的混凝土轨枕,每公里铺设 1667 根。道岔区段铺设混凝土岔枕。

(3)配件

有砟轨道采用与轨枕配套的弹性扣件,其轨下弹性垫层静刚度宜为(60±10)kN/mm。

(4)道床

道床采用特级碎石道砟,道砟的物理力学性能应符合有关规定。道砟上道前要进行清洗,清洁度应满足有关要求;道床顶面低于轨枕承轨面不应小于 40mm,且不应高于轨枕中部顶面;路基地段单线道床顶面宽度 3.6m,道床厚度 0.35m,道床边坡 1:1.75,砟肩堆高 0.15m;双线道床顶面宽度分别按单线设计;石质路堑地段采用弹性轨枕或铺设砟下弹性垫层;桥上道床标准与路基地段相同,应采用弹性轨枕或铺设砟下弹性垫层;砟肩至挡砟墙之间以道砟填平;隧道内道床标准与路基地段相同,应采用弹性轨枕或铺设砟下弹性垫层;砟肩至边墙(或高侧水沟)间以道砟填平;线路开通前,道床密度不应小于 1.75g/cm³,轨枕支承刚度不应小于 120kN/mm,纵向阻力不应小于 14kN/枕,横向阻力不应小于 12kN/枕。

四、无砟轨道结构

1. 无砟轨道结构的定义

无砟轨道由钢轨、扣件、单元板组成,如图 2-31 所示。无砟轨道的轨枕本身是由混凝土浇灌而成,而路基也不用碎石,钢轨、轨枕直接铺在混凝土路面上。无砟轨道是当今世界先进的轨道技术,其不仅可以减少维护、降低粉尘、美化环境,乘坐舒适,而且列车时速可以达到 500km 以上。简单来说,无砟轨道就是用整体混凝土结构代替传统有砟轨道中的轨枕和散粒体碎石道床的轨道结构。

图 2-31　无砟轨道

2. 无砟轨道的分类

目前国际上比较常见的无砟轨道有日本新干线板式轨道、德国的雷达 2000 型无砟轨道、旭普林型无砟轨道、博格板式轨道,如图 2-32～图 2-35 所示。

图 2-32　日本新干线板式轨道

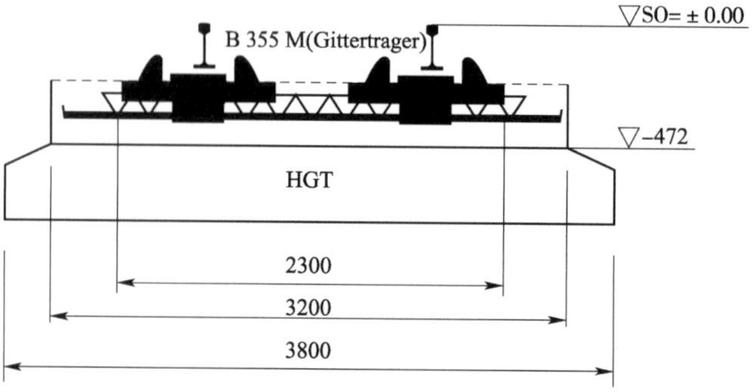

图 2-33　德国雷达 2000 型无砟轨道(尺寸单位:mm)

图 2-34　旭普林型无砟轨道

图 2-35　博格板式轨道

我国高速铁路常用的无砟轨道有 CRTSⅠ、CRTSⅡ、CRTSⅢ型板式无砟轨道;CRTSⅠ、CRTSⅡ型双块式无砟轨道;道岔区轨枕埋入式无砟轨道。

(1)CRTSⅠ型板式无砟轨道

CRTSⅠ型板式无砟轨道是指预制轨道板通过水泥沥青砂浆调整层,铺设在现浇的具有凸形挡台的钢筋混凝土底座上,并适应 zpw-2000 轨道电路的单元轨道板无砟轨道结构形式及施工现场,分别如图 2-36 和图 2-37 所示。

CRTSⅠ型板式无砟轨道的单元板、板与板之间不纵连,不设横向挡块。该形式的无砟轨道引进的是日本的无砟轨道技术。

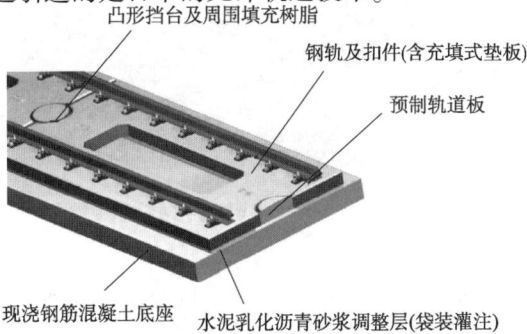

图 2-36　CRTSⅠ型板式无砟轨道结构示意图

图 2-37　CRTSⅠ型板式无砟轨道施工现场图

(2)CRTSⅡ型板式无砟轨道

CRTSⅡ型板式无砟轨道是指预制轨道板通过水泥沥青砂浆调整层,铺设在现场摊铺的混凝土支承层或现场浇筑的钢筋混凝土底座(桥梁)上,并适应 zpw-2000 轨道电路的无砟轨道结构形式,如图 2-38 和图 2-39 所示。

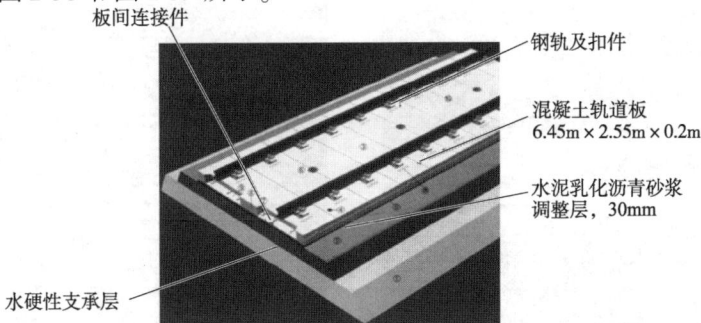

轨道板纵向设计:与 Rheda、Zublin 型相同,弹性地基梁
轨道板横向设计:按65cm宽的轨枕设计

图 2-38　CRTSⅡ型板式无砟轨道结构示意图

37

图 2-39　CRTSⅡ型板式无砟轨道

CRTSⅡ型板式无砟轨道的板与板之间要纵连,并设有横向挡块。该形式的无砟轨道引进的是德国的博格板技术。

（3）CRTSⅢ型板式无砟轨道

CRTSⅢ型板式无砟轨道的轨道板采用预制的单元分块结构,采用轨道板底门形钢筋、底座凹槽进行限位、采用自密实混凝土进行填充调整,并在底座板与自密实混凝土层间设置中间隔离层,如图 2-40 和图 2-41 所示。

CRTSⅢ型板式无砟轨道兼具板式无砟轨道和双块式无砟轨道的特点。其主要创新点包括:扩展了板下填充层材料,改变了板式轨道的限位方式,改善了轨道弹性和可维修性,完善了设计理论体系等。

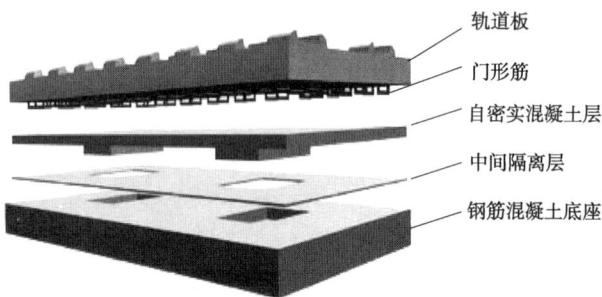

轨道板
门形筋
自密实混凝土层
中间隔离层
钢筋混凝土底座

图 2-40　CRTSⅢ型板式无砟轨道结构示意图

图 2-41　CRTSⅢ型板式无砟轨道结构施工现场图

（4）双块式无砟轨道

CRTSⅠ型双块式无砟轨道由钢轨、扣件、双块式轨枕、道床板、底座以及支撑层等组成,如图 2-42 所示。

（5）岔区轨枕埋入式无砟轨道

岔区轨枕埋入式无砟轨道的路基和隧道地段的道床结构由桁架式预应力岔枕、道床板、底座或支撑层等部分组成;桥梁地段的道床结构由桁架式预应力岔枕、道床板、隔离层、底座及凹槽周围弹性垫层等部分组成,如图 2-43 所示。

图 2-42　CRTSⅠ型双块式无砟轨道

图 2-43　路基地段的岔区轨枕埋入式无砟轨道现场图

![任务实施]

一、轨道结构状态检测

1. 钢轨检测

(1) 钢轨平直度检测

轨道是列车行车的基础,其中钢轨直接承受机车、车辆荷载,是轨道结构中最重要的组成部件,其技术状态直接影响轨道交通的运输能力和行车安全。

钢轨顶面短波不平顺对轨道交通行车的噪声、振动、安全和轮轨冲击荷载均有很大影响:一方面,轨面短波不平顺引起车轮对钢轨的荷载增大,导致轮轨间形成巨大的作用力,因而可能会引发钢轨、车轮及部件的损伤断裂,导致安全事故发生;另一方面,由于钢轨所受的冲击振动增大,会导致道床破碎、道床路基产生不均匀沉降,从而形成较大波长的轨道不平顺。因此,严格控制钢轨顶面短波不平顺可有效减少轮轨之间的冲击作用,降低噪声,对延长钢轨、车辆部件的使用寿命、减少轨道维修费用、减轻噪声污染均有重要意义。我国准高速铁路、高速铁路及其试验段的钢轨焊接接头不平顺幅值存在较严重的超限问题。造成这一现象的原因除了焊接工艺水平因素之外,另外一个重要因素就是缺少高精度的检测手段来指导焊接、修理。以前依靠人工塞尺的检测方法显然已不能满足精度要求,而且这种方法的检测效率低。因此,开发高精度、高效轻便的轨面短波不平顺检测装置——钢轨平直度检测仪(图 2-44)十分必要。

钢轨平直度检测仪采用非接触式激光传感器,可同时测量垂直和水平两个方向的平顺度情况,适用于测量钢轨焊补、接头以及绝缘轨接头的平顺度,还可以对钢轨的垂直面的磨损程度进行评估。在测量过程中,可以采用重叠法,这样对钢轨磨损的测量长度就能够超出设备本身的长度。这不仅适用于对短距离波形范围(0.03~0.3m)的钢轨磨损情况进行评估,也适用于对长距离波形范围(0.3~1m,1~3m,10m)的钢轨磨损情况进行评估。

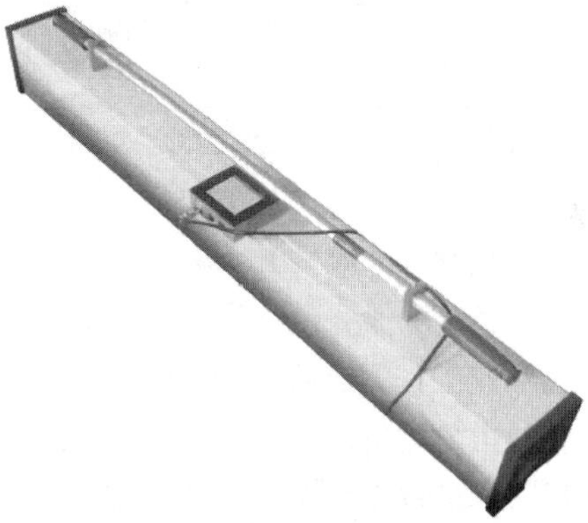

图 2-44 钢轨平直度检测仪

钢轨平直度检测仪主要应用在以下几个方面:

检测钢轨顶面短波不平顺;检测钢轨工作边短波不平顺;检测钢轨焊接接头厂焊、现场焊接质量;根据波形图指导焊接接头修理,并有针对性地进行打磨,提高作业效率。

由于钢轨焊缝材质、金相组织、硬度、韧度等与钢轨母材的差别,以及焊接设备的精度高低、操作工人的熟练程度等,都会造成钢轨焊接接头处的轨面不平整。

为保证高速列车高速、平稳地运行,并减少轮轨之间的动力作用,因此对钢轨焊接接头的焊接质量、平直度等提出了更高的要求,所以钢轨焊接接头也是轨面不平直的控制部位。对于焊接接头的检测,除了使用钢轨平直检测仪检测,还可以使用简单的检测工装进行检测,如图 2-45 所示。

①钢轨平直度检测仪的测量原理。

钢轨顶面测量采用激光测量轨顶中线,采样间隔为1mm。钢轨侧面测量与钢轨顶面测量原理类似,不同之处在于钢轨顶面的测量是在垂直面进行,而钢轨侧面的测量则是在水平面上进行,并且其测量点位于轨顶面以下16mm处,如图2-46所示。

图2-45　工人对焊接接头进行平直度检测

图2-46　钢轨平直度检测仪测量

②钢轨平直度检测仪的基本技术指标。

钢轨平直度检测仪的基本技术指标见表2-5。

钢轨平直度检测仪的基本技术指标　　　　　　　　　　　　表2-5

测量项目	测量位置	测量精度(mm)	测量基长(mm)	采样间隔(mm)
钢轨顶面	轨顶中线处	0.005	1000	1
钢轨侧面	轨顶面至轨顶面以下16mm处	0.005	1000	1

③钢轨平直度检测仪的主要特点。

钢轨平直度检测仪采用精密导轨为测量基线,能够精确反映真实数值,消除了原来所用的钢板尺加塞尺的测量方法中存在的原理性缺陷,测量精度高;同时其应用了诸多高新技术,如采用高精度的激光位移传感器测量弦高,利用专用采集器或笔记本电脑采集并处理数据等。

测量工作完成后,设备显示所测量位置的剖面图形以及对其进行分析后作出的评估结果;操作员可将测量结果储存在设备控制单元的内存中,在完成一组测量之后,再使用RS 232串型接口将测量结果拷贝到计算机硬盘里。钢轨平直度检测仪在出厂时配有全面的基于Windows的软件,便于对测量结果进行存档、分析、打印检测报告,及时跟踪钢轨的磨损情况。

对于钢轨平直度的检测,除了采用钢轨平直度检测仪之外,还可以使用一些简单的检测工装对钢轨进行平直度的检测,如图2-47所示。

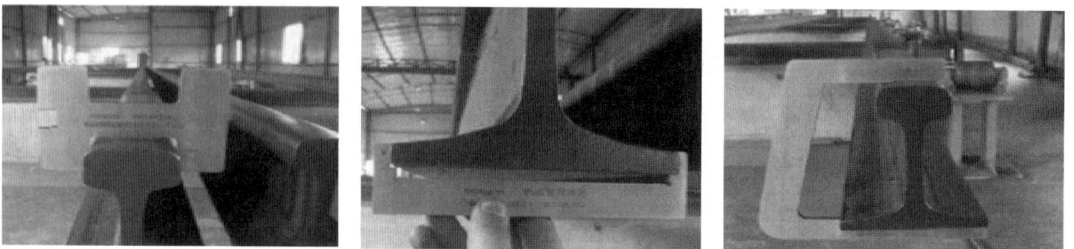

图2-47　钢轨平直度检测工装

（2）钢轨状态检测

钢轨状态检测主要包括伤损、钢轨重伤和钢轨折断3种状态的检测。这些将在项目三中作详细介绍。

（3）钢轨焊接检测

焊接方式一般分为接触焊、气压焊和铝热焊3种形式。检测项目主要有静弯、落锤、疲劳、探伤、金相、硬度、外观、抗拉、冲击及断口检验。其中，接触焊取5组25根落锤试件连续不断为合格。检测频率为每个标段检测一组。

在钢轨焊接检测过程中，每焊接500个钢轨接头，应做周期性检验，合格后方可继续施焊。接头焊缝探伤检测的频率为100%焊接接头检测。

知识链接

对于客运专线，钢轨外形质量检测见表2-6和表2-7。

钢轨外形质量检查表（客运专线250km/h）　　　　　　表2-6

技术等级：客运专线250km/h

序号	检验项目	检验方法	技术标准
1	钢轨形式尺寸	采用250km/h客专钢轨检查样板	符合样板
2	表面质量	目测	钢轨表面无裂纹，端面无分层，轨底下表面不应有横向划痕
		200mm深度游标卡尺	（1）导位板刮伤、磨痕、热刮伤、纵向线纹、折叠、轧痕、氧化皮压入最大允许深度： ①钢轨踏面0.35mm，其他部位0.5mm； ②导位板刮伤最多只允许有两处，最大宽度为4mm； ③与轧辊直径等距的周期性的热轧痕可作为1处认可，并且可以修磨，但在轨冠部位其修磨数每40m不应多于3个。 （2）钢轨纵向或横向冷划痕最大允许深度： ①轨头踏面及轨底下表面0.30mm（轨底下表面不应有横向划痕）； ②钢轨其他部位0.50mm； ③钢轨端面无明显撞痕。 （3）表面缺陷修磨最大允许修磨深度： ①钢轨踏面0.35mm；其他部位0.50mm； ②钢轨10m长范围内表面缺陷不应多于3处，每10m可修磨1处
3	钢轨平直度	1.5m平直度检测尺、塞尺	（1）轨端0~1.5m： ①端部向上弯曲小于或等于0.5mm/1.5m； ②端部向下弯曲小于或等于0.2mm/1.5m； ③端部水平方向弯曲小于或等于0.7mm/1.5m。 （2）轨身： ①垂直方向小于或等于0.35mm/1.5m； ②水平方向小于或等于0.6mm/1.5m

续上表

技术等级:客运专线 250km/h			
序号	检验项目	检验方法	技术标准
4	钢轨扭曲	扭曲尺	钢轨端部和距之1m的横断面之间的相对扭曲不应超过0.45mm
编制		审核	批准

钢轨外形质量检查表(客运专线 350km/h)　　　　表2-7

技术等级:客运专线 350km/h			
序号	检验项目	检验方法	技术标准
1	钢轨形式尺寸	采用 350km/h 客专钢轨检查样板	符合样板
2	表面质量	目测	钢轨表面无裂纹,端面无分层,轨底下表面不应有横向划痕
		200mm 深度游标卡尺	(1)导位板刮伤、磨痕、热刮伤、纵向线纹、折叠、轧痕、氧化皮压入最大允许深度: ①钢轨踏面 0.35mm,其他部位 0.5mm; ②导位板刮伤最多只允许有两处,最大宽度为 4mm; ③与轧辊直径等距的周期性的热轧痕可作为 1 处认可,并且可以修磨,但在轨冠部位其修磨数每 40m 不应多于 3 个。 (2)钢轨纵向或横向冷划痕最大允许深度: ①轨头踏面及轨底下表面 0.30mm(轨底下表面不应有横向划痕); ②钢轨其他部位 0.50mm; ③钢轨端面无明显撞痕。 (3)表面缺陷修磨最大允许修磨深度: ①钢轨踏面 0.35mm;其他部位 0.50mm; ②钢轨 10m 长范围内表面缺陷不应多于 3 处,每 10m 可修磨 1 处
3	钢轨平直度	1.5m 或 2m 平直度检测尺、塞尺	(1)轨端 0~2m: ①端部向上弯曲小于或等于 0.4mm/2m; ②端部向下弯曲小于或等于 0.2mm/2m; ③端部水平方向弯曲小于或等于 0.6mm/2m。 (2)轨身: ①垂直方向小于或等于 0.25mm/1.5m; ②水平方向小于或等于 0.45mm/1.5m
4	钢轨扭曲	扭曲尺	钢轨端部和距之1m的横断面之间的相对扭曲不应超过0.45mm
编制		审核	批准

2.轨枕状态检测

轨枕是轨道结构的重要部件,一般横向铺设在钢轨下的道床上。在轨道结构中,轨枕的功用是支撑钢轨,并承受来自钢轨的各种力且传递至道床,同时轨枕还起着保持钢轨方向、轨距和位置等作用。轨枕具有坚固性、弹性和耐久性等特点,并且其造价低廉,制作简单,铺设及养护方便。

轨枕依其构造及铺设方法分为横向轨枕、纵向轨枕及短枕等。横向轨枕与钢轨垂直间隔铺设,是最常用的轨枕;纵向轨枕一般仅用于特殊地段;短枕是在左右两股钢轨下分开铺设的轨枕,常用于混凝土整体道床。

轨枕按其使用目的分为用于一般区间的普通轨枕,用于道岔上的岔枕,用于无砟桥梁上的桥枕、普通混凝土枕和混凝土宽枕。

轨枕按其材质分为木枕、混凝土枕和钢枕。

轨枕在使用过程中常发生裂纹、掉块及挡肩破损等病害,影响线路运行质量,严重时会危及行车安全,因此加强轨枕状态检测是非常重要的。

(1)木枕(含木岔枕)失效标准

①腐朽而失去承压能力;钉孔腐朽无处改孔,不能持钉;

②折断或拼接的接合部离,不能保持轨距;

③机械磨损,经过削平或除去腐朽木质后,容许速度大于 120km/h 的列车通行,其厚度不足 140mm,其他线厚度不足 100mm;

④劈裂或其他伤损导致的不能承压、持钉。

知识链接

木枕失效的原因很多,主要来自运营、气候和生物等方面。其主要表现有腐朽、机械磨损及裂缝,三者互为因果,相互影响。使用木枕前应进行防腐处理。我国木材防腐工厂多采用防腐油与煤焦油混合的油剂,可防止木枕开裂,亦可防水。在运量大的线路中,机械磨损影响着木枕的使用寿命,采用扩大垫板面积或在铁垫板下加胶垫、先钻孔并经防腐后上钉或采用分开式扣件等方法,可减少木枕的机械磨损。对劈裂的木枕,可在开裂处打入 C 钉或 S 钉,以及钉"组钉板"等方式。

(2)混凝土枕伤损分类

混凝土枕伤损分为一般伤损、严重伤损和失效。

一般伤损是指未达到严重伤损标准,或者未包括在严重伤损分类中的伤损。一般伤损的混凝土枕可以继续使用,但为了防止伤损发展,应分析造成伤损的原因,在日常养护维修中做一些必要又可能的修补处理。

严重伤损轨枕是指轨枕伤损已经发展到了比较严重的程度,但还具有一定的承载能力和保持轨距、轨向的能力,通过修补尚能部分恢复承载能力和保持轨距的能力。对严重伤损轨枕,必须注意伤损程度的发展,以便采取相应措施。一般情况下,该类轨枕可以使用到下一个大修周期,周期达到后必须全部更换。

失效轨枕是指轨枕伤损已经失去承载能力,或者由于伤损使轨枕扣件已失去扣压能力。应及时更换失效轨枕。

（3）混凝土枕失效标准

①明显折断：指轨枕严重断裂，已失去承载能力，同时也不能保持轨距；

②纵向通裂。

（4）混凝土枕严重伤损标准

①横裂裂缝长度为枕高的1/2～2/3：由于裂纹横裂的轨枕，其残余缝宽很小，不便判定，故对严重横裂的轨枕用裂缝长度作为指标。对于枕中横裂，当裂缝长度小于枕高的2/3以前，还有相当的支承能力，其剩余通过总质量为300～450Mt，超过线路大修周期之半；当裂缝长度达枕高的1/2时，其剩余通过总质量约为500Mt。故在一般情况下，只要不是连续出现裂纹长度超过2/3枕高的情况，即可以维持到大修时再更换。

②纵裂：见失效标准的说明。

③挡肩破损长度为挡肩长度的1/3～1/2：挡肩破损相当于减少了支承面积，增加了轨枕挡肩处混凝土的压应力。根据试验，当挡肩破损达到其长度的1/2时，对于扣板式扣件，作用在钢轨上的水平力达到70kN，挡肩处混凝土承受的压力还没有超过允许压应力，但这时由于支承面积小，在水平力的作用下，铁座偏斜，失去了支承作用。当挡肩破损为挡肩长度的1/3时，基本上能支承扣件，保持扭矩。故规定挡肩破损1/3～1/2的轨枕为严重伤损轨枕。

④严重网状龟裂和掉块：由于轨枕材质和制造工艺问题，轨枕上道后，很快出现网状龟裂和掉块，也有一些线路受运输和环境影响而造成混凝土表面腐蚀，出现麻点、脱层、掉块，重者钢筋锈蚀，降低轨枕的承载能力。故规定网状龟裂和掉块的轨枕为严重失效轨枕。

⑤承轨槽压溃，深度超过2mm：由于轨下橡胶垫板损坏或窜出，使作用在承轨槽面上的单位压力增大，出现麻点、条痕甚至凹槽，槽深一般为2～3mm，严重者可达7～8mm，改变了承轨槽1/40轨底坡，影响钢轨受力状态。故规定承轨槽压溃和磨耗深度超过2mm的轨枕为严重伤损轨枕。

⑥钢筋（或钢丝）外露（钢筋未锈蚀，长度超过100mm）：钢筋外露，尚未锈蚀，轨枕承载能力没有显著降低，但大面积外露，将严重影响承载能力。故规定露筋长度超过100mm的轨枕为严重伤损轨枕。

⑦斜裂长度为枕高的1/2～2/3：由于线路作业不当，或枕中横裂发展出现斜裂，当斜裂长度为枕高的1/2～2/3时，轨枕将减少或失去承载能力。故规定斜裂长度为枕高的1/2～2/3的轨枕为严重伤损轨枕。

线路上的轨枕类型及配置根数，应根据运量、线路允许速度及线路设备条件等确定。允许速度大于120km/h的线路应铺设Ⅲ型混凝土枕，既有Ⅱ型混凝土枕应逐步更换为Ⅲ型混凝土枕。普通线路换轨大修及铺设无缝线路的前期工程，除应将失效的轨枕和严重伤损的混凝土枕更换掉外，还应根据运输发展的需要，更换为与运营条件相适应的轨枕并补足配置根数。

3．道床检测

（1）道床几何尺寸检测

道床的几何尺寸包括道床的厚度、道床顶面宽度及边坡坡度。其中，道床厚度应符合表2-8的规定。

道床厚度(mm)标准　　　　　　　　　表 2-8

5 年内年计划通过总质量(Mt)			$W_年 \geq 50$	$50 > W_年 \geq 25$	$25 > W_年 \geq 15$	$W_年 < 15$
无垫层的碎石道床		一般路基	450	450	400	350
		不易风化的岩石、碎石路基	350	350	300	300
有垫层的碎石道床(碎石/垫层)			300/200	300/200	250/200	250/200
有砟桥面上的碎石道床		$V_{max} \leq 120km/h$	250			
		$V_{max} > 120km/h$	300			

注:允许速度大于120km/h的线路,无垫层时,碎石道床厚度不得小于450mm;有垫层时,碎石道床厚度不得小于300mm,且垫层厚度不得小于200mm。

线路大、中修后,无垫层的碎石道床,枕下清砟厚度不得小于300mm;特殊困难条件下,道床厚度不足300mm时,应清筛至路基面,并做好排水坡。

运量小、允许速度低的线路或线路在隧道内、桥梁上和车站内受建筑物限制时,可酌情降低道床厚度。但正线木枕地段碎石道床厚度不得小于200mm,混凝土枕地段不得小于250mm,站线不得小于200mm。

道床顶面宽度及边坡坡度应符合表2-9的规定。

道床顶面宽度及边坡坡度　　　　　　　　　表 2-9

线　路　类　别			顶面宽度(m)	曲线外侧道床加宽		砟肩堆高(m)	边坡坡度
				半径(m)	加宽(m)		
正线	无缝线路	$V_{max} > 160km/h$	3.5			0.15	1:1.75
		$V_{max} \leq 160km/h$	3.4	≤600	0.10	0.15	1:1.75
	普通线路	年通过总质量不小于8Mt	3.1	≤800	0.10		1:1.75
		年通过总质量小于8Mt	3.0	≤600	0.10		1:1.75
站线			2.9				1:1.50

轨底处道床顶面应低于轨枕顶面20～30mm。Ⅰ型混凝土枕中部道床应掏空,其顶面低于枕底不得小于20mm,长度应为200～400mm;Ⅱ型和Ⅲ型混凝土枕中部道床可不掏空,但应保持疏松。有砟桥上无缝线路应设挡砟板。

混凝土宽枕线路的道床,由面砟带和底层组成,且均应采用一级道砟。在有垫层时道床厚度不得小于250mm,无垫层时不得小于350mm;在岩石、渗水土路基、隧道内及有砟桥面上,道床厚度不得小于200mm。面砟粒径级配见表2-10,厚度为50mm,每股轨下两侧宽度应各为450～500mm,底层为普通碎石道砟,道床顶面宽度不得小于2.9m。允许速度大于120km/h的线路,道床顶面应与宽枕顶面平齐,其他线路枕端埋入道床深度不得小于80mm。

面砟粒径级配　　　　　　　　　表 2-10

方孔筛孔边长(mm)	10	16	20	25	30	35.5
过筛质量百分率(%)	0～5	5～15	25～40	55～75	95～100	100

垫砟起道用的道砟,采用的是火成岩材料,材料粒径为8～20mm。

道砟必须有"碎石道砟产品合格证",以作为竣工验收和评定道床质量的依据。线路修理补充的道砟应采用一级道砟,既有线二级道砟应结合线路大、中修逐步更换为一级道砟。碎石道砟粒径级配见表2-11。

碎石道砟粒径级配　　　　　　　　　　　　表2-11

方孔筛孔边长(mm)	25	35.5	45	56	63
过筛质量百分率(%)	0~5	25~40	55~75	92~97	97~100

道床应保持饱满、均匀和整齐,并应根据道床不洁程度有计划地进行清筛,保持道床弹性和排水性良好。道床应按规定保持密实,防止轨枕空吊、道床翻浆。

(2)道砟检测

检测项目:粒径级配、针状指数、片状指数、杂质含量等。

检测频率:同一产地、级别且连续进场的,每5000m³为一批,不足5000m³的亦按一批计。其中,道砟材质检测按每50000m³为一批,不足50000m³的亦按一批计。

(3)底砟检测

检测项目:粒径级配、杂质含量等。

检测频率:同一产地、品种且连续进场的,每5000m³为一批,不足5000m³的亦按一批计。

(4)道砟压实度检测

底砟压实度检测频率:每5km检测5处,每处测两个点位。

道砟压实度检测频率:每组道岔检测3个点位;无缝线路砟面压实度每5km抽检3次,每次测3个点位。

4.钢轨联结零件检测

(1)接头夹板

接头夹板伤损达到下列标准时,应及时更换。

①折断;

②中央裂纹(中间两螺栓孔范围内):正线、到发线有裂纹;其他站线平直及异形夹板超过5mm,双头及鱼尾形夹板超过15mm;

③其他部位裂纹发展至螺栓孔。

接头夹板在轨缝处的构造强度比钢轨低,在机车车辆荷载反复作用下,当材质疲劳达到一定程度时,易在弯矩最大的中央部位产生裂纹。在行车速度快、运量大的正线及到发线上,由于裂纹发展速度较快,为防止突然折断,在正线、到发线上发现中央裂纹应及时更换。其他站线由于行车速度慢、运量小,裂纹在较小时发展缓慢,这时夹板仍能承受一定的弯矩,尚能使用较长时间,故规定在其他站线上的中央裂纹,当平直及异形夹板超过5mm、双头及鱼尾形夹板超过15mm时才予以更换。其他部位裂纹发展到螺栓孔时,裂纹发展速度将加快,因此规定应及时更换,防止造成夹板折断。接头夹板的伤损没有轻、重伤之分,凡达到更换标准的,就应及时更换。

(2)接头螺栓及垫圈

每个接头螺栓均应达到和保持规定的扭矩值,接头螺栓及垫圈伤损达到下列标准时,应及时更换。

①螺栓折断,严重锈蚀,丝扣损坏或杆径磨耗超过3mm不能保持规定的扭力矩;

②垫圈折断或失去弹性。

(3)扣件

扣件类型应与轨枕、钢轨及轨下胶垫类型相匹配。Ⅰ型弹条应逐步更换为Ⅱ型弹条。使用扣板扣件时,正线半径在800m及以下和站线半径在450m及以下的曲线地段,钢轨外侧应使用加宽铁座。大、中桥明桥面应采用分开式扣件;允许速度大于120km/h的木枕线路应采用分开式弹性扣件。扣件应保持齐全,位置正确,作用良好。分开式弹性扣件与木枕联结应紧密,当钢轨受车轮横向力作用时不得产生相对位移和扭转离缝。扣板、轨距挡板应靠贴轨底边。扣板(弹片)扣件扭矩应保持在80~140N·m。弹条扣件的弹条中部前端下颚应靠贴轨距挡板(离缝不得大于1mm)或扭矩应保持在80~150N·m。Ⅲ型扣件后拱内侧距预埋件端部应不大于10mm,扣压力应保持在8~13.2kN。

检测项目:扣压力、疲劳强度等。

检测频率:同一厂家、同一批次每200000套抽检两套,不足200000套按两套抽检。

扣件伤损达到下列标准,应有计划地修理或更换:

①螺旋道钉折断、浮起,螺母或螺杆丝扣损坏,严重锈蚀;

②垫圈损坏或作用不良;

③弹条、扣板(弹片)损坏或不能保持应有的扣压力;

④扣板、轨距挡板严重磨损,扣板、轨距挡板前后距离缝超过2mm;

⑤挡板座、铁座损坏或作用不良。

(4)轨道加强设备

轨道加强设备应保持数量齐全、作用良好,缺少时应有计划地补充。防爬设备的安装数量和方式与线路锁定要求不相适应时,应及时调整。轨道加强设备伤损达到下列标准时,应有计划地修理或更换。

①轨距杆折断或丝扣损坏,螺母、垫圈、铁卡损坏或作用不良;

②轨撑损坏或作用不良;

③防爬器折损,穿销不紧或作用不良;

④防爬支撑断面小于110cm²,损坏、腐朽或作用不良。

思考与练习

一、判断题

(　　)1. 我国直线轨道的轨底坡标准值是1:20。

(　　)2. 如果光带偏向内侧,说明轨底坡过大;如果偏向外侧,说明轨底坡过小。

(　　)3. 轨距是指左右两股钢轨头部中心之间的距离。

二、简答题

1. 轨道几何形位有哪些?简述其定义以及检测设备和方法。

2. 轨道结构状态检测包括哪些内容?

3. 简述无砟轨道结构定义以及分类,并阐述每种类型的结构组成及特点。

三、计算题

根据图 2-48 所示,计算三角坑的值。

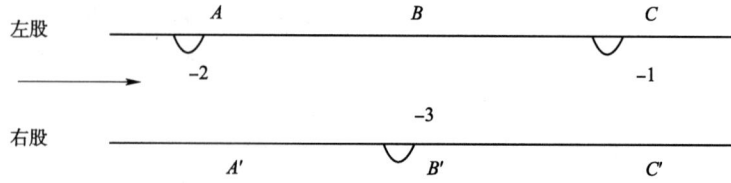

图　2-48

项目三　钢轨探伤检测

任务一　钢轨伤损类型

学习目标

1. 了解钢轨伤损分类;
2. 熟悉并掌握几种重要的钢轨伤损类型;
3. 能够识别常见的钢轨伤损。

任务描述

按伤损状态进行分类是世界各国铁路钢轨伤损分类的共同点,是伤损分类的主要内容。伤损状态即钢轨伤损的形貌特征和外观,它直接记录和反映伤损的发展过程或结果。不管何种类型的伤损,都有其特定的伤损形貌特征和外观。铁路线路作业人员可以根据目检或超声波探伤,参照各种伤损类型的典型宏观形貌照片,并结合经验,即可根据钢轨的伤损状态对伤损钢轨进行分类。本任务要求学生了解常见的钢轨伤损分类方法,并掌握常见的钢轨伤损类型,能够识别出常见的钢轨伤损。

工程案例

2010 年 2 月 28 日,海工管内发生了一起焊缝拉开设备故障。28 日 7:05 海工值班人员郭某接到电务人员通知,滨洲线上行乌固诺尔—安邑间 7628 ~ 7616 信号机区间轨道电路红光带,于是值班人员携带应急备品赶赴现场检查,于 7:55 到达滨洲线上行 7628 ~ 7616 信号机区间,8:15 检查到 761km 处的 40 号铁右股焊缝时,发现焊缝拉开 16mm(已加固),于是值班人员立即连接短路铜线,同时对焊缝鼓包夹板螺栓及前后 50m 线路扣件进行复拧,于 8:43 开通线路。钢轨断裂位置位于滨洲线上行 761km 40 号铁右股钢轨焊缝,距厂焊焊缝中心处垂直折断,该厂焊焊缝由工机段 2007 年 5 月在焊轨厂焊接。如果你是一名钢轨探伤工,将如何分析其发生原因?

相关知识

一、钢轨伤损分类方法

钢轨伤损分类方法是调查钢轨伤损情况和分析伤损产生原因的必要手段,是钢轨伤损管理的重要组成部分。下面介绍国内外钢轨伤损的分类方法。

我国铁路行业标准《钢轨伤损分类》(TB 1778—1986)规定钢轨伤损分类均采用两位数字编号方法;《铁路钢轨伤损代码》(TB/T 2172—1990)在此基础上进行了改进补充,采用五位数字编号方法对钢轨伤损类型进行分类和登记;《钢轨伤损分类》(TB/T 1778—2010)是最新的钢轨伤损分类方面的铁道行业标准,采用五位数字编号方法,将钢轨在使用过程中出现的伤损分为54种。

国际铁路联盟(UIC)在1959年首次制定了钢轨伤损分类标准,采用了四位数字编号方法。许多国家的铁路系统在其基础上编制了自身的钢轨伤损分类标准。国际铁路合作组织(OSJD)于1961年制定了钢轨伤损分类标准,采用了三位数字编号方法;1985年,国际铁路合作组织(OSJD)对标准进行了修订,采用了四位数字编号方法;2001年,国际铁路合作组织(OSJD)再一次对标准进行了修订,修订后的标准类似于国际铁路联盟(UIC)钢轨伤损分类标准。

我国及国外有关铁路组织制定的钢轨伤损分类方法见表3-1。

钢轨伤损分类方法　　　　　　表3-1

钢轨伤损分类方法	数字编号方法					伤损种类
	第一位数	第二位数	第三位数	第四位数	第五位数	
《钢轨伤损分类》(TB/T 1778—2010)(中华人民共和国铁路行业标准)	伤损在钢轨长度上的位置	伤损在钢轨横截面上的位置	伤损状态	伤损状态的细化	钢轨伤损程度	54种
《钢轨伤损分类》(TB/T 1778—2010)(中华人民共和国铁路行业标准)	伤损状态	在钢轨断面上的位置	在钢轨长度上的位置和焊接方法等	伤损状态的细化	钢轨伤损程度	54种
《钢轨伤损分类》(UIC 712:2002)(国际铁路联盟)	钢轨长度上的位置、外伤和焊补	钢轨断面上的位置、和焊补方法	伤损类型、性质及成因	其他特征差异及伤损类型的细化		55种
《钢轨伤损分类》(P733—2001)(国际铁路合作组织)	钢轨长度上的位置	钢轨横截面上的位置	伤损性质	其他说明		89种

从表3-1可看出,尽管不同的钢轨伤损分类方法的数字编号方法不完全相同,但所包括的内容主要有钢轨的伤损状态(特征和外观)、伤损原因及伤损位置等信息。

二、钢轨伤损状态

钢轨伤损状态指的是钢轨伤损的宏观形貌(或形状)特征,直接记录和反映伤损的发展过程和结果。钢轨伤损状态主要有3种情况,一种是钢轨折断,另一种是钢轨裂纹,最后一种是其他钢轨伤损。

钢轨折断主要有以下4种情况:钢轨全截面断裂;贯通整个轨头截面的裂纹;贯通整个轨底截面的裂纹;引起钢轨失效的严重掉块。钢轨裂纹指的是钢轨表面或内部的部分金属发生分离。

其他钢轨伤损指的是除钢轨折断、钢轨裂纹以外,影响钢轨使用性能的磨耗、压溃(或凹陷)、波浪磨耗、弯曲变形、表面缺陷、外伤、腐蚀等伤损。

我国铁路行业标准《钢轨伤损分类》(TB/T 1778—2010)对钢轨伤损种类采用五位数字编号方法:第一位数字表示伤损在钢轨长度上的位置,用0~7和9共9个数字分别表示;第二位数字表示伤损在钢轨横截面上的位置,用0~6共7个数字分别表示;第三位数字表示不同的伤损状态,用0~9共10个数字分别表示;第四位数字表示伤损状态的细化分类,细化顺序以1,2,3,…,9依此类推,没有细化的编号为0;第五位数字表示不同的钢轨伤损程度,用1~4共4个数字分别表示。钢轨伤损分类编号结构见表3-2。

表3-2
钢轨伤损分类编号结构

第一位数字	第二位数字	第三位数字	第四位数字	第五位数字
伤损在钢轨长度上的位置	伤损在钢轨横截面上的位置	伤损状态	伤损状态的细化	伤损程度
0—钢轨全长范围(或全长的大部分) 1—轨身的局部区域 2—夹板接头(轨端、螺栓孔和夹板长度范围的钢轨区域) 3—焊补区域 4—接续线焊接区域 5—闪光焊接头(含电机灼伤部位) 6—铝热焊接头 7—气压焊接头 9—其他形式焊接的焊缝和热影响区	0—整个钢轨截面或外表面 1—轨头表面(踏面、轨距角、轨头侧面) 2—轨头内部 3—轨头下颚 4—轨腰 5—螺栓孔 6—轨底(轨底下表面、轨底边缘或轨底角侧面)	0—弯曲变形 1—磨耗、压溃、压陷(或凹陷) 2—波浪磨耗 3—接触疲劳裂纹(剥离裂纹)及其引起的掉块和疲劳断裂 4—内部裂纹或内部缺陷(白点、夹杂物、成分偏析、淬火缺陷、焊接缺陷、焊补缺陷等)及其引起的疲劳断裂 5—表面缺陷及其引起的疲劳断裂 6—外伤(擦伤、碰伤等)及其引起的疲劳断裂 7—锈蚀及其引起的疲劳断裂 8—没有明显疲劳裂纹的脆性断裂 9—其他	0—没有细化 1—曲线上股轨头磨耗超限 2—曲线下股轨头全长压溃和辗边 3—直线钢轨交替不均匀侧面磨耗 4—轨距角处鱼鳞状剥离裂纹、掉块和疲劳断裂 5—轨头踏面处斜线状裂纹、局部凹陷和疲劳断裂 6—曲线下股轨头踏面剥离裂纹和浅层剥离掉块	1—不到轻伤 2—轻伤 3—重伤 4—折断

注:1. 凡属于与夹板接头质量及焊接接头质量有关的伤损、在伤损编号中按在夹板接头和焊接接头区域形成的伤损进行分类和登记;凡属于与轨身相同原因形成的伤损,在伤损编号中,按轨身处形成的伤损进行分类和登记。

2. 闪光焊电极灼伤也属于焊接接头伤损范围。

三、钢轨伤损判断标准

钢轨伤损按程度分为不到轻伤、轻伤、重伤和折断4类。依据《铁路线路修理规则》中对钢轨伤损程度的划分,得到轻伤和重伤的判定标准,见表3-3～表3-5。此外,若根据《铁路线路修理规则》对钢轨伤损程度进行判定有困难,可由探伤人员、线路(检查)工长依据现场情况进行判断。

钢轨轻伤和重伤标准   表3-3

伤损项目	伤损程度						备注
	轻伤			重伤			
	$V_{max} >$ 160km/h	160km/h≥ $V_{max} >$120km/h	$V_{max} ≤$ 120km/h	$V_{max} >$ 160km/h	160km/h≥ $V_{max} >$120km/h	$V_{max} ≤$ 120km/h	
钢轨头部磨耗	磨耗量超过《铁路线路修理规则》表3.4.3-2所列限度之一者			磨耗量超过《铁路线路修理规则》表3.4.3-3所列限度之一者			
轨端或轨顶面剥落掉块	长度超过15mm且深度超过3mm	长度超过15mm且深度超过3mm	长度超过15mm且深度超过4mm	长度超过25mm且深度超过3mm	长度超过25mm且深度超过3mm	长度超过30mm且深度超过8mm	
钢轨顶面擦伤	深度超过0.5mm	深度超过0.5mm	深度超过1mm	深度超过1mm	深度超过1mm	深度超过2mm	
钢轨低头	超过1mm	超过1.5mm	超过3mm	超过1.5mm	超过2.5mm	超过3.5mm	用1m直尺测量最低处矢度,包括轨端轨顶面压伤和磨耗在内
波浪形磨耗	谷深超过0.3mm	谷深超过0.3mm	谷深超过0.5mm				
钢轨表面裂纹				有	有	有	包括螺孔裂纹、轨头下颚水平裂纹(透锈)、轨腰水平裂纹、轨头纵向裂纹、轨底裂纹等(不含轮轨接触疲劳引起轨顶面表面或近表面的鱼鳞裂纹)
钢轨内部裂纹				有	有	有	包括核伤(黑核、白核)、钢轨纵向裂纹等
钢轨变形				有	有	有	轨头扩大、轨腰扭曲或鼓包等,经判断确认内部有暗裂
钢轨锈蚀				经除锈后,轨底厚度不足8mm或轨腰厚度不足14mm		经除锈后,轨底厚度不足5mm或轨腰厚度不足8mm	

钢轨头部磨耗轻伤标准

表 3-4

钢轨 (kg/m)	总磨耗 (mm)				垂直磨耗 (mm)				侧面磨耗 (mm)			
	$V_{max}>$160km/h 正线	160km/h$\geq V_{max}>$120km/h 正线	$V_{max}\leq$120km/h 正线及到发线	其他线路	$V_{max}>$160km/h 正线	160km/h$\geq V_{max}>$120km/h 正线	$V_{max}\leq$120km/h 正线及到发线	其他线路	$V_{max}>$160km/h 正线	160km/h$\geq V_{max}>$120km/h 正线	$V_{max}\leq$120km/h 正线及到发线	其他线路
75	9	12	16	18	8	9	10	11	10	17	16	18
75 以下 ~60	9	12	14	16	8	9	9	10	10	12	14	16
60 以下 ~50			12	14			8	9			12	14
50 以下 ~43			10	12			7	8			10	12
43 以下			9	10			7	7			9	11

注:1. 总磨耗=垂直磨耗+1/2 侧面磨耗。
2. 垂直磨耗在钢轨顶面宽 1/3 处(距标准工作边)测量。
3. 侧面磨耗在钢轨踏面(按标准断面)下 16mm 处测量。

钢轨头部磨耗重伤标准

表 3-5

钢轨 (kg/m)	垂直磨耗 (mm)			侧面磨耗 (mm)		
	$V_{max}>$160km/h 正线	160km/h$\geq V_{max}>$120km/h 正线	$V_{max}\leq$120km/h 正线及到发线及其他线路	$V_{max}>$160km/h 正线	160km/h$\geq V_{max}>$120km/h 正线	$V_{max}\leq$120km/h 正线及到发线及其他线路
75	10	11	12	16	12	21
75 以下 ~60	10	11	11	16	12	19
60 以下 ~50			10			17
50 以下 ~43			9			15
43 以下			8			13

四、常见钢轨伤损类型及原因

钢轨在使用过程中常常发生裂纹、折断、磨耗等伤损,伤损的钢轨线路将影响车辆行驶的平稳性,严重时将影响行车安全。最常见的几种伤损为接头处螺栓孔裂纹、轨头核伤、轨头剥离及钢轨磨耗,具体介绍如下。

(1)孔裂

孔裂是指钢轨在列车冲击荷载作用下,在螺栓孔边角处,由于存在应力集中或其他缺陷而造成的裂纹。这种裂纹受荷载反复作用而扩展,甚至发生断裂。其形态如图 3-1 和图 3-2 所示。

图 3-1　孔裂形态示意

图 3-2　钢轨螺栓孔裂纹

(2)擦伤

擦伤是指发生在钢轨踏面的一种金属塑性变形和分离缺陷。当这种缺陷面积达到头部总面积的 10% ~ 15% 以后将会迅速发展成掉块破损。造成擦伤的原因主要是随着机车牵引力的增大,在机车启动和制动过程中,伴随车轮打滑空转或滑动,使轮轨接触区应力急速增大,产生高温,造成钢轨踏面局部过热和黏着,在列车驶过后,又急速冷却形成的金属塑变和分离。其形貌如图 3-3 所示。

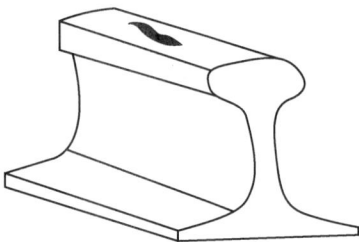

图 3-3　擦伤示意

(3)轨底破碎

轨底破碎也叫"半月形破碎"。它主要发生在垫板处的轨底处,该处的轨底由于过度磨损或轨距螺栓引起轨底边缘硬伤形成应力集中后,逐渐发展成此种破碎;也有的是因轨底处存在裂纹或其他冶金缺陷所致。其形貌如图 3-4 所示。

(4)轨头磨耗

轨头磨耗通常表现为钢轨在轮轨摩擦力和接触应力的作用下,在钢轨头部发生的沿全长的磨损。轨头磨耗分为垂直磨耗和侧面磨耗两种,它使钢轨强度下降,伤损增加,一般多出现在曲线外缘钢轨的头部。其形貌如图 3-5 所示。

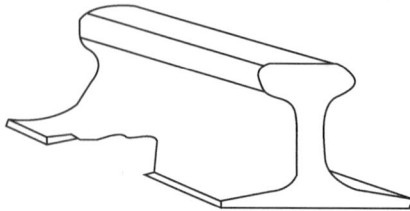

图 3-4　轨底破碎示意

图 3-5　轨头磨耗形貌

（5）轨头压溃

轨头压溃是指发生在轨头踏面处由被压溃的金属所形成的碾边。造成轨头压溃的原因是列车给予钢轨的压应力和离心力，使轨头金属产生塑性流变。发生轨头压溃处的金属常常存在有害夹杂物和元素偏析现象。

（6）剥离

剥离指发生在钢轨轨头踏面上的一种呈薄片状金属剥离母体或呈掉块状剥离母体的损伤。剥离多发生在铁道曲线外轨上。钢轨接触应力大于钢轨屈服强度是造成剥离的外因，钢轨轨头踏面存在夹杂物是造成剥离的内因。其形貌如图3-6所示。

（7）锈蚀

钢轨锈蚀多发生在潮湿有腐蚀的地段，如沿海、隧道地段。造成钢轨锈蚀的诱因主要是大气腐蚀和电化学腐蚀。锈蚀的钢轨表面多呈麻点并且钢轨的刚度有所下降。

（8）轨头核伤

轨头核伤是最危险的一种伤损形式，如图3-7所示，会使轨头在列车作用下突然断裂，严重影响行车安全。其形成的内因：钢轨内部材质的缺陷。其形成的外因：外部荷载的作用。

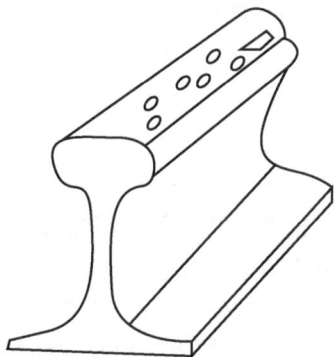

图 3-6　剥离　　　　　　　　　　　　图 3-7　轨头核伤

（9）钢轨焊缝伤损

钢轨焊接主要有接触焊、气压焊和铝热焊三种不同的焊接方法，相应的也有接触焊、气压焊和铝热焊三种不同的焊缝形式。目前三分之二以上的断轨现象发生在接头部位，钢轨接头部位已成为线路最薄弱的环节。

钢轨焊缝缺陷主要有体积状或者点状缺陷、平面状缺陷和疲劳缺陷。其中，体积状或者点状缺陷主要表现为夹杂、疏松、缩孔、气孔、过烧等；平面状缺陷主要表现为光斑、灰斑、裂纹、未焊透等；疲劳缺陷主要表现为疲劳裂纹。平面状缺陷会减小有效截面，还可造成应力集中，是最危险的缺陷。

知识链接

1. 接触焊常见缺陷有灰斑、裂纹、烧伤。

2. 气压焊常见缺陷有光斑、过烧、未焊透。

3. 铝热焊常见缺陷有夹渣、气孔、夹沙、缩孔、疏松、未焊透、裂纹。

任务二 钢轨伤损检测

学习目标

1. 了解钢轨伤损检测技术以及设备使用知识。
2. 熟悉并掌握钢轨探伤检测内容及要求。
3. 掌握钢轨探伤工艺检测方法。

任务描述

钢轨伤损是轨道交通中一个比较突出的问题,它与行车安全、运输成本、钢材选用和设计制造都有密切的关系。我国铁路正在向高速、重载方向发展。超期服役的钢轨数量很大,线路上的钢轨在承担繁重的运输任务过程中,不可避免地会出现各种损伤。因此,进行钢轨内部的探伤对于保证铁路的正常运行具有举足轻重的作用。钢轨探伤检查工作必须贯彻全面检查与重点检查相结合、定期检查与不定期检查相结合、仪器检查与手工检查相结合的原则,以便及时发现线路上的伤损钢轨。本任务要求学生掌握基本的钢轨探伤作业技术和检测方法。

相关知识

一、钢轨探伤检测技术

国内外钢轨伤损检测均运用超声波检测技术。超声波是一种看不见、摸不着、听不到的弹性波,具有指向性好、穿透能力强和在同一材质中传播速度几乎不变的特点。工作人员依据超声波在结构中的传播及其在内部伤损处的反射波,可对结构内部伤损进行检测与判识。超声波探伤是国内外钢轨探伤的主要探伤方法。对超声波技术的研究,使对钢轨内部探伤成为可能。超声波无损探伤技术是 20 世纪 50 年代发展起来的一种探伤方法。同时,计算机技术、数字信号处理技术以及集成电路技术的迅速发展,促进了超声波在无损探伤领域中的广泛应用。

1. 钢轨探伤技术的概念

钢轨探伤技术,主要采用超声波原理对钢轨进行检测。当超声波从一种介质传向另一种介质时,在介质的分界面上,会有部分能量重新传递回原来的介质,此种超声波叫作"反射波"。此时,还有部分能量会从界面穿过,传到另一媒介中,这种超声波叫作"透射波"。工作人员可以通过对低超声波折射与反射的分析,确定钢轨出现故障的位置,如图 3-8 所示。

2. 钢轨探伤技术在铁路线路维修检测中的重要意义

从超声波钢轨探伤技术的角度,可以将钢轨探伤分为钢轨接头位置垂直裂缝、钢轨纵向水平裂纹、轨底裂纹等。铁路钢轨在制作与使用过程中存在缺陷,是导致钢轨出现

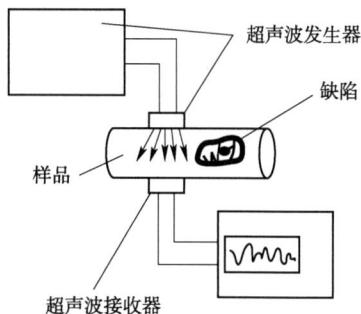

图 3-8 超声波探伤原理

故障的主要原因。钢轨在受到一定的外力作用之后,会产生集中阻力,对钢轨本身造成损害,使钢轨身体出现裂痕。钢轨的接头是故障高发部位,在铁路使用过程中,钢轨接头与其他部位连接,因此,受到的作用力最大,容易断裂破损。钢轨在生产过程中出现漏洞,未对缩孔、夹杂、偏析等缺陷进行特殊处理,从而造成轨道头部、轨道腰部、轨道底部出现片状缺点,发生轨道垂直与水平状态出现裂纹的现象。铁路线路在检修时,多采用钢轨探伤技术,检测出故障之后,为防止钢轨断裂,要进行钢轨更换,避免钢轨断裂导致火车发生危险。

二、钢轨探伤设备

钢轨探伤设备主要有两种,一种是小型超声波钢轨探伤仪(小型钢轨探伤仪和小型超声波钢轨焊缝探伤仪),另一种是大型钢轨探伤车。

1. 小型超声波钢轨探伤仪

钢轨探伤仪是指能在一股线路钢轨上推行并能对钢轨中的各种缺陷同时进行检测的小型超声波探伤设备。该探伤仪由仪器、探头和作为运载工具的小车(还起到扫查装置的作用)三部分组成。仪器一般有 5~9 个独立的通道,可携带 5~9 只探头同时工作,能够对一侧钢轨上不同部位不同类型的缺陷同时进行检测,具有高效率、低成本的特点,特别适合目前我国使用。

探伤小车具有十分明显的专用性和特殊性,既能在钢轨上推行,也能在陆地上推行。可利用列车行进的间隙上道作业,具有机动、灵活、方便、实用的特点。由于在野外使用时,主要靠报警声发现缺陷,因而报警功能十分完善,同时为适应现场作业,工作人员对电路做了许多特殊处理,如增大了阻塞和抑制作用,并带有很强的距离补偿等。

小型钢轨探伤仪按所处理的信号不同,一般可分为模拟式、模拟数字混合式以及全数字式三类。目前,我国的钢轨探伤仪主要有 GT-1C(图 3-9)、GT-2(图 3-10)、GCT-2、GCT-8C(图 3-11)等类型。根据超声波产生的特征分类,超声波探伤仪可分为:脉冲波超声探伤仪、续波超声探伤仪、调频超声探伤仪。根据显示缺陷的方式分类,超声探伤仪又可分为 A 型显示探伤仪、B 型显示探伤仪、C 型显示探伤仪、其他显示方式探伤仪。根据探伤仪的通道数目分类,超声探伤仪可分为单通道超声探伤仪和多通道超声探伤仪。

图 3-9 GT-1C 钢轨探伤仪　　　　图 3-10 GT-2 钢轨探伤仪

57

2. 小型超声波钢轨焊缝探伤仪

目前,我国对钢轨焊缝进行探伤主要使用的都是数字焊缝探伤仪,如 CTS,JTS,GHT 和 HT 等类型。下面简要介绍 HT-9C 型钢轨焊缝超声波探伤仪,如图 3-12 所示。

图 3-11 GCT-8C 钢轨探伤仪

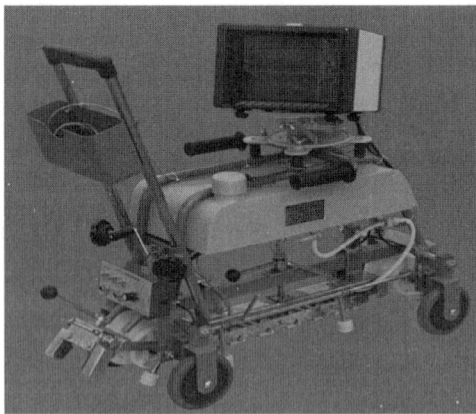

图 3-12 HT-9C 型钢轨焊缝超声波探伤仪

HT-9C 型钢轨焊缝超声波探伤仪是对钢轨焊缝探伤的专用仪器,设有多种主要探伤方法,能够对在役钢轨的各类焊缝及热影响区进行全面检测,可以发现从可操作探测面入射到钢轨内部的超声波成反射关系和接收关系的各类伤损。

3. 试块

试件是用于鉴定超声检测系统特征和探头灵敏度的样件。试块的作用:

(1)确定合适的探伤方法。

(2)校验探伤灵敏度,评估缺陷大小。

(3)测定和校验探伤仪和探头的性能。

4. 大型钢轨探伤车

钢轨探伤车是指能在铁路上运行并在行进中对两根钢轨中的伤损同时进行探测的专用车辆。如图 3-13 ～ 图 3-15 所示,展示了三代钢轨探伤车。探伤车一般都自带动力,也可由其他车辆牵引独立编组运行,使用的检测方法主要是超声法,有些探伤车也使用电磁感应法。钢轨探伤车是一种大型高科技探伤设备,集成了声学、机械、电子、自控和计算机等多种专业技术。除车辆自身外,其探测系统包括超声探头(传感器)、模拟处理系统、数字处理系统、信息分析处理系统、系统控制、显示和存储系统以及机械伺服系统、辅助系统等。

图 3-13 第一代钢轨探伤车

图 3-14 第二代钢轨探伤车

图 3-15　第三代钢轨探伤车

目前钢轨探伤车采用超声波探伤的方式,含 0°、37.5°、70°晶片的轮探头,轮探头与钢轨接触,最高检测速度为 80km/h,续检测里程为 500km,工作温度为 -20 ~ 50℃。

三、钢轨探伤周期

(1)正线、到发线路和道岔的钢轨探伤周期

钢轨探伤车检查的伤损应采用探伤仪进行复核,同时钢轨探伤检查应实行定期检查制度,依据年通过总重、轨型等条件确定钢轨探伤周期。其他站线、专用线的线路和道岔每半年应检查一遍。正线、到发线线路和道岔的钢轨探伤周期见表 3-6。

正线、到发线线路和道岔钢轨探伤周期　　　　　　　　　　表 3-6

年通过总质量(Mt)	年探伤遍数		
	75kg/m、60kg/m 轨	50kg/m 轨	43kg/m 及以下轨
≥80	10		
50 ~ 80	8	10	
25 ~ 50	7	8	9
8 ~ 25	6	7	8
<8	5	6	7

(2)在下列情况下,探伤周期应适当缩短

①冬季,桥梁上、隧道内、小半径曲线、大坡道及钢轨状态不良的地段。

②伤损数量出现异常,连续两个探伤周期内都发现疲劳伤损(如核伤、鱼鳞伤、螺孔裂纹、水平裂纹等)的地段。

③无缝线路焊缝除按规定周期探伤外,还必须每半年用专用仪器进行焊缝全断面探伤至少一次。

④大修换轨初期(60kg/m 钢轨为累计通过总质量 50Mt,50kg/m 钢轨为累计通过总质量 25Mt/km)和超大修周期地段。

⑤其他站线、专用线和道岔的钢轨探伤每半年不少于 1 次。

⑥隧道内、大型桥梁的钢轨探伤每月不少于 1 遍。

四、探伤人员要求

(1)探伤人员应树立高度的职业责任心,加强学习,提高探伤技能。认真执行各种规章

制度,严格按照标准作业程序操作,做到不漏探、不错判,保证安全生产。

（2）探伤人员应熟悉钢轨伤损的分类以及轻伤、重伤钢轨的标准,了解管内钢轨的类型、焊头及运用情况和疲劳程度,易出现缺陷的部位,运用仪器对伤损进行综合判断与分析,得出正确结论。

（3）探伤执机人员应取得铁道部门无损检测考核委员会颁发的资格证书。

（4）探伤人员应了解本单位管辖范围内各种钢轨类型的几何尺寸,钢轨轻伤、重伤的标准,伤损钢轨分类及其缺陷分布规律等基础知识。

（5）在线路上进行探伤作业,一个探伤工区配备两台钢轨探伤仪上道作业时,每个班组必须不少于8人,单台仪器作业(含焊缝探伤仪)不少于5人,在瞭望条件较差地段必须增设防护联络员,人员不足时禁止上道作业。

（6）各探伤作业班组应设立安全值日一名,并在距探伤小车前后各800m处设专人防护,显示停车手信号,并随车移动,防护人员必须由经过专门培训取得合格资格者担任。探伤作业时,要集中精力,随车人员要注意防护人员的信号。双线地段探伤仪推行方向应迎着来车方向,邻线来车时,要暂停检查。随机携带必备的防护用品和对讲机,隧道探伤时应配备照明器具。

（7）进入桥梁或长大隧道后,探伤前应和巡守人员联系,掌握列车运行情况。在大桥上探伤时,应沿步行板走行,避免踩空。冬季注意防滑。

（8）大修施工地段探伤,要注意施工车辆的来往和线路上散放的机具、配件,防止绊脚和碰坏仪器。

（9）焊接接头全断面探伤时,应设专人防护。担负打磨、铲渣、除锈人员应戴防护镜。凡拆除的扣件、夹板应及时恢复,并按要求拧紧、锁定。

（10）为防止漏检,以仪器检查为主、手工检查为辅,但严禁用手工检查代替仪器检查。手工检查时,应按"一看、二敲、三照、四卸"的方法进行。

（11）探伤作业时应严格执行《铁路工务安全规则》第3.2.3条,第3.2.5条的规定,下道避车。在隧道、桥梁避车时,人员和仪器应同时进入避车洞/台。

（12）酷暑季节,应采取措施,预防中暑。在冬季高寒地区作业要有防寒保暖措施。合理安排作业时间,若遇恶劣天气,应停止作业。

五、探伤设备、备品要求

（1）探伤车间根据探伤周期和工作量配齐钢轨探伤仪,为保证仪器设备检测维修工作的正常进行,还应配备相应的检修仪器、设备及工具。

（2）超声波钢轨探伤仪是精密电子仪器,必须加强对其进行维护保养。对探伤仪,应有计划地轮换使用,不能长期闲置。暂不使用的仪器应每月进行一次开机和充电操作,并做好记录。

（3）上道作业的仪器要保证完整无缺、性能良好,无故障。严禁仪器带"病"工作。

（4）新购置的探头必须由各探伤维修管理组负责测试,各单位不得使用没有合格证的钢轨探伤仪专用探头。

（5）探伤车间应配齐检测仪器、规定探头综合性能的标准试块,并备有与线路上钢轨类型相同的各种伤损钢轨实物试块。

（6）探伤车间应配备 WGT-3、GTS-50、GTS-60A（加长）、GTS-60B、IIW（CSK-1A）、GS-1-5、钢轨焊缝探伤试块等试块。

（7）探伤工区除配有探伤仪（含一般附属工具）外，还应配备规定的其他备品。

（8）探伤工区应有专人负责仪器维护、测试工作，确保设备的正常使用，保证探伤仪的保养、性能检测、故障检修等工作顺利开展。

（9）钢轨探伤仪检修工作分日常保养、月测试、季度检修（季检）、年度综合检修（年检）和故障检修 5 个部分。

六、钢轨探伤作业标准

1. 探伤作业前

（1）作业负责人应督促检查仪器状态、机具备品和台账记录簿。对照作业卡片布置当天作业安排，提出作业要求，提出安全预想和薄弱地段预报，并将有关安排和要求填入探伤工作日志。

（2）检查仪器各部件是否正常，调节仪器灵敏度。安全值班员应检查必备的防护用品，补充安全注意事项，在瞭望条件差的地段另设专人防护，防护信号确认无误后，方能抬机上道。

（3）检查作业人员穿好防护服。

2. 探伤作业中

（1）探伤作业应严格控制行进速度，以保证探伤质量，作业中按"小腰慢、接头站、大腰匀速探"的方法进行。在正常条件下，规定每公里探伤时间：无缝线路和普通线路不少于30min，站线不少于 45min。

（2）两机作业间隔不得大于 25m。复线区段应迎着列车方向探伤。

（3）执机人员应严格执行"接头站、小腰慢、大腰均匀探"的作业要领。不违章、不简化、不聊闲话。

（4）应保持探伤仪水路畅通、水量充足。随时注意探头与轨面的耦合和灵敏度修正，发现电压不足，应停止作业。

（5）在曲线、隧道、道口、桥梁和道岔等重点处所，应放慢仪器推行速度，加大水量，调整增益探头位置，加强探伤。

（6）在钢轨小腰、曲线、坡道、道岔曲基本轨和机车制动地段，应重视对轨头核伤的探测。

（7）对可疑波形和报警，认真分析，校对确认。如发现伤损，做记录，做标记，及时填写"伤损钢轨通知书"。对危及行车安全的重伤轨应做出妥善处理。

（8）现场存在的伤损，应复核记录，刷新标记，根据伤损发展情况填发伤损钢轨通知书。

（9）随机助听人员必须紧随仪器，细听报警，注意瞭望。

（10）邻线来车应及时下道，停机作业；本线来车及时下道避车，再上道作业时，必须后退3m 重复探伤。

3. 探伤作业后

（1）关闭电源，放掉余水，保养仪器，及时充电。

（2）当天做工作小结，次日做工作预报。及时向探伤车间汇报安全、任务及伤损情况。

（3）转移或返回，仪器应推稳、放平、锁定，以防受损。

（4）检查出的伤损钢轨，按《铁路线路维修规则》第8.3.5条、第8.3.6条的规定办理，伤损钢轨应做标记（表3-7），并及时填入钢轨检查记录簿；对于重伤钢轨，应填写重伤钢轨通知书，立即通知线路工区更换（换下来的重伤轨由所属线路工区在距轨端100mm处锯3~5mm深的锯口以防再用），并向段调度工作人员报告。

钢轨伤损标记 表3-7

伤损种类	伤损范围及标记		说　明
	连续伤损	一点伤损	
轻伤	|←△→|	↑△	用白油漆做标记
轻伤有发展	|←△△→|	↑△△	用白油漆做标记
重伤	|←△△△→|	↑△△△	用白油漆做标记

任务实施

一、钢轨伤损检查方式及内容

（1）使用探伤车、超声波钢轨探伤仪、手工检查等方式进行检查。

（2）普通钢轨探伤（包含接头、道岔、曲线钢轨、隧道钢轨、道口钢轨、桥梁钢轨、站专线钢轨、再用轨钢轨、成段更换钢轨）。

（3）钢轨焊缝探伤。

二、手工检查伤损钢轨作业

根据中国铁路××局集团有限公司要求和冬季气温情况，为了防止"三折（即钢轨、夹板、岔心折断）"事故发生，手工检查钢轨的周期定为当年11月1日—次年3月31日，在此期间成立钢轨手工检查组，对相关设备进行检查。

1．手工检查需携带的工具

（1）小锤2个（柄长以不超250mm为宜）。

（2）反光放大镜2个。

（3）钢卷尺1把。

（4）扳手1把。

（5）手工检查记录本1本。

（6）其他必需的工具，如手电筒、撬棍、白油漆等。

2．检查方法以及流程

相关数字资源见二维码3。

养路工区的手工检查，一般采用"一看、二敲、三照、四拆、五判"的作业方法和步骤进行。

一看：全面观察钢轨的表面状态，注意总结伤损钢轨所具有的特征，判断钢轨有无伤损情况。看时姿势随意，可半蹲、可站立，可骑着钢轨也可站在钢轨的一侧。在可看清的距离内（5~20m）聚精会神地向前观看。

3-钢轨探伤仪的操作

主要看如下内容：

（1）轨面白光带有无扩大或弯曲。

（2）轨面白光带有无暗光或黑线。

（3）钢轨踏面有无压塌、压宽、擦伤，头部是否肥大或下垂。

（4）轨头下颚有无红色锈痕。

（5）轨腰有无鼓包和轨底变形。

（6）查看钢轨其他部位有无裂纹及锈线出现。

（7）利用自然条件检查伤损钢轨。

（8）对可疑处所的伤损轨进行判断。

二敲：一般是检查接头的主要方法，如图3-16所示，也用于当轨头侧面有锈线出现时，检查轨顶淬火层是否有水平裂纹。

用检查锤敲打轨面，根据锤把振动的手感，结合用耳听判别声音的差异、用眼看观测小锤反弹的高度，来判定接头夹板内的钢轨是否存在伤损。用检查锤敲击钢轨踏面和接头钢轨踏面，能检查出轨顶面下10～15mm范围内的水平裂纹以及轨头下颚至轨端、轨底连接弧处纵向发展至轨端以及第一螺孔至轨端的贯通性水平裂纹。

三照：照是利用小型检查镜及放大镜检查，如图3-17所示。

图3-16　用检查锤敲打轨面

图3-17　用检查镜检查钢轨伤损

利用镜面的反射原理，发现钢轨外表面的锈线、斑点或裂纹（发纹）等钢轨伤损迹象，再利用放大镜详细观察，以判断钢轨伤损的程度。

四拆：钢轨经过看表面、用小锤敲击、听声音、感觉手振感、用照镜照等检查后，工作人员仍不能判明接头夹板内钢轨伤损情况及程度，应卸下螺栓，拆除接头夹板进行检查。需要注意的是，拆卸接头夹板时应按规定做好防护工作。在无缝线路缓冲区拆卸接头夹板，应按作业轨温要求拆卸，超出锁定轨温±10℃时，禁止拆卸。

五判：工作人员经过看、敲、照、拆后，如确认钢轨有伤损，并根据《铁路线路维修规则》规定的钢轨伤损分类标准，做出伤损判定及提出处理建议，并用白铅油在伤损位置做标记。

三、钢轨探伤仪检测

1. 钢轨探伤检测设备

使用的检测设备是GCT-8C钢轨探伤仪，该设备主要由手推车（图3-18）和主机组成。

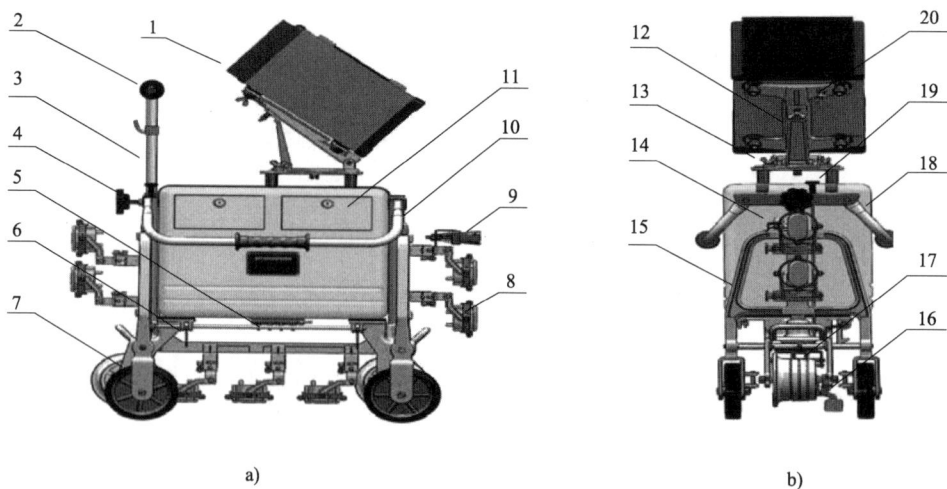

图 3-18　手推车结构图

1-主机;2-标记键;3-推手;4-车把顶丝;5-水阀;6-翻板挂钩;7-橡胶轮;8-探头及探头架;9-水刷;10-抬手;11-工具箱;12-俯仰紧固螺栓;13-旋转紧固丝;14-翻板销;15-翻板;16-侧轮;17-尼龙轮;18-抬手;19-翻板按钮;20-主机固定丝

主机主要由仪器和电池构成。仪器前置面板和后置面板如图 3-19 所示。

GCT-8C 钢轨探伤仪键盘如图 3-20 所示。

GCT-8C 钢轨探伤仪的特点如下。

(1)9 个探测通道,其中,0°通道 1 个、37°通道 2 个(前 37°、37°)、70°通道 6 个(前 70°、后 70°、前内 70°、前外 70°、后内 70°、后外 70°),这 6 个探头可以完整覆盖整个轨头。

(2)8.4 英寸军品漫反射彩色显示屏,屏幕亮度高,可在阳光下清晰显示图像,无镜面反射光。

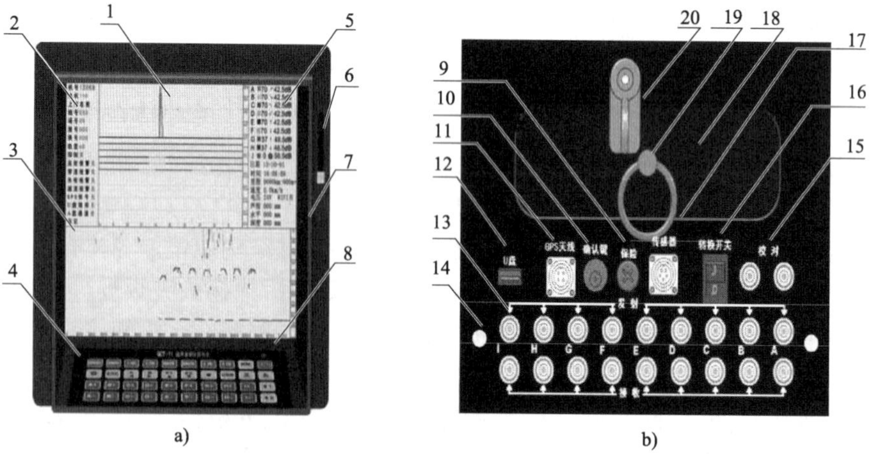

图 3-19　主机构成

1-A 型显示区;2-作业参数区;3-B 型图像区;4-键盘;5-动态参数区;6-WIFI 天线;7-低温加热指示灯;8-电源指示灯标;9-保险管;10-确认键插口;11-GPS 天线插口;12-USB 接口;13-接探头插座;14-固定螺栓孔;15-校对插座;16-校对开关;17-传感器接口;18-电池;19-电池拉环;20-电池固定栓

图 3-20　GCT-8C 钢轨探伤仪键盘

（3）超声波 A 型脉冲和 B 型图像同屏、同步、分区显示。具有 A 型脉冲显示、B 型图像显示两个区域和两个参数区，如图 3-21 和图 3-22 所示。

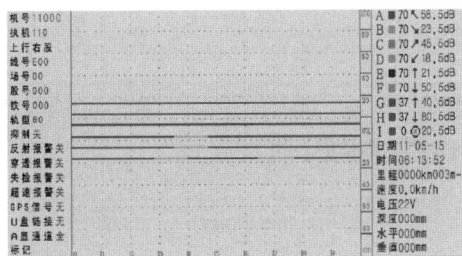

图 3-21　A 型显示区

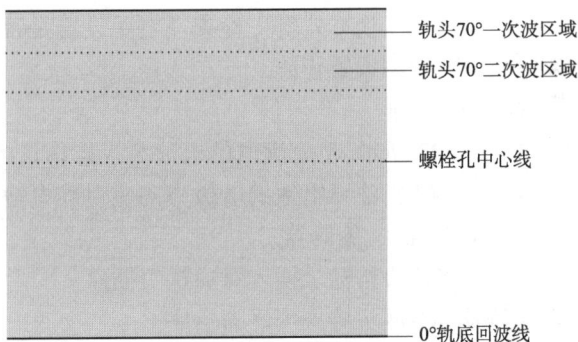

图 3-22　B 型显示区

（4）该仪器配有 40 个软触键，操作十分简便，主要功能一键操作即可实现，可以节省现场操作时间，提高工作效率。

（5）具有探头自动检测功能，行进（探伤）作业中如果超声波探头发生故障，可在 3m 内发出提示报警。

（6）带有 GPS 缺陷定位功能。

（7）单显数显功能。

（8）具有全程自动记录探伤数据功能（作业路线、探伤速度、时间、报警情况、灵敏度等），每天形成一个独立的文件，可连续记录保存 60d 的探伤数据。

（9）配套微机播放软件。探伤作业记录的数据可以通过播放软件进行连续播放和分析，并可以对探伤仪探头的耦合进行全程评价。

（10）环境适应性好，可以在 −30 ~ 50℃ 温度环境下工作。具有全防雨结构。

2. 钢轨探伤仪探伤作业

相关数字资源见二维码 4。

（1）准备工作。

检查各个探头保护膜是否有气泡，如果有，应重新封装该探头。检查翻板收放是否灵活可靠;水箱内是否注满水。通过小车两侧的抬手将小车抬上钢轨,让小车的尼龙轮与钢轨贴近,能前后行走且不偏、不掉道。放下前后翻板,打开水阀,检查出水是否畅通。检查各个探头是否在钢轨轨面的中间位置,如果有偏差应调节探头架的调节丝杆,将探头调整到中间位置。根据执机人的要求调整推手的高度,调整仪器仰角及水平偏角的角度。

4-钢轨探伤检测

(2)开机基本操作。

按下仪器前置面板的 ⏻ 键开机,根据探测钢轨的型号选择轨型。设置系统状态为抑制状态,打开反射报警和穿透报警装置。

打开总水阀(逆时针旋转为开),再调节前、中、后三个分水阀。前水阀出水量为连续出水状态,中、后两个分水阀为滴水状(约每秒5滴)。

检查各个探测通道的探伤灵敏度数值是否正确,如果一个或多个探测通道和以往记录的探伤灵敏度数值有较大偏差,应重新校对这些通道的探伤灵敏度。

检查各个通道的小闸门位置是否正确。输入作业参数执机人、上下行、左右股、线号、起始里程数、里程变换方式等。检查左右手设置是否正确,如果推行中有B型图像从屏幕左侧移动到右侧,说明设置正确。

(3)安装电池。

如图3-23所示,将充满电的电池装入探伤仪电池仓,并将电池固定栓向下旋转90°到锁定位置。安装时,注意电池的电极方向应对准电池仓内的电池插座的方向。

(4)安装探头、编码器。

探头:将插头按标示插入对应探头插座。

编码器:将插头接入编码器插座。

检查完毕,应将仪器磁性后盖板盖上,将各种引线从磁性盖板下方的凹口引出,如图3-24所示,防止雨天电池及探头插座进水。

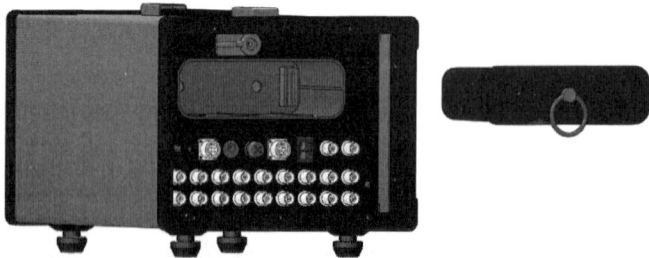

图3-23　电池安装

图3-24　探头和编码器的安装

（5）探伤灵敏度设定。

探伤灵敏度的设定是钢轨检测不可缺少的重要环节,目的是发现钢轨中规定大小的缺陷,灵敏度太高,仪器接收的杂波多,探伤容易遭受干扰或误判,灵敏度低则容易造成漏检。调整灵敏度的方法有两种:第一种是用试块校对探伤灵敏度;第二种是利用草状波调整探伤灵敏度。

利用草状波调整探伤灵敏度的操作方法如下:

①利用草状波调整探伤灵敏度是一种在无缝线路（没有试块、接头、螺孔等参考反射体）,快速调整探伤灵敏度的方法。

②在主界面下,按 $\boxed{\text{人}}$ 将仪器设置为通常状态,按 $\boxed{\text{◀}}$ 将仪器转换到单通道显示方式,默认为 A 通道。正常推行时,按 $\boxed{\text{A+}}$ 或 $\boxed{\text{A-}}$ 调整灵敏度,使 A 通道扫描线上动态的（滚动的）草状波中的最高波的高度达到 1 大格。按 $\boxed{\text{B+}}$ 或 $\boxed{\text{B-}}$ 键选择 B 通道进行调整。再依次进行其他通道的灵敏度设定。

（6）伤损复查。

（7）探头失检处理。

在推行中,如某一通道有失检报警时,应适当提高该通道的灵敏度,如失检报警声消失,即可正常作业。当灵敏度调整 6dB 时仍有失检报警声,应检查供水是否正常,探头保护膜是否有气泡,探头引线、插头是否有故障,探头位置是否偏离中心。

（8）下道操作。

关闭电源,关闭主水阀开关（不用关闭分水阀）,向上拉翻板提升钮收起前后翻板,两人抬探伤仪左右的抬手下道。下道避车时应将车体顺钢轨方向放置,以免列车带动的气流将仪器吹倒。

（9）作业文件上传。

用 U 盘下载记录数据可参照"快捷导出文件"或"全程记录导出"或"全程记录列表"。

本机附件中备有 U 盘连接线,平时该连接线一端应连接到主机的 USB 接口,导出文件时将 U 盘插入接线另一端插口。防止 U 盘频繁拔插到主机的 USB 接口,导致主机接口受损,维修不便,而连接线可定期更换。用于导出文件的 U 盘要定期清理,格式化 U 盘时应采用 FAT32 格式;U 盘不应连接到无关的计算机,防止感染计算机病毒。

（10）安装播放软件,然后播放文件,进行微机回放,如图 3-25 所示。

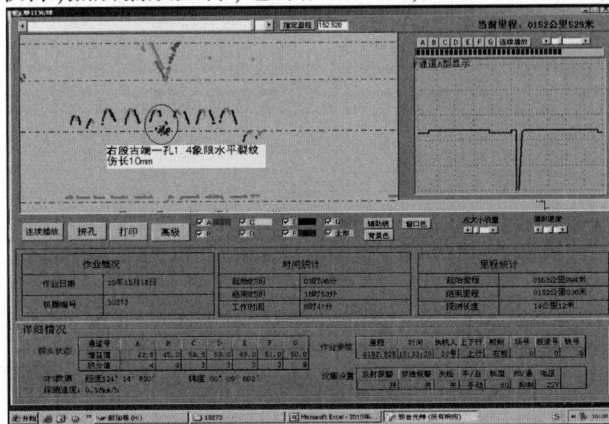

图 3-25　回放伤损图例

（11）钢轨探伤波形伤损分析，如图3-26所示。

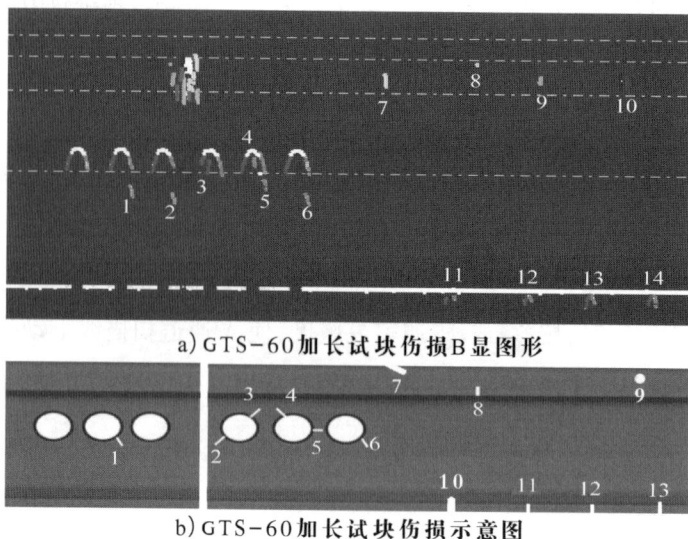

a）GTS-60加长试块伤损B显图形

b）GTS-60加长试块伤损示意图

图3-26　B显图形与伤损的对应

1-左侧钢轨2孔至1孔3mm下裂纹；2-试块1孔向轨端3mm下裂纹；3-试块1孔向2孔3mm上裂纹；4-试块2孔向1孔3mm上裂纹；5-试块2孔向3孔5mm水平裂纹；6-试块3孔向小腰3mm下裂纹；7（9）-φ4×20mm平底孔；8-φ4×4mm×120°锥形竖孔；9-φ3×30mm横孔；10-φ10×10mm×120°锥形竖孔；11-φ8×2mm弧形裂纹；12-φ10×4mm弧形裂纹；13-φ12×6mm弧形裂纹。

注：11、12、13、14伤损位置在轨底中心的轴线上。

知识链接

1. 70°通道及探伤

检测部位：检测轨头、轨墙部位（螺栓孔以上）的核伤和裂纹，钢轨焊缝轨头的夹渣、气孔和裂纹等。

探伤方法：采用横波在钢轨轨头内进行反射式探伤，采用斜70°探头（轨面与钢轨纵向呈一定的偏角扫查，使入射钢轨中的横波经轨颚反射来扩大扫查范围）和直70°探头相结合，对轨头部位进行一次全覆盖扫查。

2. 37°通道及探伤

检测部位：钢轨轨墙及其投影区域部位。主要伤损有轨墙区域的各部位裂纹及轨底横向裂纹（轨底月牙伤）。

检测方法：利用37°横波探头从轨面到轨底进行扫查。

检测难点：轨底横向裂纹检测。传统的探伤作业观念是37°探头只用于检查螺孔，这已不符合新形势探伤的要求。37°探头也不是仅仅检测螺孔斜裂纹，而是检测轨墙的倾斜裂纹和轨底横向裂纹。轨墙部位任何地方都有可能出现倾斜裂纹。也要注意37°通道锁螺孔小闸门的盲区问题，在无缝线路探伤时应该关闭锁螺孔闸门。

探伤要点：在钢轨接头和焊缝处注意观察B显图像。

3. 0°通道及探伤

检测部位:钢轨轨墙及其投影区域部位。主要伤损轨墙区域的各部位水平裂纹及纵向裂纹。

检测方法:将0°探头放置在钢轨顶面中心,发射声束从轨面至轨底,能探测的区域为轨腰投影范围内。它具有穿透和反射两种探伤功能:穿透式探伤时,由一个晶片发射的纵波从轨头经轨腰到轨底,被轨底面反射后,由另一个晶片接收,为使轨底波不报警,仪器均用反报警小方门罩住轨底波,如果钢轨内有纵向裂纹和斜裂纹,超声波在传播过程中改变方向,使探头接收不到轨底反射波而产生失底波报警现象;反射式探伤时,当遇有水平裂纹,超声波在裂纹面上反射并被探头接收,荧光屏上显示回波并报警。根据水平裂纹距轨面的深度,在基线上显示水平裂纹回波。所以,0°探头能探测轨头至轨底间的水平、纵向和斜裂纹。

探伤要点:在钢轨接头和焊缝处注意观察B显图像。

四、钢轨焊缝探伤仪检测

1.检测设备

HT-9D型钢轨焊缝超声波探伤仪,是携带式钢轨焊缝探伤的专用仪器,执行《工务作业第21部分　钢轨焊缝超声波探伤作业》(TB/T 2658.21—2007),并通过原铁道部标准计量研究所的铁路专用计量器具新产品技术认证。适用轨型:43～75kg/m钢轨。

GCT-9C型钢轨焊缝超声波探伤仪,采用手推车探测的方式,整体结构分为主机和手推车两部分,如图3-27所示,并配有多种探头、锂电池、充电器等其他附件。

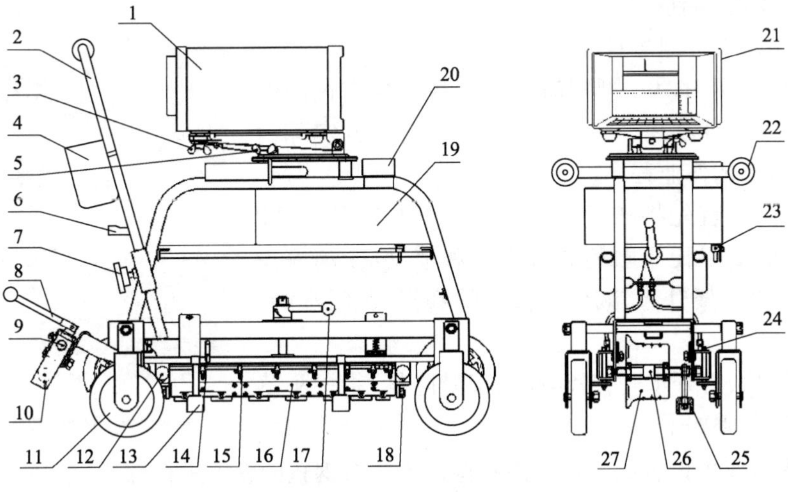

图3-27　GCT-9C型钢轨焊缝超声波探伤仪结构组成

1-主机;2-推手;3-俯仰紧固丝;4-小工具盒;5-旋转紧固丝;6-路行轮控制手柄;7-推手固定丝;8-车体夹钳手柄;9-车体夹钳调节丝;10-车体夹钳;11-路行轮;12-探架位置调节丝;13-侧挡轮;14-侧挡轮架控制手柄;15-滴水管;16-探头架;17-提升架升降手柄;18-探架固定丝;19-水箱;20-水箱注水口;21-主机显示器;22-抬手;23-总水阀;24-路行轮固定销;25-侧轮;26-编码器;27-尼龙轮

2.钢轨探伤原理

(1)轨墙探伤原理。

串列式K型扫查:利用仪器的C通道,主要检测钢轨轨墙及其投影区域与轨面垂直的平面状裂纹和体积状伤损。使用串列探头的 1 ~ 11 号晶片,其中 1、2 号晶片为发射晶片,2 ~ 11 号晶片为接收晶片(2 号晶片具有发射和接收两种工作方式)。

(2)轨头探伤原理。

利用仪器的 E 通道,检测钢轨轨头的裂纹和气孔、夹渣。使用 K2.5-250 探头的单收发

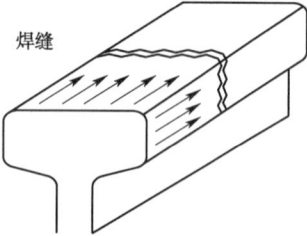

图 3-28 轨头探伤原理

或双收发工作方式进行检测。探头入射点到缺陷的声程、水平、深度将显示在仪器显示器右侧的参数栏中。轨头探伤一般利用一次波进行探测,如图 3-28 所示。为保障检测质量,探头应从左侧到右侧分 5 个区域检测,如需要从侧面检测应从上至下分 3 层检测,如图 3-28 中箭头所示。探头移动时一般不要倾斜,如果倾斜探头,显示屏上易出现轨颚焊缝加强部位反射波,以致误认为伤波。

(3)轨底脚探伤原理。

利用仪器的 F 通道,检测钢轨轨底、轨脚的裂纹和气孔、夹渣。使用 K2.5-100 探头的单收发或者矩阵探头进行探测。前者探头入射点到缺陷的声程、水平、深度将显示在仪器显示器右侧的参数栏中。

3. 探测区域划分

钢轨焊缝探伤区域一般分为 4 个区域,如图 3-29 所示。Ⅰ 区为轨头,包括轨头中部 Ⅱ 区部分;Ⅱ 区为轨腰,包括轨头中部和轨底中部;Ⅲ 区为轨底,包括轨底中部 Ⅱ 区部分;Ⅳ 区为轨脚。HT-9C 型钢轨焊缝超声波探伤仪钢轨焊缝探测区域分轨头、轨墙和轨底脚三部分,对钢轨焊缝进行全断面探伤。

4. 焊缝全断面检测流程

以下简要介绍 HT-9C 型钢轨焊缝超声波探伤仪的作业流程,供现场操作参考,各单位也可根据自身的实际情况自行制定自己的作业程序。

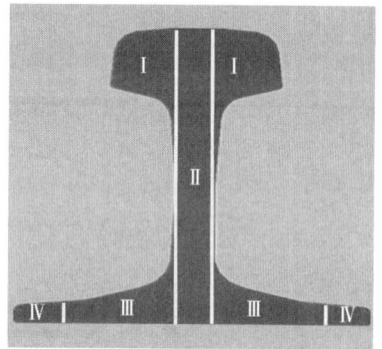

图 3-29 钢轨焊缝探伤区域

仪器上道后,首先将陆行轮控制杆拉下并锁紧,使陆行轮能向后活动,以便于顺利通过道口和道岔;搬动探头架升降杆,使探头架升起,减少对探头的磨损;关闭水阀,减少水流失。

到达焊缝后,打开水阀,搬动探头架升降杆,将探头落下,开始探伤,步骤如下:

(1)首先将仪器设置到串列 1 探头探伤方法对钢轨的轨墙进行探测,串列 1 探头架在距焊缝一侧 500mm 处向前推行,推过焊缝 400mm 至 B 显图像停止,如果有回波显示则进行相应的判定。

(2)关闭水阀,用夹钳固定车体,将仪器设置到 K2.5-250 探头探伤方法,用 K2.5 探头对焊缝两侧各 200mm 范围的轨头进行检测。

(3)仪器设置到 K2.5-100 探头探伤方法,用 K2.5 单探头对焊缝两侧各 200mm 范围的轨底进行检测。

(4)仪器设置到 KX 通道,用矩阵探头对轨底部位进行定位扫查。

（5）完成焊缝的全断面探测，整理好探头，松开卡钳，提升串列探头架，准备下一个焊缝。仪器下道时应将陆行轮控制杆抬起并复位，使陆行轮锁紧；关闭水阀。

思考与练习

1.常见钢轨伤损类型以及原因分别是什么？

2 钢轨伤损的检查形式和内容分别是什么？

项目四 无砟轨道检测

任务一 CRTS I 型板式无砟轨道检测

学习目标

1. 了解 CRTS I 型板式无砟轨道检测的重要性以及检测所需要的设备。
2. 熟悉并理解 CRTS I 型板式无砟轨道检测的内容和要求。
3. 掌握 CRTS I 型板式无砟轨道的检测方法。

任务描述

随着高速铁路建设规模的扩大及运行速度的提高,对于无砟轨道的施工质量提出了更高的需求。为了保证无砟轨道的施工质量,需要加强无砟轨道每一步施工的质量检测工作。无砟轨道检测主要包括对铺轨位置的精确定位、轨道几何状态参数检测、轨道的静态调整数据准备、轨道运营阶段的维护等。轨道精调通过与动态检测进行联调,以轨道检测小车获得的轨道检测数据为基准,对无砟轨道进行系统性的调整,使轨道的几何状态参数满足设计值标准,从而使列车能够安全高速行驶。本任务需要学生掌握 CRTS I 型无砟轨道的检测项目以及方法。

工程案例

哈尔滨至齐齐哈尔客运专线 HQTJ-2 合同段的建设由中铁二十局集团哈齐客专项目部承担 CRTS I 型板式无砟轨道施工,起讫里程为 DK49 + 300 ~ DK64 + 297.99,途经肇东市姜家河、前郭家、肇东等地,全长 14.998km。该合同段沿线经过的地貌为冲积平原,地形平坦,稍有起伏,局部为洼地、沼泽湿地,海拔高程一般为 140 ~ 160m,一般高差为 2.0 ~ 5.0m。

相关知识

一、CRTS I 型板式无砟轨道检测的重要性

无砟轨道施工质量检测是保证施工质量的重要手段,也是无砟轨道施工过程的重要内容,是确保无砟轨道施工过程中的每一步骤、每一个程序满足相关标准和设计文件的要求的重要保证。

二、CRTS I 型板式无砟轨道结构形式以及组成

CRTS I 型无砟轨道由钢轨、扣件、预制轨道板、乳化沥青水泥砂浆（CA 砂浆）、混凝土凸形挡台及底座板等部分组成，轨下设置充填式垫板。CTRS I 型板式无砟轨道结构组成示意图如图 4-1 所示。

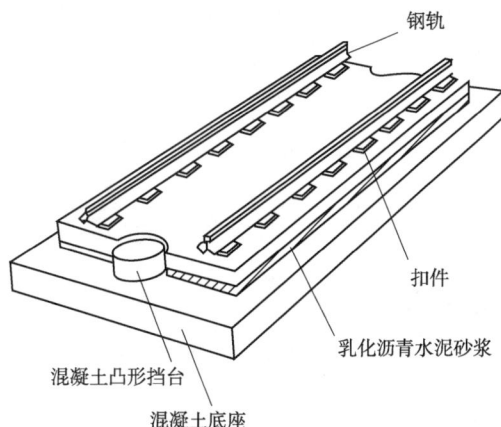

图 4-1　CRTS I 型板式轨道结构组成示意图

CRTS I 型板式无砟轨道板（以下简称 CRTS I 型轨道板）分为预应力平板（P）（图 4-2）、预应力框架板（PF）（图 4-3）和钢筋混凝土框架板（RF）。预应力平板及预应力框架板采用后张、部分预应力混凝土结构；钢筋混凝土框架板采用普通钢筋混凝土结构。CRTS I 型轨道板配筋按截面中心对称布置，轨道板内预埋扣件绝缘套管和轨道板起吊用套管。考虑到 CRTS I 型板式无砟轨道在不同地区、不同环境的使用要求，可对应选择适用于不同线下基础的预应力平板、预应力框架板、非预应力平板、非预应力框架板以及减振板等CRTS I 型板式无砟轨道结构。其中，预应力平板主要用于寒冷地区，预应力框架板主要用于温暖地区，在实际应用中可根据不同地区的气候环境条件进行选择。

图 4-2　预应力平板

图 4-3　预应力框架板

三、CRTS I 型板式无砟轨道施工工艺流程

本部分以哈大高速铁路 CRTS I 型板式无砟轨道为例，按照无砟轨道施工流程具体介绍无砟轨道检测的内容、所用的设备、所用的检测方法和具体步骤（图 4-4）。

```
                          ┌─────────────────┐
                          │    施工准备      │
                          └────────┬────────┘
    ┌─────────────┐       ┌────────▼────────┐
    │   钢筋加工    │──────▶│    安装钢筋      │
    └─────────────┘       └────────┬────────┘
    ┌─────────────┐       ┌────────▼────────┐
    │   加工模板    │──────▶│    安装模板      │
    └─────────────┘       └────────┬────────┘
 ┌──────────────────┐    ┌─────────▼────────┐
 │ 混凝土配制、运输    │───▶│   浇注底座混凝土    │
 └──────────────────┘    └────────┬─────────┘
                         ┌────────▼─────────┐
                         │   浇注凸台混凝土    │
                         └────────┬─────────┘
                         ┌────────▼─────────┐
                         │    混凝土养护      │
                         └────────┬─────────┘
 ┌─────────────┐        ┌─────────▼────────┐      ┌─────────────┐
 │  纵向位置对中  │───────▶│   轨道板粗铺      │◀─────│  安装精调器  │
 └─────────────┘        └────────┬─────────┘      └─────────────┘
 ┌─────────────┐        ┌────────▼─────────┐
 │ 轨道板高程及中线 │◀─────▶│   轨道板精调      │
 │     调整     │        └────────┬─────────┘
 └─────────────┘        ◇─────────▼──────────◇   N
                        ◇ 轨道板状态复测是否合格? ◇──────▶
                        ◇───────┬──────────◇
                                │ Y
 ┌─────────────┐        ┌───────▼──────────┐      ┌──────────────────┐
 │ CA砂浆原材料准备 │──────▶│  CA砂浆配制及灌注   │◀─────│ 灌注袋调整定位及     │
 └─────────────┘        └───────┬──────────┘      │ 机具准备           │
 ┌──────────────┐       ┌───────▼──────────┐      └──────────────────┘
 │ 填充树脂原材料及 │──────▶│  凸形挡台周围树脂填充 │◀─────┌──────────────┐
 │   机具准备    │        └───────┬──────────┘      │ 树脂灌注袋安装 │
 └──────────────┘       ┌────────▼─────────┐      └──────────────┘
                         │    安装扣件      │
                         └────────┬─────────┘
                         ┌────────▼─────────┐
                         │     辅轨         │
                         └────────┬─────────┘
                   ┌─────────────▼──────────────┐
                   │ 轨道线型复测及调整(轨检小车)    │
                   └─────────────┬──────────────┘
                         ┌────────▼─────────┐
                         │   静态调整结束    │
                         └──────────────────┘
```

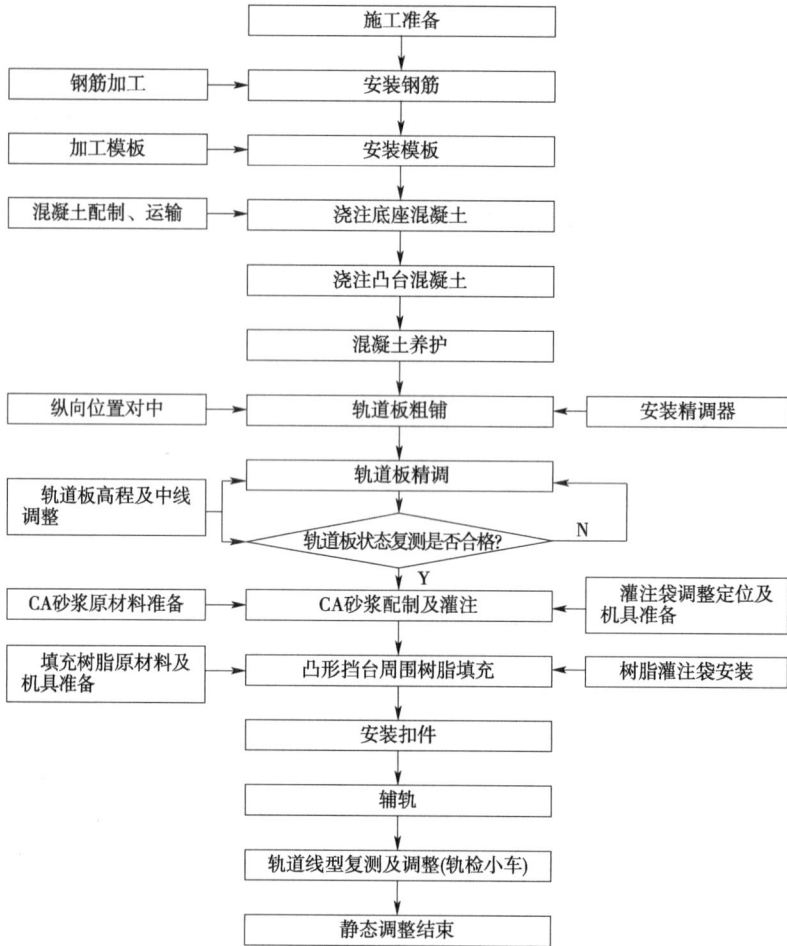

图 4-4　CRTS I 型板式无砟轨道施工流程

任务实施

一、钢筋绑扎安装检测

1. 检测内容和要求(表 4-1)

钢筋绑扎安装检测内容和要求　　　　　　　　　　　　　　表 4-1

序　号	项　目	允许偏差(mm)
1	钢筋间距	±20
2	钢筋保护层厚度	-5、+10

2. 检测数量和方法

检测数量:每施工段至少抽检 10 次。

检测方法:观察和尺量。

二、底座板和凸型挡台模板的检测

1. 检测内容和要求见表4-2和表4-3。

底座板的检测内容和要求　　　　　　　　　表4-2

序　号	项　目	允许偏差（mm）	检验数量	检验方法
1	顶面高程	±3	每5m检查1处	施工单位测量
2	宽度	±5	每5m检查3处	
3	中线位置	2	每5m检查3处	
4	伸缩缝位置	5	每条伸缩缝检查	

凸形挡台的检测内容和要求　　　　　　　　　表4-3

序　号	项　目	允许偏差（mm）	检验方法
1	圆形挡台直径	±3	尺量
2	半圆形挡台半径	±2	
3	挡台中心位置	2	
4	顶面高程	+4　-0	

2. 检测设备
检测所需要的设备有高精度全站仪（图4-5）、高精度水准仪以及钢尺等。

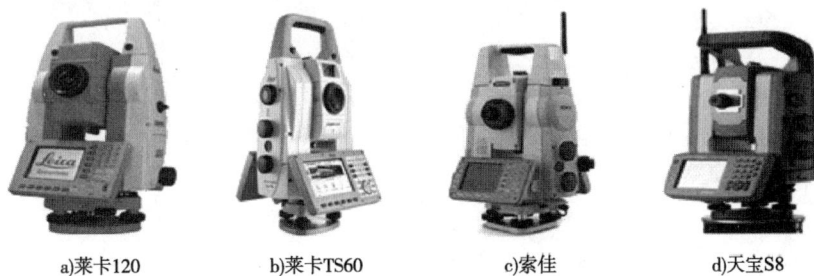

a)莱卡120　　b)莱卡TS60　　c)索佳　　d)天宝S8

图4-5　不同类型的高精度全站仪

三、底座板和凸型挡台外形尺寸检测

1. 检测内容和要求
底座板、凸型挡台外形尺寸检测内容和要求分别见表4-4和表4-5。

底座板外形尺寸检测内容和要求　　　　　　　　　表4-4

序　号	项　目	允许偏差（mm）	检验方法
1	顶面高程	±5	水准仪测量
2	宽度	±10	尺量
3	中线位置	3	全站仪测量
4	平整度	10	3m靠尺检查
5	伸缩位置	10	尺量

凸形挡台外形尺寸检测内容和要求　　　　表 4-5

序　号	项　目	允许偏差（mm）	检 验 方 法
1	圆形挡台的直径	±3	
2	半圆形挡台的半径	±2	
3	中线位置	3	尺量
4	挡台中心间距	±5	
5	顶面高程	+5	

2. 检测设备

检测设备所需要的设备有高精度全站仪（图4-5）、高精度水准仪（图4-6）、靠尺（图4-7）等。

图 4-6　高精度水准仪

图 4-7　靠尺

知识链接

1. 底座板边模确定及凸形挡台精确定位

CRTS Ⅰ型板式无砟轨道道床中，凸形挡台是唯一的现浇混凝土结构，因此，该结构的施工方案着重从"现浇、线状、薄层、高性能"方面考虑。

由于凸形挡台的混凝土采用二次浇筑的施工工艺，在底座板测量方面施工允许偏差较大，故可以采用加密基桩进行立模放样，可以保证底座板的施工精度，且施工方便，易于操作，底座板立模放样中应注意曲线地段底座板中心线相对于线路中心线的偏移及超高的设置。

加密基桩一般设置在线路中心线上。绑扎凸形挡台钢筋时为保证其位置的准确性，应在凸形挡台中心设置加密基桩。

底座板施工测量的重点是保证底座板高程测量数据计算的准确性，保证整个板式无砟轨道中 CA 砂浆的厚度满足设计要求。凸形挡台施工前应复核底座板高程，保证 CA 砂浆厚度，并利用 CPⅢ（无砟轨道施工特殊控制点）进行凸形挡台的立模放样，且加密基桩，直接采用极坐标法测设凸形挡台的中心和高程。凸形挡台施工完成后，直接在凸形挡台上测设加密基桩。加密基桩应位于轨道板的铺设中心线上（沿线路方向可适当移动，但不应移动超过 5mm），直线地段与线路中心线重合，曲线地段应注意线路的偏移量。

2. 底座板混凝土边模精确定位及外形检测

底座板混凝土边模精确定位流程如图4-8所示。

```
┌─────────────────────────────┐
│      CPⅢ控制点测设           │
└─────────────────────────────┘
              │
              ▼
┌─────────────────────────────┐
│  梁面、隧道铺底及路基面检查处理  │
└─────────────────────────────┘
              │
              ▼
┌─────────────────────────────┐
│     计算凸形挡台中心坐标       │
└─────────────────────────────┘
              │
              ▼
┌─────────────────────────────┐
│   凸形挡台中心平面位置放样     │
└─────────────────────────────┘
              │
              ▼
┌─────────────────────────────┐
│  绑扎凸形挡台及底座板钢筋      │
└─────────────────────────────┘
              │
              ▼
┌─────────────────────────────┐
│   底座板混凝土边模精确定位     │
└─────────────────────────────┘
              │
              ▼
┌─────────────────────────────┐
│     底座板混凝土浇筑          │
└─────────────────────────────┘
              │
              ▼
┌─────────────────────────────┐
│  底座板混凝土平整及高程检测    │
└─────────────────────────────┘
```

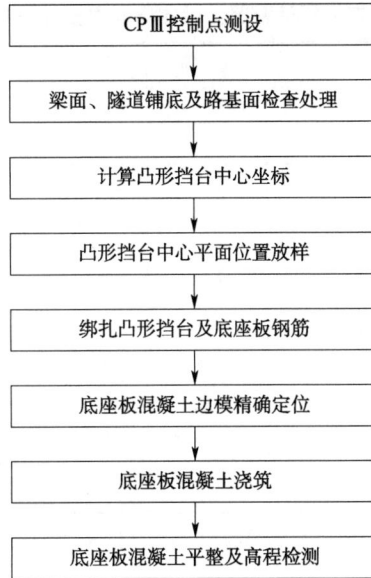

图 4-8 底座板混凝土边模精确定位流程

凸形挡台中心点平面放样坐标可由计算得到,平面偏差不应超过 ±5mm。

底座板混凝土边模精确定位可采用以下方法进行。

(1)利用 CPⅢ控制点、底座板混凝土钢模板适配器和棱镜进行立模放样,作业流程如图 4-9 所示。

(2)利用 CPⅢ控制点进行立模放样,平面坐标采用坐标法得到,高程采用水准测量法得到,作业流程如图 4-10 所示。

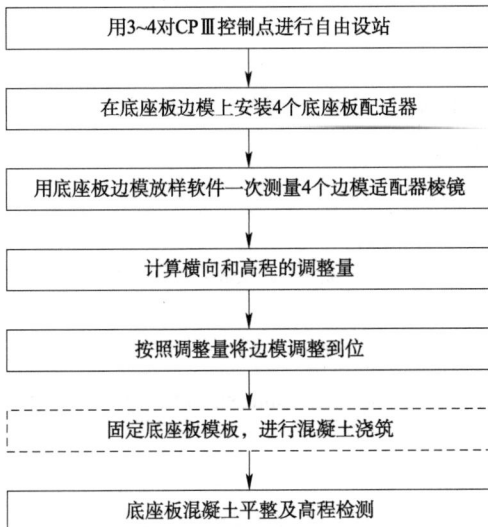

```
┌─────────────────────────────┐
│ 用3~4对CPⅢ控制点进行自由设站 │
└─────────────────────────────┘
              │
              ▼
┌─────────────────────────────┐
│ 在底座板边模上安装4个底座板配适器 │
└─────────────────────────────┘
              │
              ▼
┌─────────────────────────────┐
│用底座板边模放样软件一次测量4个边模适配器棱镜│
└─────────────────────────────┘
              │
              ▼
┌─────────────────────────────┐
│    计算横向和高程的调整量      │
└─────────────────────────────┘
              │
              ▼
┌─────────────────────────────┐
│   按照调整量将边模调整到位     │
└─────────────────────────────┘
              │
              ▼
┌ ─ ─ ─ ─ ─ ─ ─ ─ ─ ─ ─ ─ ─ ─┐
│ 固定底座板模板,进行混凝土浇筑 │
└ ─ ─ ─ ─ ─ ─ ─ ─ ─ ─ ─ ─ ─ ─┘
              │
              ▼
┌─────────────────────────────┐
│  底座板混凝土平整及高程检测    │
└─────────────────────────────┘
```

图 4-9 采用底座板混凝土钢模板适配器进行立模放样的作业流程

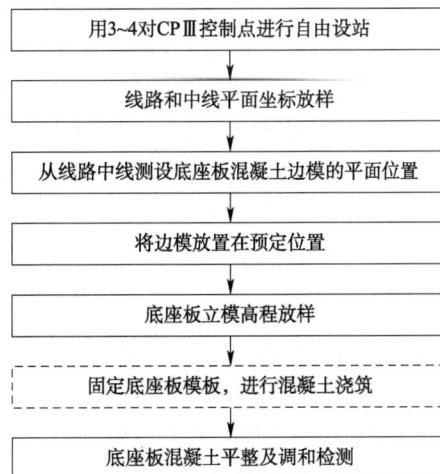

```
┌─────────────────────────────┐
│ 用3~4对CPⅢ控制点进行自由设站 │
└─────────────────────────────┘
              │
              ▼
┌─────────────────────────────┐
│    线路和中线平面坐标放样      │
└─────────────────────────────┘
              │
              ▼
┌─────────────────────────────┐
│从线路中线测设底座板混凝土边模的平面位置│
└─────────────────────────────┘
              │
              ▼
┌─────────────────────────────┐
│     将边模放置在预定位置       │
└─────────────────────────────┘
              │
              ▼
┌─────────────────────────────┐
│     底座板立模高程放样         │
└─────────────────────────────┘
              │
              ▼
┌ ─ ─ ─ ─ ─ ─ ─ ─ ─ ─ ─ ─ ─ ─┐
│ 固定底座板模板,进行混凝土浇筑 │
└ ─ ─ ─ ─ ─ ─ ─ ─ ─ ─ ─ ─ ─ ─┘
              │
              ▼
┌─────────────────────────────┐
│  底座板混凝土平整及调和检测    │
└─────────────────────────────┘
```

图 4-10 采用平面坐标和水准高程立模放样的作业流程图

钢模板适配器立模放样的主要设备见表 4-6,平面位置和高程立模放样的主要设备见表 4-7。

钢模板适配器立模放样的主要设备 表4-6

序号	设 备	数 量	用 途
1	边模适配器	4个	与边模位板相互连接,放置底座板边模放样的棱镜
2	棱镜	4只	置于边模适配器上,用于放样点坐标
3	全站仪	1台	用于测量边模板的横向位置和高程
4	无线信息显示器	4台	显示各个调整工位的横向位置和高程调整量
5	气象量测仪器	1套	用于测距时的温度、气压改正
6	CPⅢ控制点目标棱镜	8个	全站仪自由设站边角交会的目标
7	底座板混凝土找平尺	1把	用于混凝土浇筑后底座板混凝土断面的检测
8	底座板混凝土边模精调软件	1套	能够实时计算出底座板混凝土边模的横向位置和高程的调整量

平面位置和高程立模放样的主要设备 表4-7

设 备	数 量	用 途
棱镜三角座	1个	用于放样中线点坐标测设棱镜
全站仪	1台	测设线路中桩点平面坐标
电子水准仪和铟瓦水准尺	1套	测量边模高程
CPⅢ控制点目标棱镜	8个	全站仪自由设站边角交会的目标
底座板混凝土找平尺	1把	用于混凝浇筑后底座板混凝土断面的检测

浇筑底座板混凝土后,应采用专用的检测工具对底座混凝土进行平整度及高程检测,全站仪设站应符合下列规定:

(1)测站应设在线路中线附近、两对CPⅢ控制点之间。

(2)每一测站观测的CPⅢ控制点点数为3~4对。

(3)设站点的三维坐标分量偏差不应大于0.5mm。

(4)每次设站放样距离不应大于80m。

3.凸形挡台精确定位

(1)施工前应沿线路中心线进行底座板高程检测,高程测量应按精密水准要求进行往返观测。

(2)凸形挡台立模放样和加密基桩测设应利用CPⅢ控制点进行。

(3)凸形挡台模板相邻凸形挡台中心间距定位偏差应为±3mm,横向位置定位偏差应为±2mm,高程定位限差应为±2mm。

轨道板定位测量应符合如下规定:

(1)轨道板的位置应以凸形挡台上的加密基桩(基准器)为基准进行测设。

(2)线路位于曲线且非平坡地段时,轨道板的高程调整应对最高点按负偏差控制,最低点按正偏差控制。

(3)轨道板平面位置定位限差:纵向应为±3mm,横向应为±2mm;高程定位限差应为±1mm。

凸形挡台精确定位流程如图4-11所示。

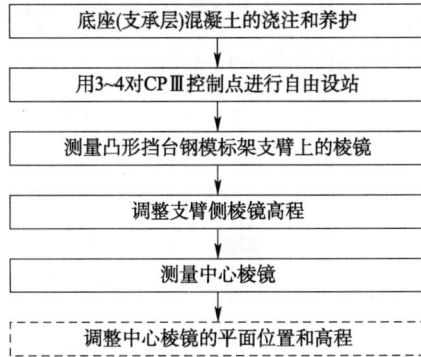

```
┌─────────────────────────┐
│ 底座(支承层)混凝土的浇注和养护 │
└─────────────────────────┘
            ↓
┌─────────────────────────┐
│ 用3~4对CPⅢ控制点进行自由设站 │
└─────────────────────────┘
            ↓
┌─────────────────────────┐
│ 测量凸形挡台钢模标架支臂上的棱镜 │
└─────────────────────────┘
            ↓
┌─────────────────────────┐
│     调整支臂侧棱镜高程      │
└─────────────────────────┘
            ↓
┌─────────────────────────┐
│       测量中心棱镜        │
└─────────────────────────┘
            ↓
┌ ─ ─ ─ ─ ─ ─ ─ ─ ─ ─ ─ ─ ─┐
  调整中心棱镜的平面位置和高程
└ ─ ─ ─ ─ ─ ─ ─ ─ ─ ─ ─ ─ ─┘
```

图4-11　凸形挡台精确定位流程图

凸形挡台钢模板精确定位的主要设备见表4-8。

凸形挡台钢模板精确定位的主要设备　　　　　　　　表4-8

序　号	设　备	数　量	用　途
1	凸形挡台钢模标架	1个	与凸形挡台钢模适配的测量标架
2	棱镜	2只	放置在凸形挡台钢模标架上,测量凸形挡台中心和边缘位置
3	全站仪	1台	用于凸形挡台平面位置、高程和水平(超高)坐标测设
4	CPⅢ控制点目标棱镜	8个	全站仪自由设站边角交会的目标
5	凸形挡台钢模精调软件	1套	进行凸形挡台平面位置、高程和水平(超高)放样

凸形挡台钢模板精确定位应遵循以下步骤:

(1)全站仪在线路一侧设站,安放凸形挡台钢模标架和棱镜。

(2)测量钢模标架支臂上的棱镜获取凸形挡台超高调整量,调整凸形挡台钢模。

(3)测量标架中心棱镜,获取凸形挡台中心的平面位置和高程调整量,调整凸形挡台钢模。

(4)重复步骤(2)和步骤(3)直至凸形挡台钢模允许偏差符合要求。

四、CRTSⅠ型无砟轨道板检测

CRTSⅠ型无砟轨道板有两类,一种是标准板;另一种是异性板,按轨道板长度分为PF/RF 3685、PF/ RF 4856、PF/RF 4856A 和 PF/RF 4962 四种类型,见表4-9。

CRTSⅠ型无砟轨道板规格尺寸　　　　　　　　表4-9

类　　型	尺寸(单位:mm)			常用位置
	长	宽	高	
PF/RF 4962	4962	2400	190	路基隧道
PF/RF 4856	4856	2400	190	24m 梁
PF/RF 4856A	4856	2400	190	24m 梁
PF/RF 3685	3685	2400	190	32m 梁

注:PF-预应力框架板;RF-钢筋混凝土框架板。

目前在高速铁路建设过程中使用较多的板型为PF/RF 4962。PF/RF 4962型轨道板长4962mm,宽240mm,厚190mm,两相邻螺栓孔之间的距离为629mm,每块板布置8对扣件节点,PF/RF 4962型轨道板的具体尺寸如图4-12所示。

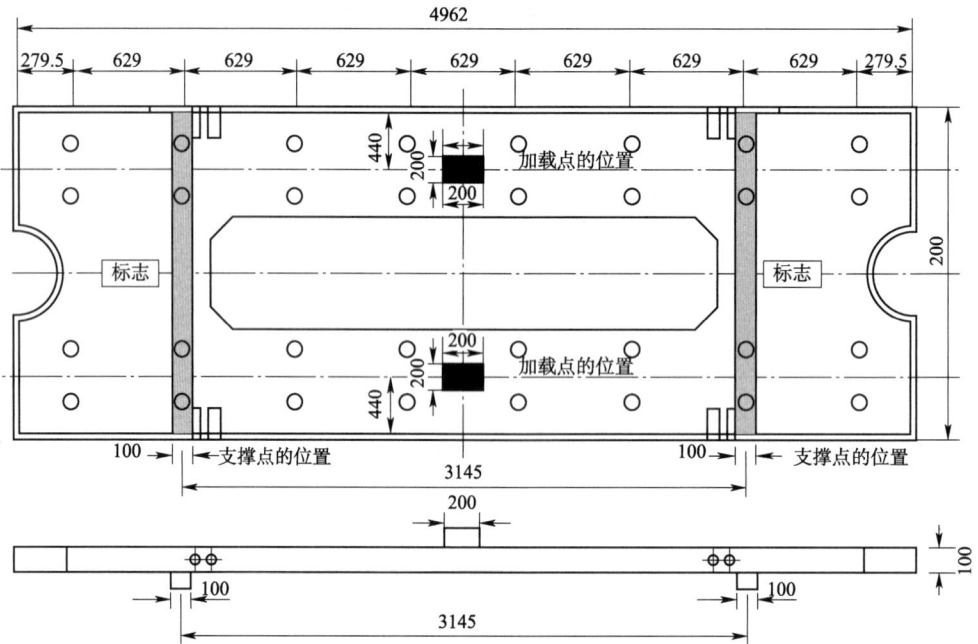

图4-12 PF/RF 4962型轨道板具体尺寸图(尺寸单位:mm)

随着我国铁路建设的快速发展,无砟轨道板得到大量应用。无砟轨道板检测主要包括对轨道板制作过程和成品的检测以及轨道板铺设位置的检测。

(一)轨道板制作过程检测工作

1. 检测内容

在轨道板制作过程中,需要检测轨道板模具的长度、宽度、厚度,轨道板承轨面的四角水平,单侧承轨面水平,预埋套管与模具密贴性,定位销垂直度等项目。需要检测钢筋位置、间距及钢筋骨架的绝缘性;轨道板成型后,需要对轨道板的外形尺寸、孔位线性度及板的平整度进行检测;还需要检测轨道板的绝缘性、抗拔力试验等项目,以满足轨道板的验收标准要求。

2. 轨道板模板检测方法

(1)模板长度检测:采用钢卷尺(精度为1mm)量测模具上口边缘两端的距离,测量左右两处,尺寸允许偏差为±1.0mm;

(2)模板宽度检测:采用钢卷尺量测模板两侧的距离,测量左、中、右三处,尺寸允许偏差为±1.0mm;

(3)模板厚度检测:用游标卡尺(精度为0.02mm)量测轨道板四周轴线的厚度,尺寸允许偏差为+1.0mm;

(4)轨道板承轨面的四角水平:采用DINI型电子水准仪测量承轨面的四角高程,尺寸允许偏差为±0.1mm;

(5)单侧承轨面中央翘曲量:采用 DINI 型电子水准仪分别测量两侧承轨面的高程,尺寸允许偏差为 1.0mm;

(6)定位销垂直度:采用直角尺和塞尺(精度为 0.1 mm)进行量测,垂直度小于或等于1mm;

(7)预埋套管与模具密贴性:采用塞尺量测预埋套管与模具的缝隙,要求小于0.25mm。

3.钢筋骨架绝缘性能检测

在浇筑混凝土之前,采用钢卷尺量测确认钢筋位置及间距,用专用仪器检测钢筋骨架的绝缘性能。对于检测不合格的交叉点,采用绝缘垫片进行隔离处理,直到电阻检测符合要求。

(二)成品轨道板检测

1.检测内容和指标

每一块轨道板出厂前应进行质量检测,并出具轨道板制造技术证明书。每批次生产的轨道板应进行全面检测,检测的主要内容为轨道板的平整度和螺栓孔的相对位置等。轨道板检测内容和主要指标应符合表4-10的规定。

轨道板的几何尺寸允许偏差及外观质量要求　　　　表4-10

序　号	检 查 项 目		允许偏差(mm)	每批检查数量(出厂检验)
1	长度		±3.0	10块
2	宽度		±3.0	10块
3	厚度		±3.0	全检
4	预埋套管	中心位置距板中心线	±1.0	全检
		保持轨距的两套管中心距	±1.5	全检
		保持同一铁垫板位置的两相邻套管中心距	±1.0	全检
		歪斜(距顶面 120mm 处偏离中心线距离)	2.0	全检
		凸起高度	-0.5	全检
5	标记线(板中心线)位置		±1.0	10块
6	板顶面平整度	轨道板四角的承轨面水平	±1.0	全检
		单侧承轨面中央翘曲量	≤3.0	全检
7	板底面平整度	普通型轨道板	5.0/m	10块
		减振型轨道板	2.0/m	全检
8	其他预埋件位置及垂直歪斜		±3.0	全检
9	半圆形缺口直径		±3.0	10块
外观质量				
10	肉眼可见裂纹(预应力轨道板)		不允许	全检
11	承轨部位表面缺陷(气孔、黏皮、麻面等)		长度≤20、深度≤5	全检

序　　号	检 查 项 目	允许偏差(mm)	每批检查数量(出厂检验)
12	锚穴部位表面缺陷(裂纹、脱层、起壳等)	不允许	全检
13	其他部位表面缺陷(气孔、黏皮、麻面等)	长度≤80、深度≤8	全检
14	轨道板四周棱角破损和掉角	长度≤50	全检
15	预埋套管内混凝土淤块	不允许	全检
16	减振型轨道板板底垫层的翘起	不允许	全检
17	轨道板侧面漏筋	不允许	全检

成品轨道板外形尺寸检测项目主要包括长度、宽度、厚度、半圆形缺口直径、预埋套管歪斜和绝缘套管凸起高度、板底面平整度等。长度和宽度可以采用钢卷尺进行量测;厚度采用最大量程为300mm的游标卡尺直接量测轨道板四周轴线厚度;半圆口直径采用专用检具检测;预埋套管垂直度采用专用孔斜测量装置(即专用螺栓)、直角尺、塞尺三种检具检测,检测距顶面120mm处偏离中心线距离,要求每个绝缘套管选取两个垂直面进行检测,检测前先将预埋套管里面清理干净,将专用螺栓拧进预埋套管里面并拧到位,直角尺贴紧专用螺栓,塞尺量测距板顶面120mm处的缝隙;预埋套管凸起高度采用深度尺量测;板底面平整度采用1m钢板尺和塞尺量测。

2.检测设备

轨道板厂的模具安装后,其精度的检测、实验板的线性度测量与分析等是轨道板厂测量工作的核心任务,也是必不可少的步骤。测量所需设备包括高精度全站仪、高精度水准仪、高精度工装专用附件、检测软件等。

(1)高精度全站仪。

全站仪是数据测量的主要实施者,为了确保CRTS Ⅰ型无砟轨道板的安装精度,全站仪"为英文格式测角精度须不大于1";测距精度须不大于$1mm + (2 \times 10 - 6D)mm$($D$为测量的公里数)。

因此,推荐选择以下几种型号的全站仪:徕卡系列(120,TS60),索佳以及天宝S8等型号,如图4-13所示。

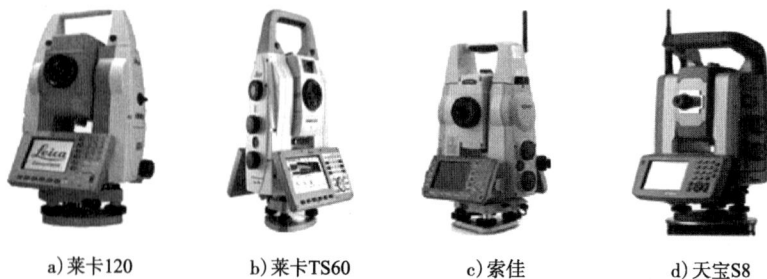

a)莱卡120　　　　b)莱卡TS60　　　　c)索佳　　　　d)天宝S8

图4-13　各种类型的高精度全站仪

这几种高精度全站仪具有自动跟踪和自动照准功能,能够确保精调时的精度和可靠性。测量方式可以使用无线遥控单元或有线连接的方式,直接用软件控制全站仪进行测量和计算;也可以用全站仪测量检测点的坐标,然后导入检测软件计算。需要注意的是,在实际测量模具和轨道板检测过程中,应尽量减少和避免振动对仪器的影响作用。

（2）高精度水准仪。

在轨道板模具和轨道板厚度的检测中，采用索佳 SDL30M 电子水准仪和徕卡 DNA03 电子水准仪以及我国南方 DL-2007 的电子水准仪进行高程数据采集，如图 4-14 所示。这种高精度水准仪可以自动采集数据，并通过软件及时、快速、高效地处理数据，可以极大提高工作效率。

a)索佳SDL30M　　　　b)徕卡DNA03　　　　c)南方DL-2007

图 4-14　检测所需要的高精度水准仪

（3）检测所需要的高精度工装专用附件。

采用球型棱镜配合专用的螺栓孔插入机构——螺栓孔检测棱镜，可以保证棱镜位于螺栓孔的圆心，并保证测量的高程面是轨道板的平整面，避免了螺栓孔凸出和凹陷的问题，如图 4-15 所示。

a)螺栓孔检测棱镜　　　　b)CRTS I型板式无砟轨道板检测工装

图 4-15　轨道板检测专用附件

采用小棱镜配合 CRTS Ⅰ型板式无砟轨道板工装，可以保证棱镜中心与轨道板圆弧内侧在一条直线上，并保证测量的半圆是轨道半圆缺口的实际直径，如图 4-15 所示。

图 4-15 中的检测工装可以对轨道板的长度和宽度进行测量检测，使用时一定要保持螺栓孔周围和螺栓孔的清洁、无毛刺；轨道板与各工装的接触面也要清洁。精密强磁尺垫与电子水准仪的铟钢条码尺应配合使用，以消除条码尺的摆放误差。如图 4-16 所示为常用的强磁尺垫和铟钢条码尺。

（4）检测软件。

检测软件采用自动跟踪测量、坐标增量测量两种模式，运用线性、平面最小二乘拟合算法，分析测量各螺栓孔中心的三维坐标，得出最优的拟

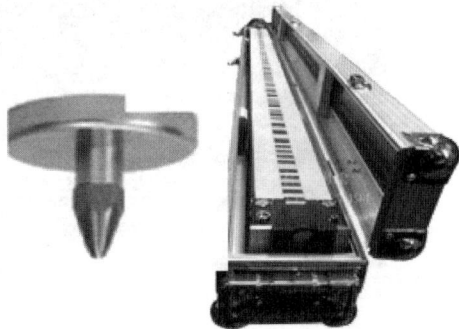

图 4-16　强磁尺垫和铟钢尺

合线性和拟合平面,然后计算各测量点位相对于拟合线性和拟合平面的偏差。如图 4-17 所示为南方(SOUTH)轨道板检测系统软件启动界面,如图 4-18 所示为检测软件的应用界面局部示意图。

图 4-17 轨道板检测系统软件启动界面

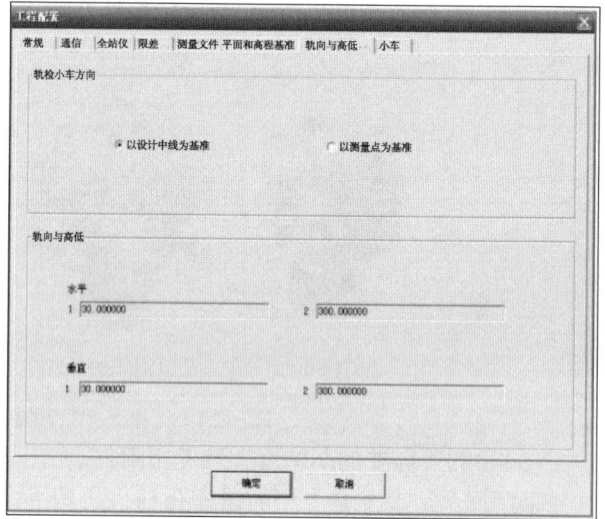

图 4-18 检测软件的应用界面局部示意图

3.检测方法

采用高精度全站仪,测量放置在轨道板上的 4 列螺栓孔上的专用棱镜,得其三维坐标,利用软件分析轨道板上的线性度与平整度,来检测轨道板的线性度和平整度是否合格,如图 4-19 所示。

测量方式有两种:先测后算;边测边算。

(1)先测后算。

利用全站仪测量螺栓孔检测棱镜,按照轨道板检测方法,按如图 4-20 所示测量顺序将坐标数据保存在全站仪的内存中,测量完成后,将数据导入电脑,启动检测软件,读取坐标数据,计算偏差。

图 4-19 施工现场轨道板检测

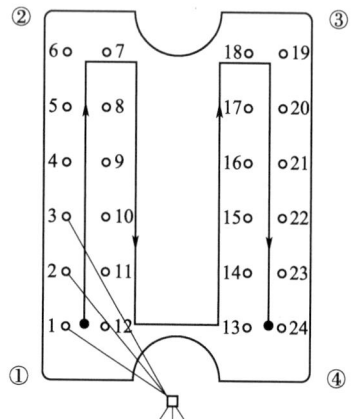

图 4-20 螺栓孔测量顺序

　　下文以南方高铁 CRTS Ⅰ 型轨道板检测软件操作为例,阐述 CRTS Ⅰ 型轨道板检测的操作过程:左击南方高铁轨道板检测系统菜单项,弹出如图 4-21 所示菜单,根据将要导入数据的格式选择相应的选项。以导入 DAT 格式数据为例,简要介绍其操作过程。

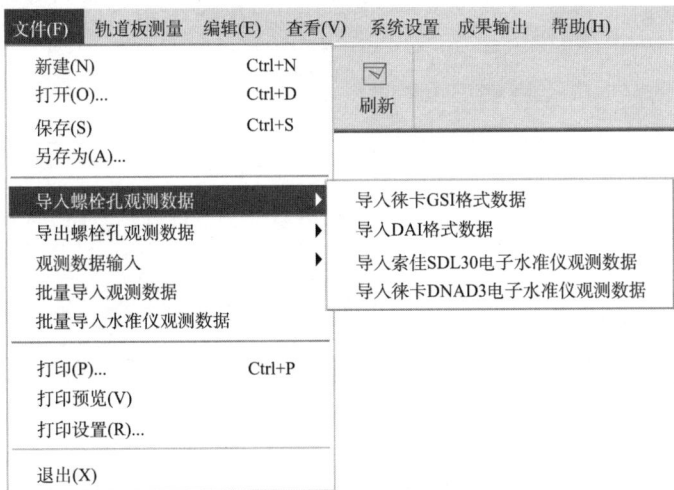

图 4-21　轨道板检测数据导入

　　左击"DAT 格式数据",此时在屏幕正中央会弹出一个名叫"CRTS Ⅰ 型轨道板检测系统"的对话框,如图 4-22 所示。系统提示:"DAT 格式数据导入只能读取单块轨道板观测数据,如果文件中的观测数据是多块轨道板,请将其分解后分别读取。"确定本数据为单块轨道板观测数据后,点击"确定"按钮。

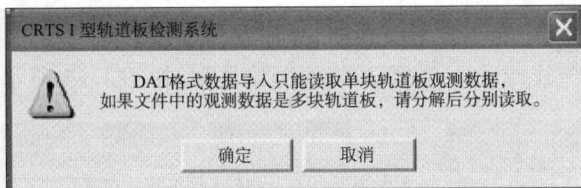

图 4-22　系统提示

　　此时弹出一个对话框,如图 4-23 所示。在"文件名"一栏中输入要打开的文件名,然后点击"打开"按钮即可。

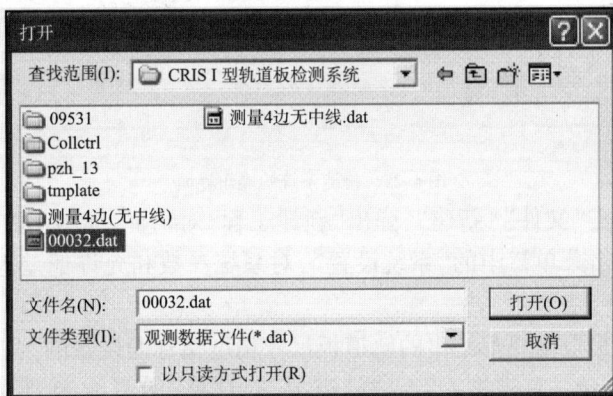

图 4-23　数据的打开

此时弹出一个"新建轨道板"的对话框,如图4-24所示。

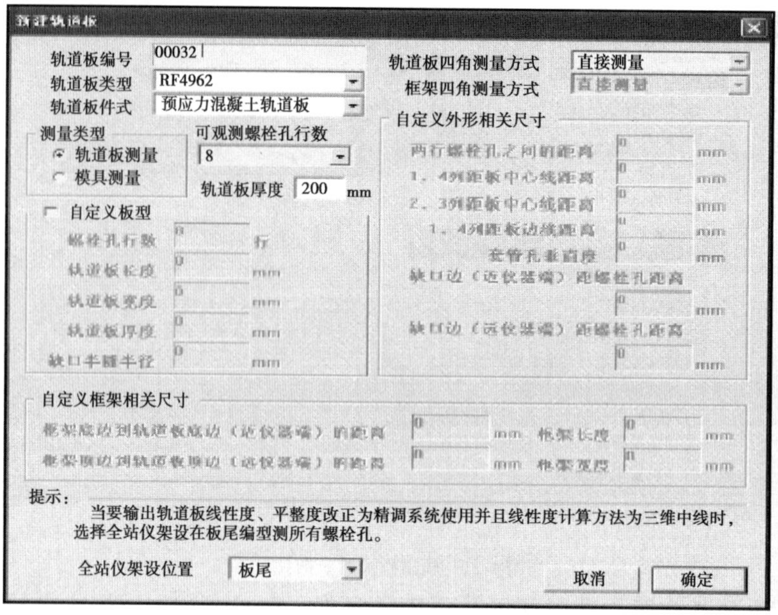

图4-24 新建轨道板

(2)边测边算。

采用软件直接控制全站仪,软件依据规则自动跟踪螺栓孔检测棱镜,当测量完毕后,软件可立刻计算偏差值,判定轨道板是否合格,具体操作如下。

①启动轨道板检测软件,进入检测系统的操作界面,如图4-25所示。

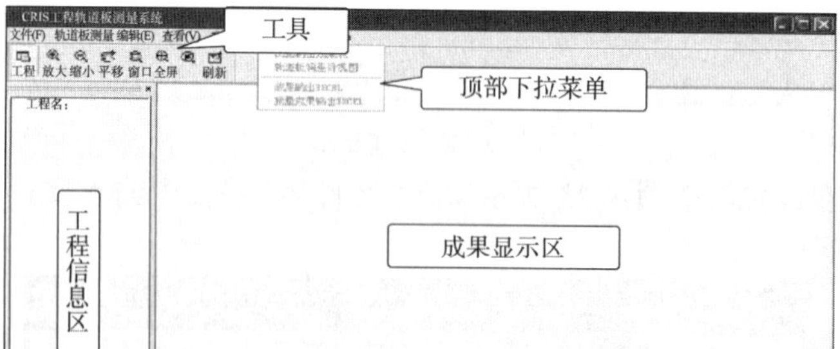

图4-25 检测系统的操作界面

②新建工程,点击"文件""新建",弹出"新建工程"对话框,如图4-26所示。

③建完之后,点击菜单栏中的"系统设置",对系统参数和允许偏差进行设置,如图4-27和图4-28所示。

其中,允许偏差是根据规范给出的轨道板尺寸精度指标而设置的。

④进行轨道板测量。首先进入"新建轨道板"对话框,如图4-29所示,按照对话框的内容输入待检测板的信息。

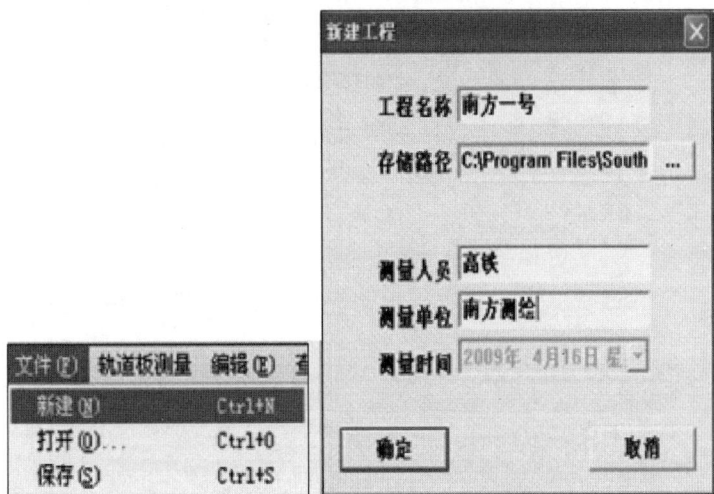

图 4-26　新建工程

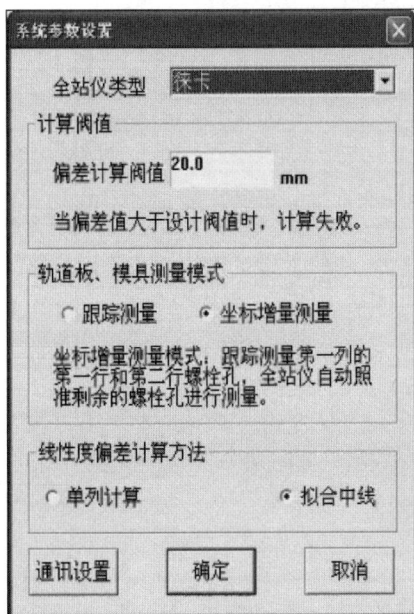

图 4-27　系统参数设置

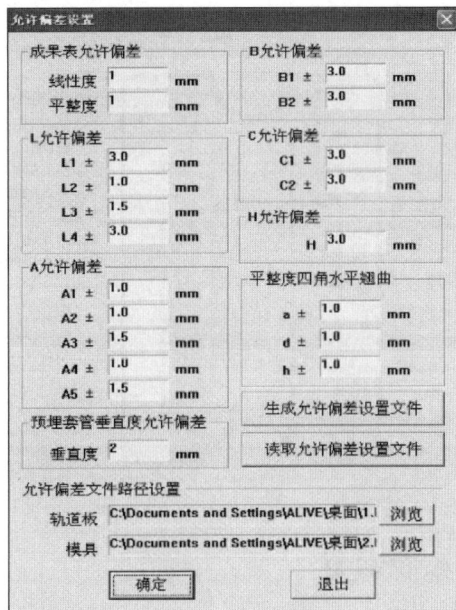

图 4-28　允许偏差设置

各个参数设置输入完毕后,点击"确定",进入测量模式,如图 4-30 所示。

⑤架设全站仪,开始按照软件操作和观测顺序进行轨道板的测量,观测顺序:首先测量的是螺栓孔距离,然后测量边框、半圆形缺口以及中线。

⑥最后的步骤是结果分析,主要根据轨道板平整度和线性度的偏差区间分布图、螺栓孔的偏差计算和偏差图,以及轨道板的外形尺寸检查卡进行分析,判断轨道板是否合格。

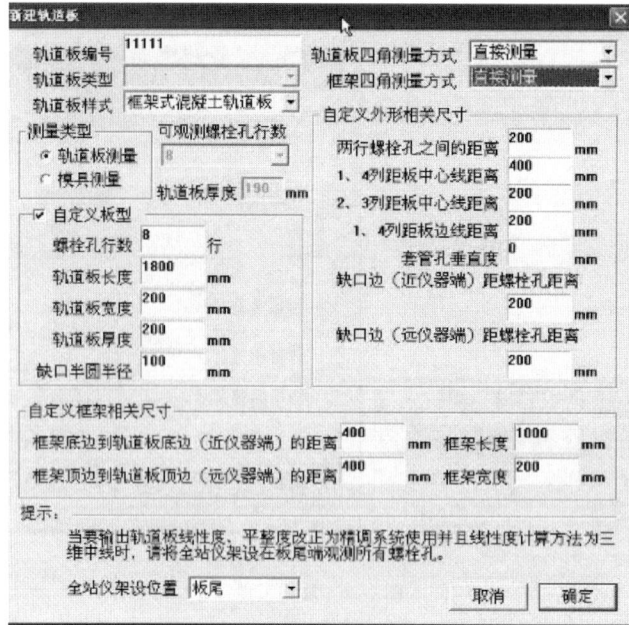

图 4-29 "新建轨道板"对话框

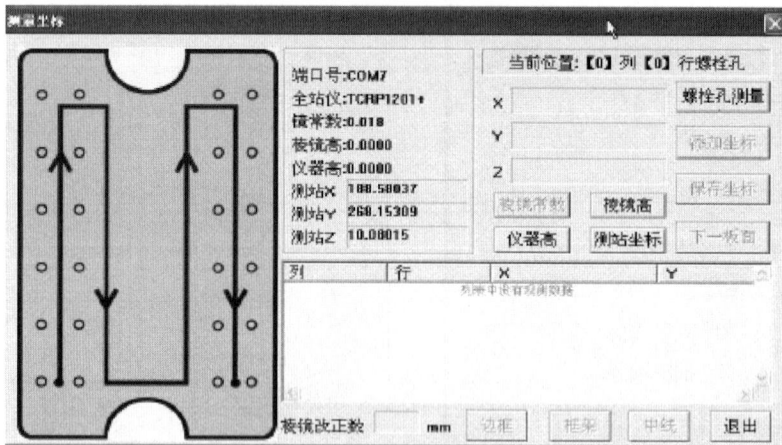

图 4-30 测量模式界面

知识链接

1.轨道板现场存放

轨道板现场存放采用沿线集中立起存放的方式,即在线下施工时的钢筋加工场、桥下轨道存放区等地方进行地基加强处理后集中放置,施工时再用运输设备进行二次运输,运输至施工点。

2.轨道板存放要求

轨道板成品应按所需轨道板的型号和数量分区储存,并做出明确标识。严禁不同型号的产品混存;堆放轨道板的基础要求坚固、平整,无沉陷,采取防倾覆措施;轨道板采用立放(长度方向着地)方式进行堆放;成品板存放从有防倾倒支架一端向另一端依次存放,成品放置边缘一定要垂直、平行并保持边缘对齐,端头第一块板紧靠门型挡架;每两块板之间用 U

形卡链接上端;轨道板存放好后,检查预埋件孔眼是否封堵好,防止雨水或杂物进入。

3.临时存板场的布局

临时有板场的布局根据地形设计,但必须符合以下基本原则:

板场的地基必须碾压密实,支撑部位浇筑 C20 混凝土基础梁,基础梁的尺寸为 275cm * 50cm * 30cm,基础梁平整度小于 5mm。

五、CRTS I 型板式无砟轨道板精调

(一)精调设备

1.高精度全站仪

高精度全站仪主要采用的型号是莱卡和索佳,它们的精度可以达到测角精度小于或等于 1ms,测距精度小于 1mm + 2ppm,这种高精度全站仪具有自动跟踪和自动照准功能,能够确保精调时的精度和可靠性。

知识链接

CP Ⅲ 控制点高程测量按精密水准测量要求施测,并起闭于二等水准基点。控制网的精度要求如下。

(1)平面精度:±1.0mm(相对沿线路方向相邻控制点而言)。

(2)高程精度:±0.5mm(相对沿线路方向相邻控制点而言)由于控制网的精度要求高,测量及计算过程复杂,因此测量仪器的选用必须达到规定的目标精度。

(3)电子数字水准仪,高程测量标准偏差每公里往返水准测量使用铟瓦水准尺时小于 0.9mm,使用标准水准尺时小于 1.5mm。

2.工控机

工控机采用具有工业用级别的便携式 CF-19 电脑,如图 4-31 所示,主要是用来运行无砟轨道板精调软件的,具有可靠的野外作用能力和数据处理速度,它的特点如下:10.4in❶ 的 XGA 可翻转触摸屏幕;全镁合金机壳具有抗震、加固、防水功能,满足 MIL-810F 和 IP54 标准,适用于野外工作环境,满足军方使用要求,CF-19 整机重约 5lb❷(2.27kg),内置锂电池,可以提供 4.6 ~ 8h 的续航时间。

图 4-31　工控机

3.精调标架

精调标架(图 4-32)主要有 4 个,其中 1 号、2 号、3 号标架是用来精调的,标准标架是用来校核其他的标架的,这些标架均经过精密加工,可以保证测量的精度和高速铁路全线测量的一致性。

测量标架是本系统的重要组成部分。标架总共 4 副,分别是测量标架 Ⅰ、Ⅱ、Ⅲ 和标准标架。

4.扭矩扳手和精调器(图 4-33 和图 4-34)

扭矩扳水和精调器是施工现场精调工人专门用于调整轨道板的工具。

---

❶ 1in = 0.0254m。

❷ 1Lb = 0.45359237kg。

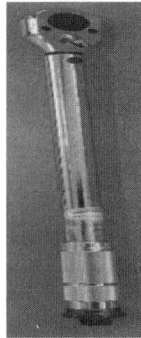

图 4-32　精调标架　　　　　　　图 4-33　扭矩扳手　　　　　　　图 4-34　精调器

5. 精调软件

除了硬件设备,还有软件设备,就是 CRTS Ⅰ 型无砟轨道板精调软件。这种软件的优势是:软件界面及设计流程实用、简洁,更加贴近现场的实际情况,方便操作人员的操作。该软件须插上"加密狗"才可以运行。

(二)精调软件的介绍

1. 精调软件的初始界面(图 4-35)

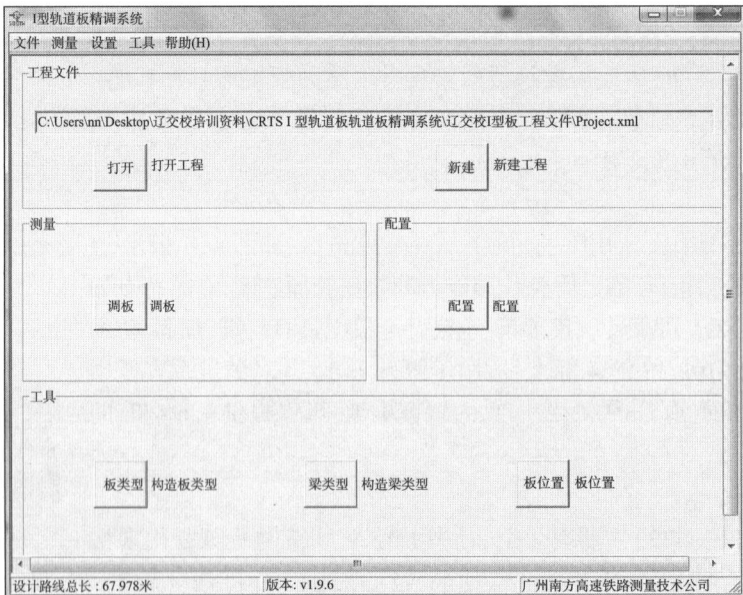

图 4-35　初始界面

2. 配置菜单

配置菜单主要有"普通、文件、通信、限差、棱镜、传感器"几个选项,用户在这里可以进行一些必要的设置。进入"配置"界面后,显示的是"普通"界面,在这里可以输入标准标架宽、1 号标架宽、2 号标架宽,以及设计中线到设计板面的距离。当选择"板铺设方向为里程 +"时,表示板的铺设方向与里程增加方向相同。当选择"板铺设方向为里程 -"时,表示板的铺设方向与里程增加方向相反,如图 4-36 所示。

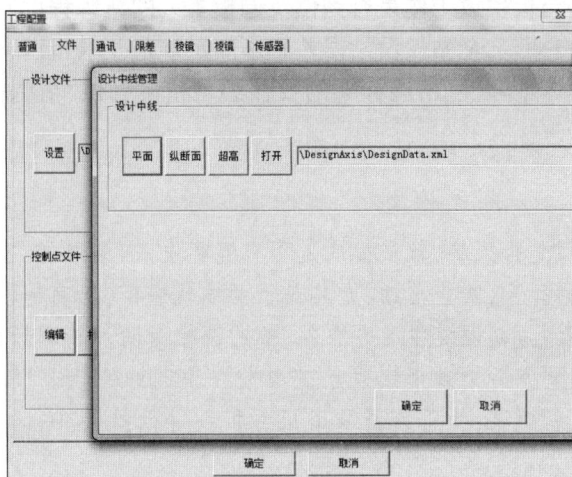

图 4-36　普通对话框

3. 文件

点击"文件"选项卡,进入"文件"界面,如图 4-37 所示,在这个窗口中用户可以完成设计文件和控制点文件的设置。"设计文件"主要包括平面、纵断面、超高的编辑以及打开、新建一个设计文件等。

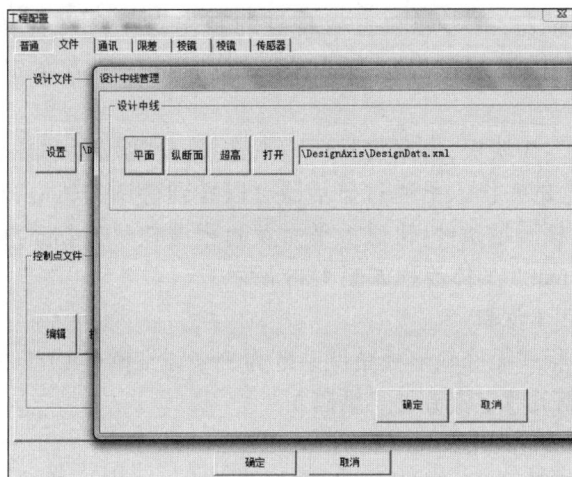

图 4-37　文件界面

4. 工具(板的类型、梁的类型)

这里,工具主要包括板的类型和梁的类型。

(三)CRTS Ⅰ 型板式无砟轨道板精调方法和步骤

轨道板精调工作在轨道 CPⅢ控制网测量完成之后,轨道粗铺到位,轨道板精调内业数据完成后进行的。作业前需要输入线路数据文件,检查标架、棱镜、传感器。将军用笔记本与超级蓝牙等通信设备连接,按规定摆放测量标架,按规定摆放对应棱镜,确定轨道板铺设方向和增量,检查棱镜设置(棱镜高、间距、误差值),检校测量标架(标准标架需要掉头)。

一般地,精调速度快慢与板粗放工作是否到位及调板工人的熟练程度有很大关系、两相邻板之间搭接数据需要严格平差,全站仪设站误差必须满足规范要求,且相邻两站设站误差要平差计算,确保线路的整体平顺性、精调标架的校核必须精确到位、精调作业后的板应禁止扰动踩踏。

知识链接

铺设前检查轨道板是否损坏,轨道板底是否有混凝土渣,如果有,及时清理;铺设每块板时应严格控制轨道板的型号,防止出错,尤其对于两端轨道板,正确铺设接地端子的朝向;尽量精确地对准墨线位置,为精调提供有利条件,节约调板时间。精调过的轨道板严禁行人走动及增加荷载;每块板调完后必须用钢尺检查与前一块调好的轨道板高度和左右位置的差别,发现不平顺的需重新精调;扣压装置采用扭力扳手进行扣压,防止力量过大造成精调的轨道板发生位移。

1.轨道板精调原理

精调实施应在线路两侧CPⅢ控制点建立完成之后进行,在每块轨道板上选择2号、7号两对扣件4个螺栓孔,在上面安放2个测量标架和4个棱镜。全站仪在CPⅢ控制网内自由设站,计算出测站点的理论三维坐标和所在的里程;当全站仪测量放置在CRTS Ⅰ型板上螺栓孔速调标架上的棱镜后,可以测量出该棱镜所处位置的实测三维坐标,根据坐标可以确定其在线路中的里程,经过软件的里程推算,得出该处的理论三维坐标。用软件计算实测和理论坐标的偏差,并考虑轨道板自身的制作误差,将偏差值显示在显示器上,根据偏差对CRTS Ⅰ型板进行调整。为了保证测量精度,该方案中左右线应分开进行调整。

每次设站可调整1~3块板,根据实际环境来选择,全站仪搬站必须搭接一块板以消除错台误差。调板机具上的操作人员通过显示器可以看到待调的轨道板的偏差,进而进行调整。调整完,直到轨道板满足条件:轨道板平面及高程误差≤0.4mm,板与板间相邻承轨点平面及高程误差≤0.5mm。具体流程如图4-38所示。

2.轨道板精调的具体步骤

下面以CRTS Ⅰ型板式无砟轨道板精调系统为例来详细阐述CRTS Ⅰ型轨道板调板的过程。相关数字资源见二维码5。

(1)摆放精调标架和全站仪。

精调时只用三个标架,1号、2号、3号标架。1号、2号标架放置于轨道板的第2和第7排螺栓孔,3号标架则放置在上一块轨道板的第2排螺5-轨道测量仪器使用栓孔上,以起到与下一块轨道板的搭接作用,如图4-39所示。在测量过——高精度水准仪程中,全站仪的位置与1号标架的间距控制在6~40m范围内,超过此范围时应重新设站。全站仪与精调标架布设位置如图4-39所示,全站仪一侧为精调工作方向。架设好之后进行设站,设站之前要连接全站仪、工控机及全站仪的外置电池,采用专用的连接线。它有三个接口:第一个接口连接工控机;第二个接口是黄色的,连接外置电池,可以看到这个接口上有一个很明显的红点,外接电池也有一个很明显的红点,连接时务必要红点对红点,轻轻插入;第三个接口连接全站仪,同样,也要红点对红点轻轻插入,这样工控机、全站仪和电池就连接成功了。然后开始设站。

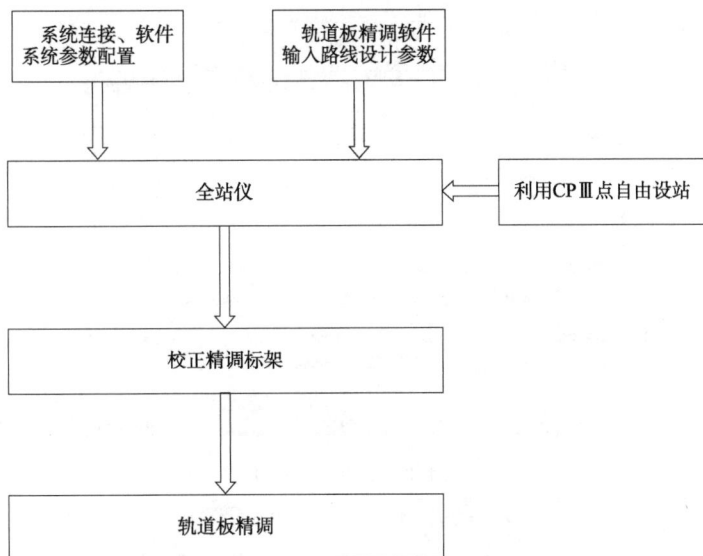

图4-38　CRTS Ⅰ 型轨道板精调流程

图4-39　精调标架的摆放顺序

从全站仪方向看过去,1号标架左边的棱镜是1号,2号标架左边的棱镜是2号,按顺时针方向排列。则转回到1号标架,右边的棱镜就是6号。标架都放置好后,用全站仪粗瞄1号棱镜,然后在软件上点击选板。

(2)轨道板精调软件操作。

①双击计算机桌面上的精调图标,打开工程文件,如图4-40所示。

②通信设置。

通信主要完成对系统参数的设定,如COM口的选择、波特率的设定、数据位、停止位、奇偶位的选定和全站仪的类型选择等。点击配置进入通信界面,如图4-41所示。

首先,进行端口选择:点击"端口"右侧的下拉菜单,弹出下拉列表,COM口范围系统设置从COM 1到COM 60,用户可以从中选择与自己计算机相匹配的COM口,计算机上的

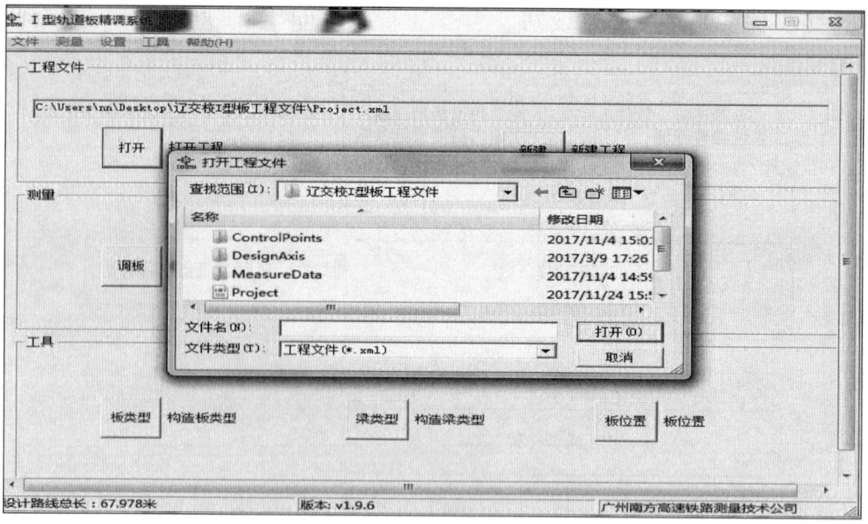

图 4-40 打开工程界面

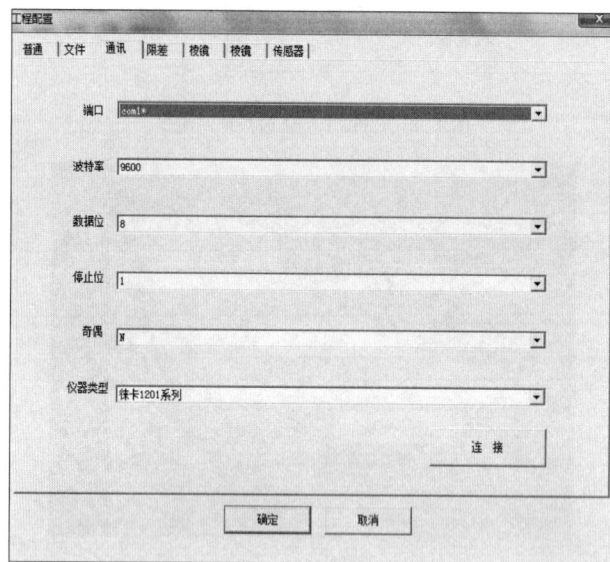

图 4-41 通信界面

COM 口从设备管理器中可以查到。我们选择的是 COM1。然后,选择波特率:点击"波特率"右侧的下拉列表,弹出一系列波特率数据,用户只需在此点击选中即可,需要注意的是,波特率一定要和全站仪上的一致,这里选择的是 9600,否则不能通信。然后,选择其他设置:数据位,停止位,奇偶的设置与波特率设置方法一致,用户只需注意系统的设置值要与全站仪中的设置值保持完全一致即可,否则不能通信。最后,选择全站仪:点击"仪器类型"右侧的下拉菜单,列表中列出了四种全站仪类型,用户根据自己拥有的仪器选择类型即可。由于采用的是莱卡 1201 系列,所以选择该系列即可。选择好后,点击"连接",或弹出通信成功对话框。

③检校倾斜传感器具。

首先,在检校倾斜传感器之间进行选板;然后,点击"检校倾斜传感器"按钮,弹出"检校倾斜传感器"对话框,如图 4-42 所示;其次,选择 1 号倾斜传感器,点击"确定",此时全站仪将自动对准 1 号标架位置,对 1 号标架两棱镜进行自动测量;最后测完 1 号标架,将再次弹出对话框,选择 2 号倾斜传感器,点击"确定",测完 2 号标架两棱镜后,将自动保存 2 号标架传感器的检核数据。

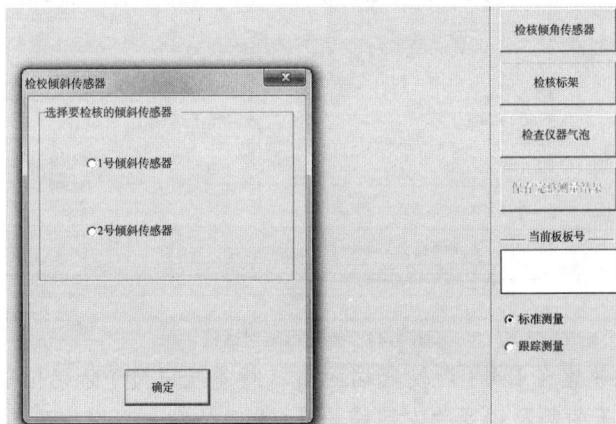

图 4-42　检校倾斜传感器对话框

④调板。

进入调板界面,点击"调板"按钮后,再点击"检查仪器气泡",弹出如图 4-43 所示对话框,点击"确定"即可。

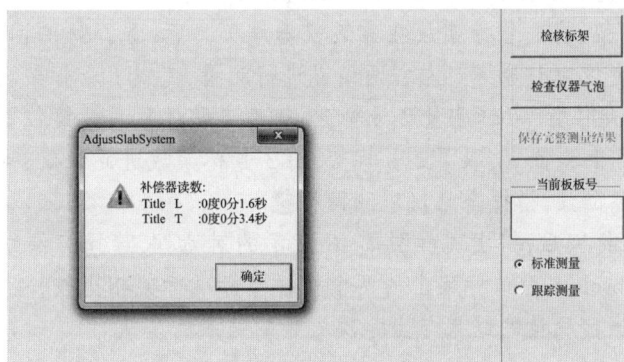

图 4-43　检查仪器气泡对话框

⑤校核标架。

在每班组工作前应该对标架校核,消除变形误差。操作过程:先将标准标架放在某一固定位置,然后按照提示,将其余三个标架依次分别放在同一位置,进行校准。该项工作最好在每个新工作日精调作业前做一次,必须通过标准标架来对此标架的尺寸进行改正,从而消除标架因变形所带来的误差。点击"检核标架"按钮,弹出"检核标架"对话框,如图 4-44 所示。

知识链接

校核标架作业流程如下:

(1)拿出标准标架(标准标架是严格按高精度要求制作的,只用于进行标架校正,一般存放在箱子里面,不易变形)。

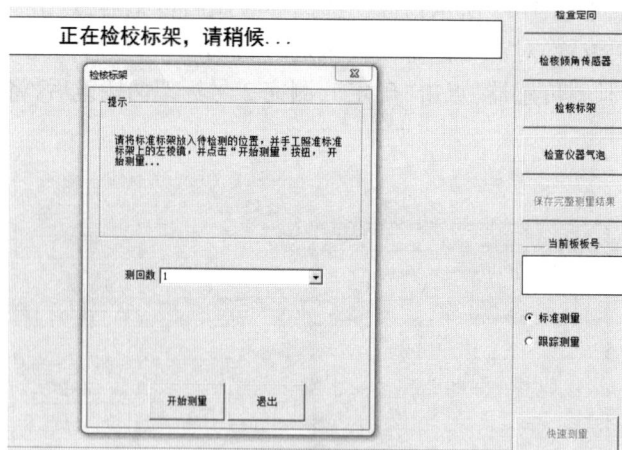

图 4-44　校核标架对话框

(2)将标准标架放置在 1 号(近仪器端的第二行螺栓孔处)标架位置,先将固定端插入螺栓孔内,再使有弹簧的触及端紧扣左侧螺栓孔(左侧是指全站仪位置看板方向);手工照准标准标架的触及端棱镜(左棱镜),进行测量。

(3)调转标准标架,将固定端插入螺栓孔内,再使用有弹簧的触及端紧扣右端螺栓孔(近仪器端的第二行螺栓孔处),手工照准标准标架的右端(右棱镜,与上一步的棱镜是同一个棱镜),进行测量,完成后弹出如图 4-45 所示对话框。

(4)取下标准标架,将 1 号标架放在靠近仪器端第二行,选择好测回数,再点选"测量 1 号标架",软件自动定位对 1 号标架左右两棱镜进行测量,完成 1 号标架测量后,取下 1 号标架,将 2 号标架放进此位置,点选测量 2 号标架,软件自动计算两棱镜位置,指挥全站仪观测两棱镜。完成 2 号标架测量后,取下 2 号标架,将 3 号标架放进此位置,点选测量 3 号标架,软件自动计算两棱镜位置,指挥全站仪观测两棱镜。

(5)测量完三个标架后,将出现如图 4-46 所示的对话框,选择存储结果,将保存本次检核数据,保存结果 Absolute 为该标架上的两个棱镜与标准标架相比较,在横向和高程上的绝对误差。Change 为当前测量的结果与上一次测量的结果的差值。

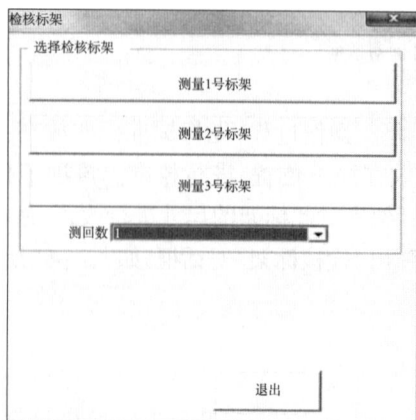

图 4-45　选择校核标架对话框

检校 1 号标架结果(单位:mm)

Prism	Absolute		Change	
	Dq	Dh	Dq	Dh
1	-0.1	0.0	-0.1	-0.1
2	0.1	0.0	-0.1	-0.1

图 4-46　校核标架结果

⑥测量。

校准完毕,进入调板界面,点击选板,弹出对话框,如图4-47所示。

首先,要选择当前板的类型及当前板的名称和上一块板之间的间隙,一般设置成0.07mm;然后,点击"确定",选择四点测量;其次,把测量的结果告诉工人,工人根据测量结果进行调整,反复测量直至合格;再次,进行一次完整测量,保存完整测量结果,如图4-48所示;最后将标架顺次移动到下一块轨道板上进行下一块的精调,把精调好的轨道板压紧,这就是我们精调的整个过程。

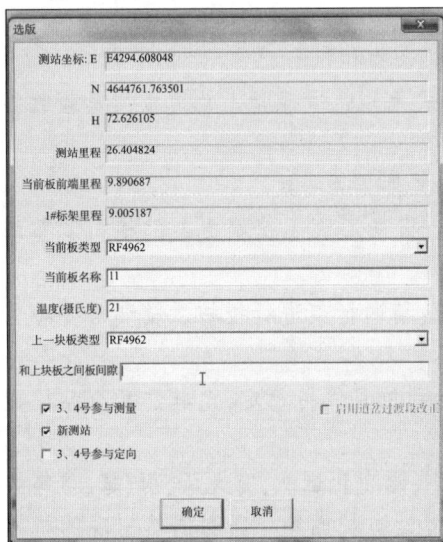

图4-47　选板界面

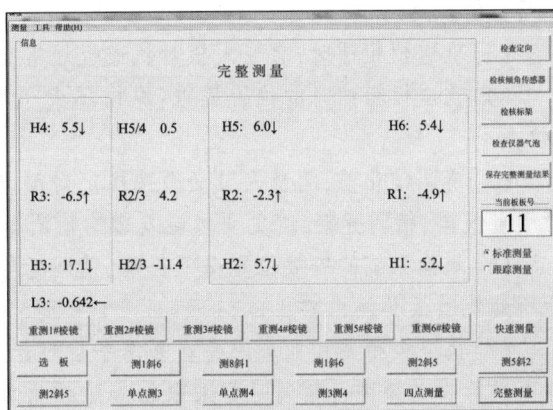

图4-48　完整测量界面

(3)精调方法。

调整完成之后,对全站仪进行复测,直到轨道板满足绝对误差为3mm、板内相对高程为1mm、横向为1mm、纵向为3mm的精度,板间误差高程为1mm、横向为1mm的要求,再转入下一块板调整。轨道板铺设精调后的位置偏差应符合表4-11的规定。

轨道板铺设精调定位允许偏差　　　　　　　　　　　表4-11

序　　号	检查项目		允许偏差(mm)
1	高程		±0.5
2	中线		0.5
3	相邻轨道板接缝处承轨台顶面相对高差		0.5
4	相邻轨道板接缝处承轨台顶面平面位置		0.5
5	轨道板纵向位置	曲线地段	2
		直线地段	5

调整原则:对于CRTS Ⅰ型板式无砟轨道板,先调整高程,后调整横向位置。4个精调支座各配置一名操作人员,作业时按照手簿显示数据或精调技术员发出的指令等方式进行轨道板调整,调整高程时注意避免单个支座受力,调整水平时须对作业两侧进行同向调整。正常情况下,调整两三次即可到位,每块板精调完成后,采用压紧锁定装置进行锁定,按照两端

各设一根、中间间距相等的布设条件进行下压,每块轨道板不少于 5 道,曲线段防侧移装置不少于 3 道,压紧装置固定在混凝土底座侧面的位置上,通过钻孔将压杠通过螺栓杆拧紧,防止轨道板浇筑时上浮。再进行一次精调测量,若偏差满足限差要求可保存数据,本块板精调结束;若超限,应松开下压装置调整超限点,直至下压装置压紧后,测完合格才可保存数据后搬站。精调后,在轨道板上放置"禁止踩踏"等警示标志,在轨道板上安装跨线栈桥,以避免踩踏、碰撞对精调结果产生影响。

知识链接

(1)铺设轨道板时,隔离层、弹性垫层表面不得残留杂物和积水。

(2)轨道板质量应符合设计要求和 CRTS Ⅲ型板式无砟轨道混凝土轨道板质量验收指导意见的规定。

(3)轨道板粗铺时,有专人核对轨道板规格与设计文件是否一致。

(4)轨道板粗铺时的位置偏差:纵向不大于 10mm,横向不大于精调支架的横向调整的 1/2。

(5)精调作业前,测量人员必须按规定对测量仪器、精调标架进行校核。精调后妥善保管测量仪器、精调标架,避免偶然误差影响精调精度。

(6)测量系统的安放位置必须正确,精调标架安装到位且保持稳定,尤其注意全站仪设站所处轨道板必须稳定。

(7)轨道板精调作业应避免在夏季午后日光强烈、气温变化剧烈,有大风、雨、雾、雪等条件下进行。必须进行精调时要采取相应防护措施,如搭设防护棚等。遇到偶然出现的机械振动过大现象和雷雨天气,应停止作业。

(8)轨道板精调后,禁止人员踩踏,并尽量在 24h 内完成自密实混凝土灌注。若 24h 内不能灌注轨道板,或者精调轨道板与灌注轨道板时的温差超过 15℃,应予以复测。

(9)轨道板精调后应安装固定装置,确保自密实混凝土施工过程中轨道板不出现上浮或偏移现象。

(10)轨道板封边、压板后可能影响精调成果,应予以复测。

四、乳化沥青砂浆灌注检测

砂浆的灌注应在 5~35℃的温度范围内进行,否则应采取相应措施。雨天不得进行灌注作业,若灌注作业中途出现降雨,应及时加盖防水布等,避免雨水与灌注袋直接接触。

(1)轨道板几何位置的确认。对精调完成的轨道板进行空间位置检查确认,检查测量使用全站仪及测量标架进行,对需要灌注的轨道板全部检查,对于每块板检查轨道板的前后两处。

(2)压紧装置工作状态的检查。CA 砂浆灌注前对轨道板压紧装置状态进行检查确认,防止在灌浆过程中轨道板上浮或变形。

(3)砂浆灌注厚度的检查。由专人检查每块轨道板与底座之间的间隙,对每块轨道板尺量检查 4 处(每侧前后各 1 个点),厚度应不小于 40mm,且不大于 60mm。

(4)砂浆灌注设备的检查。由于砂浆搅拌结束后的清洗工作会有一些残留的污水,其中的沥青和沙子如果存留在灌注口的位置,硬化后会给下一班人员的灌注工作带来影响。因此,灌注作业前应首先确认灌注口没有被堵塞,确认灌注口通畅后方可进行灌注作业。

五、长钢轨条的精调

1. 精调原理

首先,利用高精度全站仪测量轨检小车上的棱镜三维坐标,根据标定的轨检小车几何参数、小车的定向参数、水平传感器所测的横向倾角以及实测轨距,通过轨道精调软件换算出对应里程处的实测平面位置和轨面高程;其次与该里程处的设计平面位置和轨面高程进行比较,得出偏差值;最后根据偏差值,进行轨道精调,这就是使用轨检小车进行轨道精调作业的基本原理。

2. 精调设备

轨道几何状态检测仪,简称"轨检小车",如图4-49所示,主要用于高速铁路、有轨电车、地铁、设计时速较高的有砟铁路等。精调设备由轨距测量传感器、水平测量传感器、机身圆棱镜组成的测量小车和高精度全站仪、无线通信单元等组成,检测铁路轨道内部几何状态(轨距、水平、轨向、高低、正矢扭曲)和外部几何状态(轨道中线偏差、高程偏差)的测量装置。它对高速铁路道床结构的铺设、长轨铺设、长钢轨精调和后期维护具有重要意义。相关数字见资源二维码6。

图 4-49 轨道几何状态检测仪

6-CRTS I 型板式
无砟轨道板精调

轨检小车有许多型号,下面重点介绍的是南方高铁轨检小车,轨检小车的构造如图4-50所示,轨检小车主要包括双轮部分、单轮部分、轨距加宽部分、棱镜、棱镜架、天线等几部分。

轨检小车除了以上的主要硬件设备,还需要用到配套的软件设备,即轨道精调测量系统软件以及对应的加密狗。

整个轨道几何状态检测仪的系统构成如图4-51所示。

3. 轨道精调软件操作步骤(相关数字资源见二维码7)

(1)双击轨道精调软件图标,点击图标,打开工程文件,点击"新建"工程。

(2)点击全站仪图标,出现如图4-52所示对话框,修改端口,波特率为115200,点击"打开端口",弹出,串口打开成功,修改小车频道,要求与

7-CRTS I 型板式无砟
轨道板精调设备和原理

全站仪保持的频道一致,然后点击确定,出现"切换成功"对话框即可,点击"电台频道检测"。

(3)获取小车参数,点击小车图标,进行更新,每一次更新都会弹出"数据获取成功"对话框,如图4-53所示;接着再点击"开始检查",检查主板内容各传感器内容参数是否与"工程配置"文件一致,点击"确定",弹出"参数"一致对话框。

图 4-50 南方高铁轨检小车

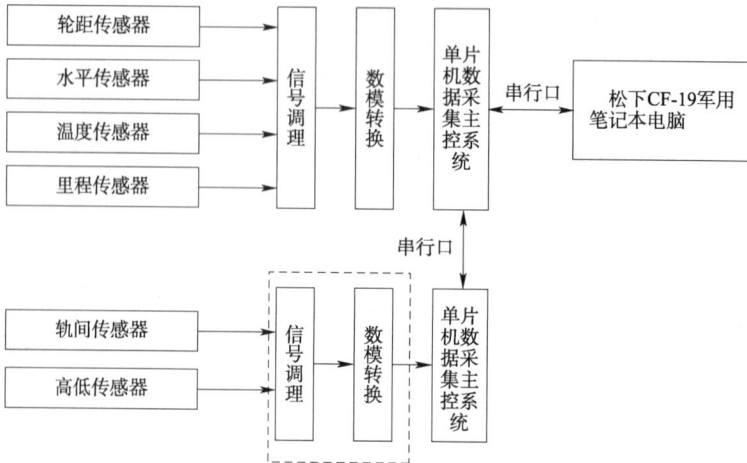

图 4-51 轨道几何状态检测仪的系统构成

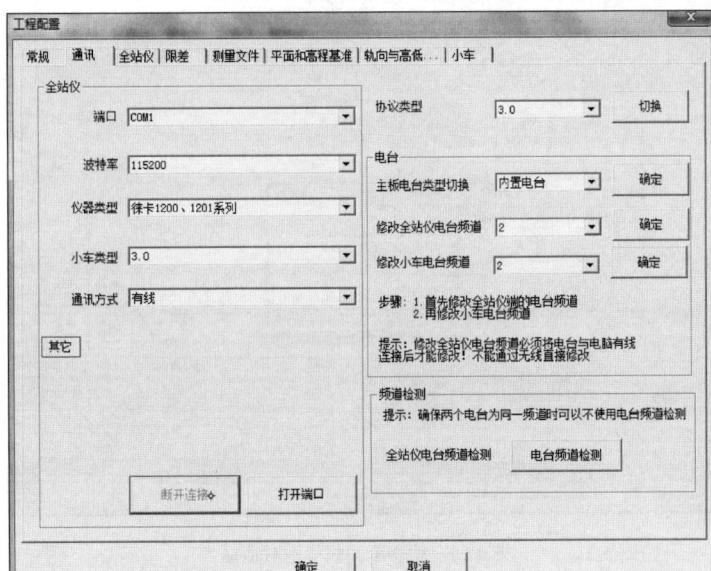

图 4-52　打开端口界面

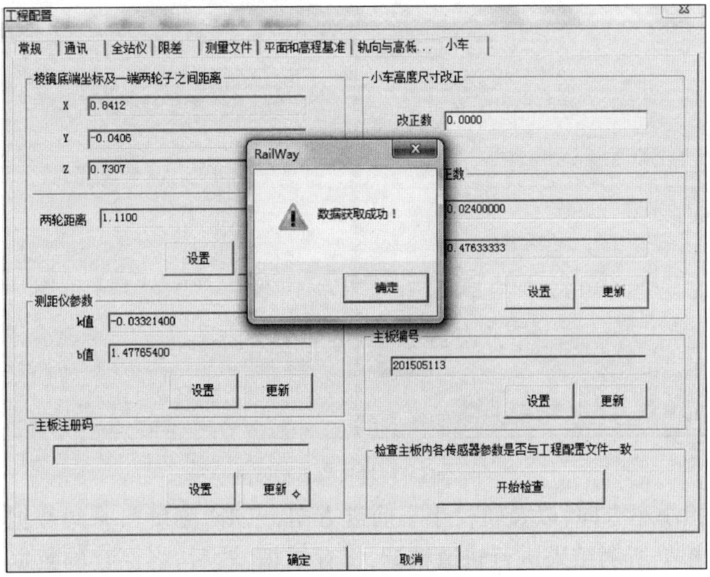

图 4-53　更新小车数据对话框

（4）检查小车与全站仪通信，点击右侧全站仪图标，出现"全站仪命令"对话框，点击"检查全站仪气泡"，出现"检查结果"对话框，如图4-54所示。

（5）校核轨检小车，点击传感器图标，弹出如图4-55所示的对话框，根据提示进行校核，点击接收图标，根据提示，将轨检小车翻转180°，平稳安放在原来位置。点击接收，出现校核传感器的数值，保存结果，弹出"数据写入成功"对话框，点击"确定"。

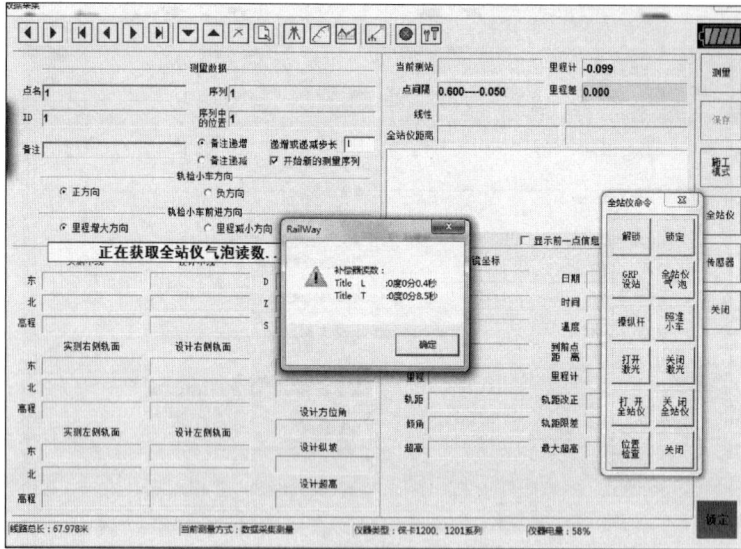

图 4-54　检查全站仪气泡对话框

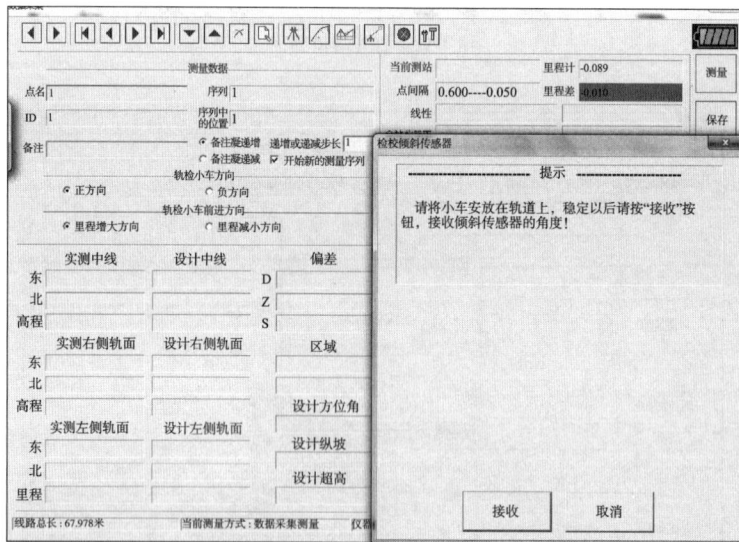

图 4-55　校核轨检小车界面

（6）选择轨检小车方向，以及轨检小车前进方向，点击"测量"，采集数据，出现测量结果如图 4-56 所示，根据所测结果进行轨道精调，保存数据；然后，将保存的数据生成报表形式，导入 TDES 软件，进行轨道平顺性分析与调整。

4.轨道精调方法

（1）轨道精调原则

①在轨道精调软件中，平顺性指标可通过对主要参数（平面位置、轨距、高程、水平）指标曲线图的"削峰填谷"的原则来实现，最终使直线顺直，曲线圆顺。

②先轨向，后轨距。轨向的优化通过调整高轨的平面位置来实现，低轨的平面位置利用轨距及轨距的变化率来控制。

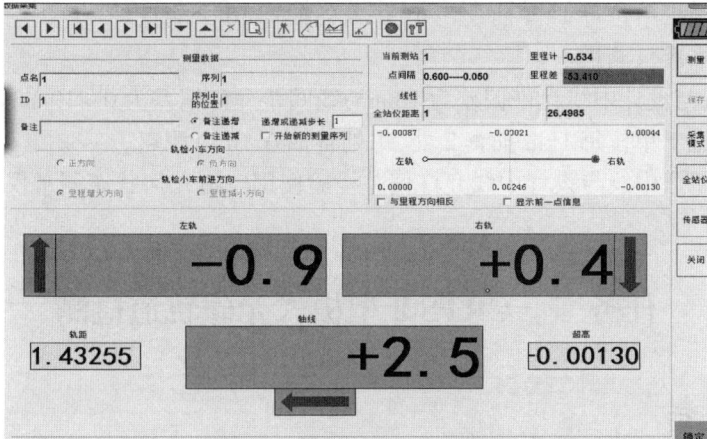

图 4-56 轨道精调测量结果界面

③先高低,后水平。高低的优化通过调整低轨的高程来实现,高轨的高程利用超高和超高变化率(三角坑)来控制。

④符号法则:以面向大里程方向定义左右;平面位置:实际位置位于设计位置右侧时,调整量为负,反之为正;轨面高程:实际位置位于设计位置上方时,调整量为负,反之为正。

(2)施工现场轨道精调方法

①轨距、轨向调整。

轨距、轨向调整通过更换轨距挡块来实现。根据设计要求,WJ-8C 扣件系统的单股钢轨左右位置调整量为 ±5mm;轨距调整范围为 ±10mm。轨距调节是通过更换不同宽度的轨距挡板,实现 ±5mm 范围内的横向调节,每步调节 1.0mm。

②高低、水平调整。

高低、水平通过更换轨垫来实现。根据设计要求,WJ-8C 扣件系统的高程调范围为 −4 ~ +26mm。高度调整可通过更换轨下垫板、在轨下垫板与铁垫板间垫入轨下微调垫板,在铁垫板下弹性垫板与轨道板承轨面间垫入铁垫板、下调高垫板实现。当调高范围为 −4 ~ 0mm 时,可通过更换不同规格的轨下垫板实现。

③轨道静态平顺度允许偏差应符合表 4-12 的规定。

轨道几何状态静态平顺度允许偏差及检验方法　　　　　　　　　表 4-12

序　　号	项　　目		平顺度允许偏差(mm)	检 测 方 法
1	轨距		±1	轨道几何状态测量仪
2	高低	弦长 10m	2/10m	
		弦长 30m	2/5m	
		弦长 300m	10/150m	
3	轨向	弦长 10m	2/10m	
		弦长 30m	2/5m	
		弦长 300m	10/150m	
4	扭曲	基长 6.25m	2	
5	水平		1	

在满足轨道平顺度要求的情况下,轨面高程允许偏差为 −6 ~4mm,紧靠站台为0 ~4mm。

检验数量:施工单位每1km抽查2处,每处各抽查10个测点。

检验方法:水准仪测量。

④轨道中线与设计中线允许偏差为10mm;线间距允许偏差为0~10mm。

检验数量:施工单位每1km抽查2处,每处各抽查10个测点。

检验方法:轨道中线与设计中线允许偏差检验使用轨道几何状态测量仪;线间距检验使用尺量。

任务二 CRTSⅡ型板式无砟轨道检测

学习目标

1. 了解 CRTSⅡ型无砟轨道检测的重要性以及检测所需要的设备;
2. 熟悉并理解 CRTSⅡ型无砟轨道检测的内容和要求;
3. 掌握 CRTSⅡ型无砟轨道检测的方法。

任务描述

2005 年,我国成功引进了德国博格板式无砟轨道设计、制造、施工、养护维修及工装、工艺等成套技术。在我国"引进、消化、吸收、再创新"的战略部署下,通过京津城际铁路的工程实践,无砟轨道系统技术总结、系统技术再创新工作,已经形成我国 CRTSⅡ型板式无砟轨道系统成套技术。本任务需要让学生掌握 CRTSⅡ型板式无砟轨道检测方法。

工程案例

沪杭客运专线设计采用 CRTSⅡ型板式无砟轨道,设计速度为350km/h。桥上 CRTSⅡ型板式无砟轨道结构由两布一膜滑动层/高强度挤塑板、混凝土底座板、水泥乳化沥青砂浆调整层和轨道板四部分组成。它们自上而下分别为:20cm 厚混凝土轨道板;2~4cm 沥青砂浆垫层;19cm 厚(直线段)混凝土底座板;"土工布 + 塑料膜 + 土工布"滑动层(简称"两布一膜")。梁缝处 1.5m 范围内为消除梁端转角对底座板的内力,加装5cm 厚高强度挤塑板。路基上 CRTSⅡ型板式无砟轨道板的支承层,采用 C15 素混凝土垫层或干硬性材料压筑成型(也称为水硬性支承层,简称HGT),设计宽度为 3.25m,厚度为0.3m。该工程所采用的施工方法和检测方法适用于 CRTSⅡ型板式无砟轨道结构的高速铁路、客运专线、城际轨道交通等工程的路基、桥上无砟轨道施工工程等。

相关知识

一、CRTSⅡ型板式无砟轨道结构组成以及尺寸

1. 路基上 CRTSⅡ型板式无砟轨道

(1)轨道结构

路基上的 CRTSⅡ型板式无砟轨道主要是由钢轨、配套扣件、预制轨道板、砂浆调整层及

支承层等部分组成,如图 4-57 所示。

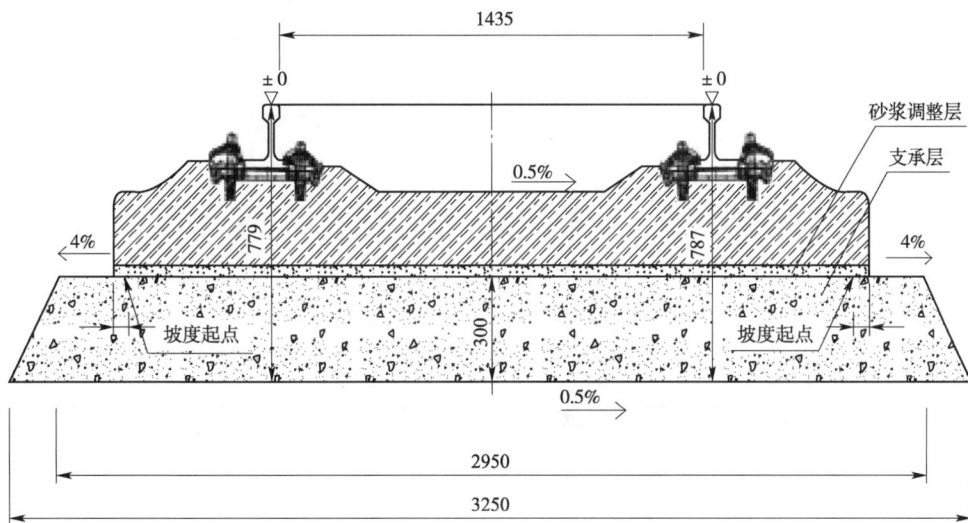

图 4-57　直线路基地段 CRTS Ⅱ 型板式无砟轨道设计横断面细部图(尺寸单位:mm)

(2)形式尺寸及相关技术要求

①轨道板尺寸

轨道结构高度(内轨轨顶面至支承层底面)为 779mm,曲线超高在路基表层上设置;轨道板宽度为 2550mm,厚度为 200mm,标准轨道板长度为6450mm,异型轨道板(补偿板)长度根据具体铺设段落合理进行配置;砂浆调整层理论厚度为 30mm,相关技术条件应符合《客运专线铁路 CRTS Ⅱ 型板式无砟轨道水泥乳化沥青砂浆暂行技术条件》的有关规定。水硬性材料支承层顶面宽度为 2950mm,底面宽度为3250mm,厚度为 300mm;线间 C25 混凝土封闭层最小厚度为150mm。

②技术要求

支承层材料的物理力学性能及施工工艺等性能指标应符合《客运专线铁路无砟轨道支承层暂行技术条件》的相关规定。混凝土结构材料的选定、施工工艺及耐久性措施应该参照《铁路混凝土结构耐久性设计暂行规定》等执行。左右线支承层间填筑矿物混合料,其顶面采用 C25 混凝土封闭。轨道外侧支承层表面采用乳化沥青进行表面处理。直线地段利用线间 C25 混凝土封层上的"人"字坡向线路两侧排水;曲线地段利用线间集水井进行排水。

2. 桥梁上 CRTS Ⅱ 型板式无砟轨道

(1)结构组成

桥梁上 CRTS Ⅱ 型板式无砟轨道主要由钢轨、配套扣件、预制轨道板、砂浆调整层、连续底座板、滑动层、侧向挡块等部分组成,每孔梁固定支座上方设置剪力齿槽,梁缝处设置硬泡沫塑料板,台后路基上设置摩擦板、端刺及过渡板等部分组成,如图 4-58 所示。

(2)形式尺寸及相关技术要求

轨道结构高度:直线地段为 679mm;曲线超高(180mm)地段轨道结构高度为 753mm;其

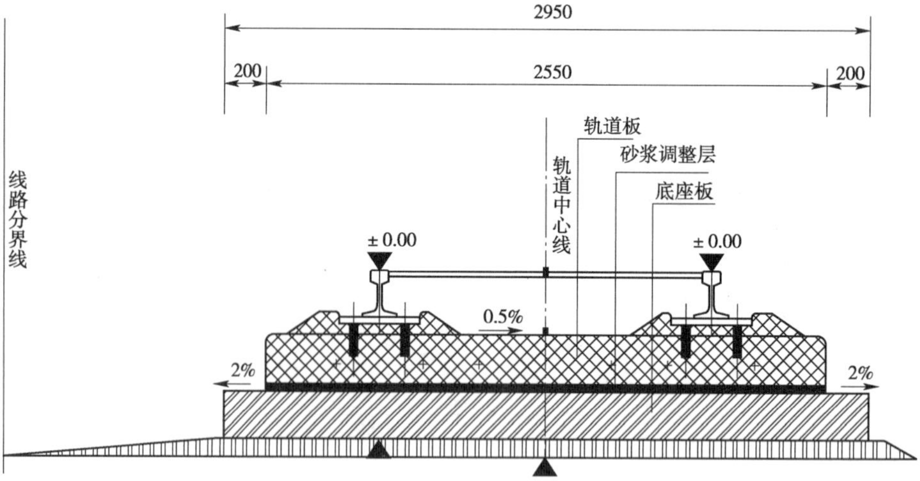

图 4-58　直线桥梁地段 Ⅱ 型板式无砟轨道设计横断面细部图(尺寸单位:mm)

余超高地段,轨道结构高度按线性内插计算确定。轨道板宽度为 2550mm,厚度为 200mm,标准轨道板长度为 6450mm,异型轨道板(补偿板)长度应根据具体铺设段落合理配置。砂浆调整层设计厚度为 30mm。底座宽度为 2950mm,直线地段平均厚度为 200mm,曲线地段应根据超高设计情况计算确定,最大厚度约 500mm,最小厚度约 180mm,全桥纵向连续铺设。

3.隧道内 CRTS Ⅱ 型板式无砟轨道

(1)结构组成

隧道地段 CRTS Ⅱ 型板式无砟轨道主要由钢轨、配套扣件、预制轨道板、砂浆调整层及混凝土支承层等部分组成,如图 4-59 所示。

(2)形式尺寸及相关技术要求

①形式尺寸。

隧道内轨道结构高度为 779mm(内轨轨顶面至支承层底面),曲线超高在轨道结构混凝土支承层上设置,混凝土支承层宽 3.25m,混凝土支承层范围内的隧道结构需要进行拉毛处理。轨道板、砂浆调整层同路基、桥梁地段。

②技术要求。

混凝土支承层材料的物理力学性能及施工工艺等性能指标应符合《客运专线铁路无砟轨道支承层暂行技术条件》的相关规定。

混凝土结构对材料的选定、施工工艺及耐久性措施参照《铁路混凝土结构耐久性设计暂行规定》等规范执行。

二、CRTS Ⅱ 型板式无砟轨道施工工艺流程

CRTS Ⅱ 型板式无砟轨道施工工艺流程如图 4-60 所示。下面按照无砟轨道施工流程具体介绍 CRTS Ⅱ 型板式无砟轨道检测的内容以及所用的设备、检测方法及具体步骤。

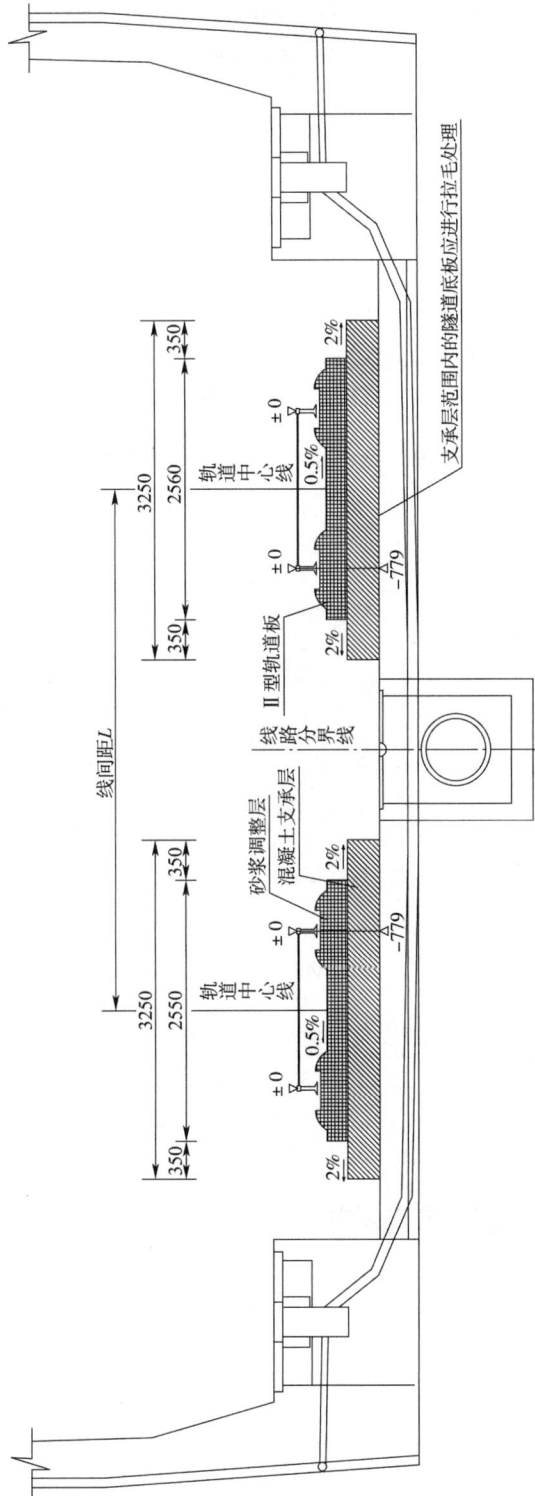

图4-59　隧道地段CRTSII型板式无砟轨道(双直线地段，尺寸单位：mm)

注：隧道设计见相关专业图纸。

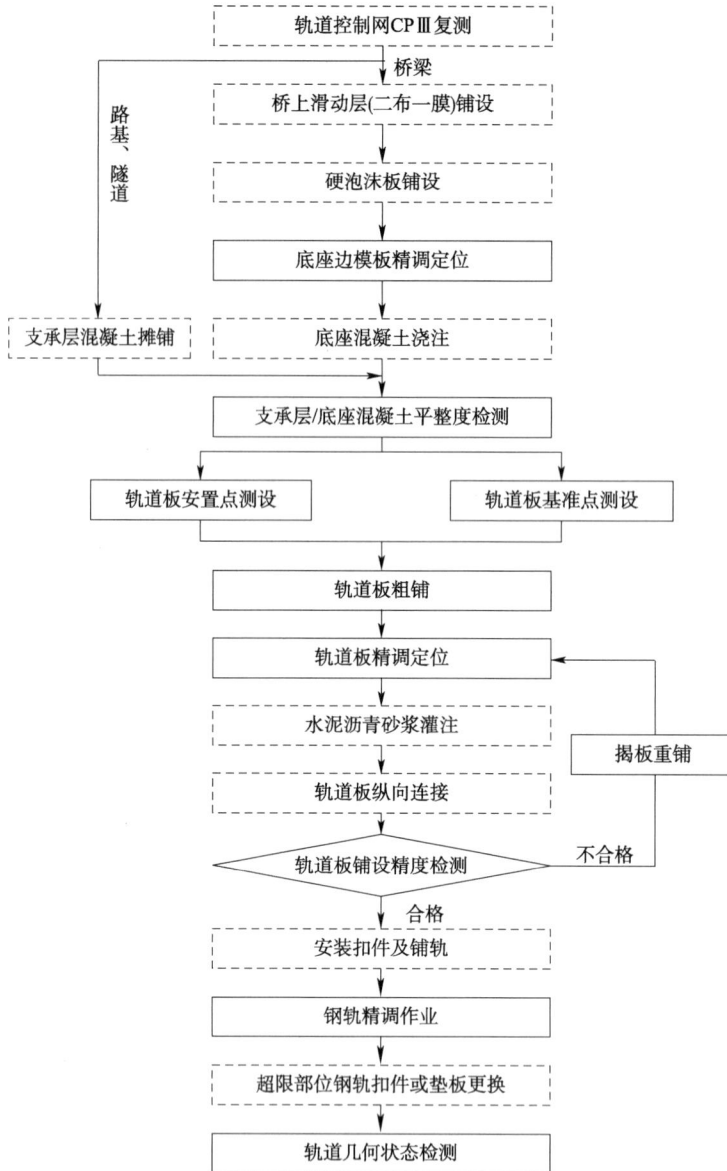

图 4-60　CRTS Ⅱ 型板式无砟轨道施工作业流程图

三、CRTS Ⅱ 型板式无砟轨道检测主要内容

（1）底座（支承层）混凝土边模精确定位。

（2）轨道板外形检测。

轨道板外形检测包括以下内容。

①模具的整体框架检测；

②承轨槽的平整度检测；

③螺栓孔的线性度检测；

④螺栓孔之间的距离检测；

⑤承轨面的倾斜度检测；

⑥承轨斜面的坡度检测；

⑦承轨面的平整度检测；

⑧大钳口和小钳口之间的距离检测；

(3)轨道板精确定位(轨道板精调)。

(4)长钢轨条的精确定位。

任务实施

一、底座(支承层)混凝土边模精确定位

底座(支承层)混凝土边模精确定位作业流程如图 4-61 所示。

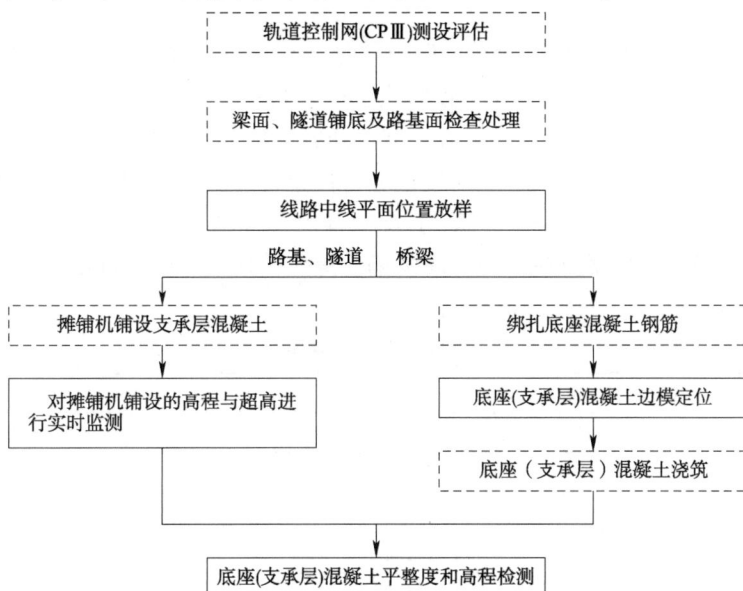

图 4-61　底座(支承层)混凝土边模精确定位作业流程

支承层混凝土采用摊铺机摊铺时,应采用全站仪进行测控,摊铺精度应符合表 4-13 的规定。

摊铺精度的验收标准　　　　　　　　　　　　　　　　　　　　　表 4-13

项　　次	检 测 项 目	允许偏差(mm)	检 验 数 量
1	顶面高程	±5	每5m检查1处
2	宽度	+15　0	每5m检查3处
3	中线位置	10	每5m检查3处

轨道板安置点测设作业流程如图 4-62 所示。

轨道板安置点测设应符合下列规定:轨道板安置点位于轨道板横接缝的中央、相应里程中心点的法线上,偏离轨道中线 0.10m。在曲线地段上,安置点应置于轨道中线外侧;在直线地段上,安置点应置于线路中线同一侧。安置点的位置应以轨道中线为基准,垂直于钢轨顶面连线,投影到底座或支承层表面上,如图 4-63 所示。

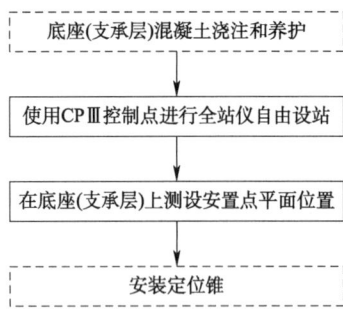

图 4-62 轨道板安置点测设作业流程图

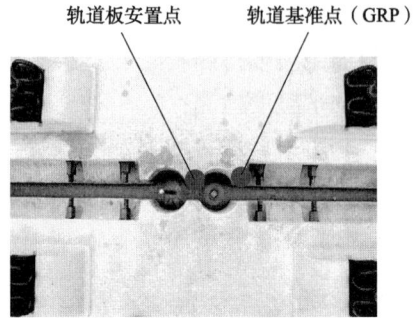

图 4-63 轨道板安置点与轨道基准点位置示意图

二、轨道板外形检测(相关数字资源见二维码 8)

1. 检测的内容和指标

CRTS Ⅱ 型板式无砟轨道板尺寸在工厂预制时,标准尺寸为 6450mm × 2250mm × 200mm,为部分预应力混凝土板的结构。CRTS Ⅱ 型轨道板模板应采用具有足够强度、足够刚度和稳定性的钢模版。模板应能够保证轨道板各部形状、尺寸及预埋件的准确位置。对应在每天作业前模板进行检查,检查内容主要包括:外观、平整度。定期检查每月进行一次,主要检查内容包括长度、宽度、厚度、承轨槽细部尺寸、平整度及模板间的高度偏差等。模板尺寸的允许偏差值应符合表 4-14 中所规定的允许偏差值。

8-CRTS Ⅱ 型轨道板测量概述

模板尺寸允许偏差

表 4-14

项 目		允 许 偏 差
框架	四边翘曲(mm)	±0.5
	四边旁弯(mm)	±1.0
	整体扭曲(mm)	±1.0
底板	定位孔间距离(mm)	±0.1
	平整度(mm)	±2.0
	承轨槽的平整度(mm)	纵向 ±0.3,横向 ±0.15
承轨槽	钳口距离	+0.1/−0.5
	承轨面与钳口面的夹角(°)	±0.5
	承轨面坡度	1:37 ~ 1:42
	套管定位孔距离(mm)	±0.1
组装后一套模板	宽度(mm)	±5.0
	长度(mm)	±5.0
	厚度(mm)	±5.0/0
	预埋套管直线度(mm)	±1.0
	承轨台承轨槽平整度(mm)	±0.3
	承轨槽直线度(mm)	±0.3
	承轨槽向外钳口距离(mm)	±0.3
	精轧螺纹钢筋定位孔间的距离(mm)	±3.0

项 目		允 许 偏 差
组装后一个台座模板	模板之间高程度偏差(mm)	<1.0
	挡板底面到模板底面的垂直距离(mm)	±1.0
	相邻模具之间距离(mm)	±2.0
	张拉中心到模板底面的距离(mm)	±2.0

轨道板外形尺寸检查允许偏差应满足《客运专线铁路 CRTS Ⅱ 型轨道板(有挡肩)暂行技术条件》的规定,具体内容见表 4-15 所示。

轨道板外形尺寸检查允许偏差   表 4-15

序 号	检 测 项 目		允 许 偏 差
1	长度(mm)		±5.0
2	宽度(mm)		±5.0
3	厚度(mm)		±5.0/0
4	精轧螺纹钢筋外露长度(mm)		±5.0
5	预应力筋位置(mm)		±3.0
6	成品板承轨台	1~20 个承轨台拱高实际高差与标准高差的偏差(10 个承轨台测量基础上,测量长度为 5.58m)(mm)	±1.0
		1~20 个承轨台拱高实际高差与标准高差的偏差(3 个承轨台测量基础上,测量长度为 1.3m)(mm)	±0.5
		单个承轨台钳口间距(mm)	±0.5
		承轨面与钳口面夹角(°)	±1
		轨底坡度(°)	±0.1
		承轨台之间钳口间距(mm)	±1.0
7	其他预埋件位置及垂直歪斜(mm)		1

CRTS Ⅱ 型轨道板(无挡肩)外形尺寸偏差应符合《客运专线铁路 CRTS Ⅱ 型轨道板暂行技术条件》的规定,具体内容见表 4-16。对模板的要求同有挡肩模板。模板经检验合格后方可投入使用,且应实行日常检查和定期检查,检查结果应记录在模板检查表中。模板尺寸的允许偏差同样应符合表 4-14 规定。

轨道板外形尺寸偏差要求   表 4-16

序 号	检 验 项 目	允 许 偏 差
1	长度(mm)	±5.0
2	宽度(mm)	±5.0
3	厚度(mm)	±5.0
4	标记线(板中心线,钢轨中心线)位置	±1.0
5	精轧螺纹钢筋外露长度(mm)	±5.0
6	预应力筋位置(mm)	±3.0

序 号	检 验 项 目		允 许 偏 差
7	扣件安装面及预埋套管	平面度(1 列)(mm)	±1.0
		直线度(mm)	±1.0
		中心位置距纵向对称面(mm)	±1.0
		保持轨距的两套管中心距(mm)	±1.0
		保持同一铁垫板位置的两相邻套管中心距(mm)	±1.0
		歪斜(距顶面 120mm 处偏离中心线距离)两套管中心距(mm)	2
		凸起高度(mm)	0,−0.5
		其他预埋件位置及垂直歪斜(mm)	1.0
8	板顶面	轨道板四角的承轨面水平(mm)	±1.0
	平整度	单侧承轨面中央翘曲量(mm)	≤2.0

2. 检测设备

轨道板厂的模具安装后对于精度的检测和实验板的线性度测量与分析是轨道板厂测量工作中的核心任务,同时也是一项必不可少的步骤。

测量所需要的设备包括:高精度全站仪、专用附件、检测软件等。具体要求如下:

(1)高精度全站仪

采用测角精度≤1″,测距精度为≤1mm + 2ppm 的高精度全站仪,如徕卡 TCA2003、1201,索佳 NET05 等。高精度全站仪具有自动跟踪、自动照准的功能,在保证精度的前提下,极大地提高了测量工作的效率。测量方式可以使用无线遥控单元或有线连接的方式,直接用软件控制全站仪进行测量、计算。也可先用全站仪测量检测点坐标,再导入检测软件进行计算。

(2)高精度水准仪

在轨道板模具和轨道板高程的检测中,采用日本索佳公司的 SDL30M 电子水准仪或瑞士徕卡公司的 DNA03 电子水准仪进行高程数据的采集。上述设备每公里往返测高程精度分别为 ±0.4mm 和 ±0.3mm,可以自动采集数据,并能通过软件及时、快速、高效地处理数据,极大地提高了工作的效率。

(3)检测所需专用附件

针对 CRTS Ⅱ 型轨道板(无挡肩),采用球形棱镜配合专用的螺栓孔插入机构—螺栓孔检测棱镜,可以保证棱镜位于扣件螺旋孔的圆心,并保证测量的高程面是轨道板的平整面,可以避开螺旋孔的凸出和凹陷的问题。因此 CRTS Ⅱ 型轨道板检测所需的设备可参照 CRTS Ⅰ型轨道板检测设备。

3. 检测方法

CRTS Ⅱ 型轨道板(有挡肩)实验板的数据采集通常是采用全站仪、专用基座和小棱镜对模具安装后的实验板进行数据采集。使用专用基座配合小棱镜,密贴轨道板最外侧的承轨槽,得到轨道板的承轨槽处点的三维坐标。按顺时针方向测量全部 20 个承轨槽,从而得到轨道板的全部平面数据。高程数据的采集,采用电子水准仪和强磁尺垫进行测量。

打磨以后的成品轨道板需要再进行测量,测量的目的是检测成品板各个参数,同时也可以检测打磨机是否需要调整。测量的方法和测量毛坯板的方法一样,唯一不同的就是成品板的检测是在打磨机床上进行的。

毛坯板预制好以后,需要从 27 块中拿出 2 块进行测量,目的是为了检测模具是否有变形、是否需要调整。对于毛坯板的检测主要包括两个部分,一个是钢模检测,另一个是钢板检测,如图 4-64 所示。

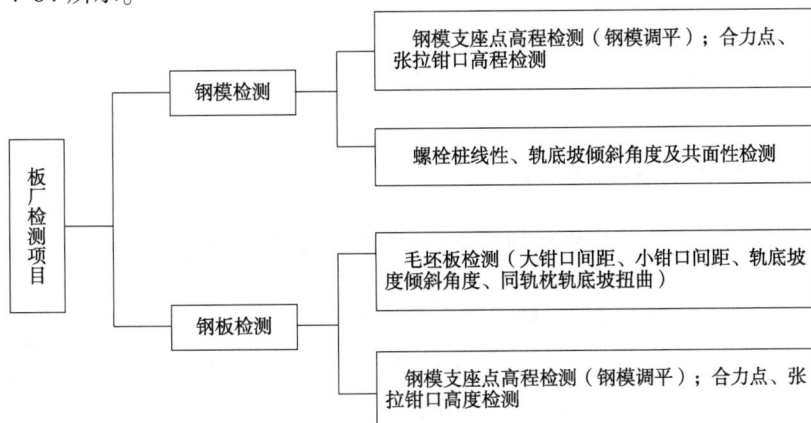

图 4-64 毛坯板检测

对于设计 CRTS Ⅱ 型轨道板(无挡肩)的快速而又有效的检测方法是:采用高精度全站仪,测量放置在轨道板上的 4 列螺栓孔上的专用棱镜,得其三维坐标,如图 4-65 所示,利用软件分析轨道板的线性度和平整度,来检测轨道板的线性度和平整度是否合格。同时采用高精度加工的工装对轨道板的半圆形缺口直径、轨道板的长和宽分别进行测量。

轨道板检测测量方法应根据《客运专线铁路 CRTS Ⅱ 型轨道板(有挡肩)暂行技术条例》的规定。使用上述检测设备,对现场的 CRTS Ⅱ 型轨道板模具进行数据采集。数据采集主要包括:CRTS Ⅱ 型轨道板螺栓孔 40 个,承轨槽斜面上 80 个点(按顺序采集每个槽里 8 个点坐标,软件自动抽取螺栓孔坐标计算),边框 12 点,钢筋定位孔 12 个。

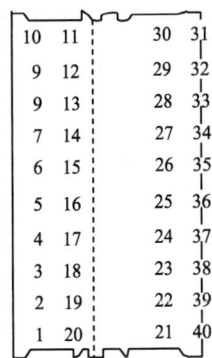

图 4-65 螺栓孔的观测顺序

在全站仪自由设站下进行数据采集,对采集的数据进行以下分析:

①CRTS Ⅱ 型轨道板的总体框架:边框的每条边测量 2 个端点和中心点的坐标,边框 12 个点坐标,用于定位模具的框架;

②CRTS Ⅱ 型轨道板螺栓孔的线性度和平整度;测量 CRTS Ⅱ 型轨道板 40 个螺栓孔坐标,可以确定每个竖列 10 个螺栓孔相对于假定中线的距离来分析螺栓孔的线性度,根据高程确定 1 竖列 10 个螺栓孔的平整度;

③螺栓孔之间的距离:螺栓孔之间的距离通过 CRTS Ⅱ 型轨道板 40 个螺栓孔坐标来计算;

④承轨槽的平整度:通过测量承轨槽的 40 个点坐标,计算其平整度;

⑤《客运专线铁路 CRGS Ⅱ 型轨道板(有挡肩)暂行技术条例》中总体框架中 7、8、9 项检测内容(重点和难点):通过承轨槽测量的 80 个点以及螺栓孔 40 个点坐标来计算;

⑥钢筋定位孔的位置:用钢筋定位孔坐标来计算;

⑦1:40坡度:根据螺栓孔计算;

⑧110°夹角:根据每个承轨槽斜面上4个点、螺栓孔2个点计算;

⑨大小钳口:根据每个承轨槽斜面上4个点、螺栓孔2个点计算。

对于上述数据的采集可根据实际情况进行精简抽查。采集的数据经分析可得到现场模具和轨道板的全部数据。高程数据的采集,采用电子水准仪和强磁尺垫进行测量。平面和高程数据以GSI的格式进行保存,输入南方高铁Ⅱ型板检板软件,计算最终三维数据,并进行分析。

三、CRTS Ⅱ型板式无砟轨道板精调

1. CRTS Ⅱ型板式无砟轨道板精调设备(相关数字资源见二维码9)

(1)测量部分

CRTS Ⅱ型板精调测量部分采用的仪器是高精度的全站仪,主要型号有瑞士徕卡TCA2003、TCA1201,天宝S8等全站仪,和CRTS Ⅰ型板采用的仪器一样,能够确保测量的精度和可靠性。除此之外,还有精密加工的专用三脚架,用于放置全站仪和后视定向棱镜,强制对中消除测量误差,如图4-66所示。

9-CRTS Ⅱ型无砟轨道板精调设备和原理

图4-66 强制对中三脚架(相关数字资源见二维码9)

(2)工控部分

工控部分采用工业级别的电脑来运行CRTS Ⅱ型板精调软件,具备可靠的野外作业能力和数据处理速度。具体设备和附件等可以参见CRTS Ⅰ型轨道板精调的仪器设备。

(3)其他配件

配套使用的附件主要有CRTS Ⅱ型精调标架,该精调标架与CRTS Ⅰ型精调标架不一样,如图4-67所示,它一共由5个标架组成,两端的形状也不一样,处理精调标架还有GRP机标钉、GRP精密测量小基座、球形棱镜和强磁尺垫。处理以上硬件设备,还包括精调软件设备,该精调软件与CRTS Ⅰ型精调软件操作差不多,可参照CRTS Ⅰ型精调软件操作。

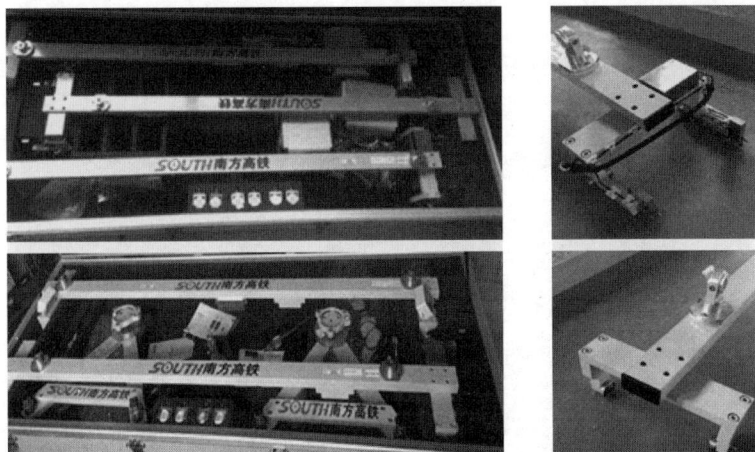

图 4-67　CRTS Ⅱ型精调标架

2. CRTS Ⅱ型板式无砟轨道板精调步骤(相关数字资源见二维码 10)

CRTS Ⅱ型板式无砟轨道板的精调流程如图 4-68 所示。

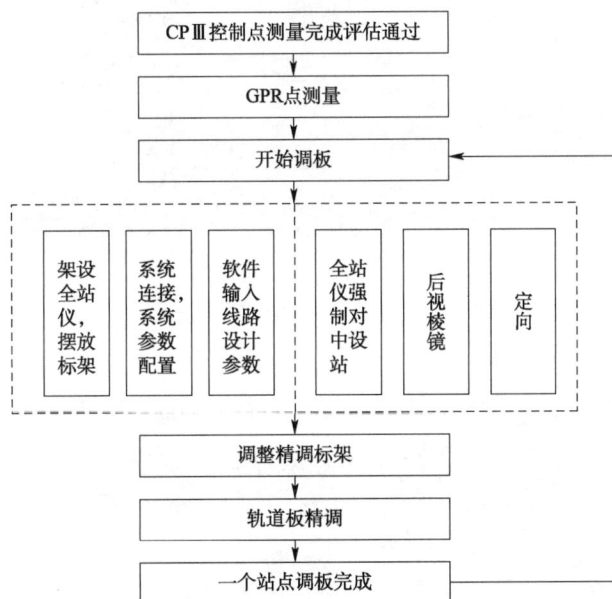

10-CRTS Ⅱ型无砟
轨道精调

图 4-68　CRTS Ⅱ型板式无砟轨道板的精调流程

①连接设备。

连接工控机和外置电池。

②输入轨道板文件、检查标架,棱镜和传感器等设备。

③架设全站仪和后视棱镜。

设站和定向的已知坐标需要事先进行输入备用。全站仪的定向在利用基准点作为定向点观测后,还需参考前一块板已铺设好的轨道板上的最后一对支点,以消除搭接误差。如出现果基准网有超常误差,如因承轨台的变形引起高度上的变化,必须先将误差改正后再进行测量,确保轨道板之间的连接有很高的相对精度。

④安放精调标架。

将 4 个精调标架分别放置在轨道板 1 号、5 号、10 号以及上一块 10 号承轨台上,如图 4-69 所示。

图 4-69　精调标架的摆放图

⑤启动轨道板精调软件测量,测出完整测量结果如图 4-70 所示。再根据偏差值进行调板。CRTS Ⅱ 型板式无砟轨道板精调施工现场如图 4-71 所示。

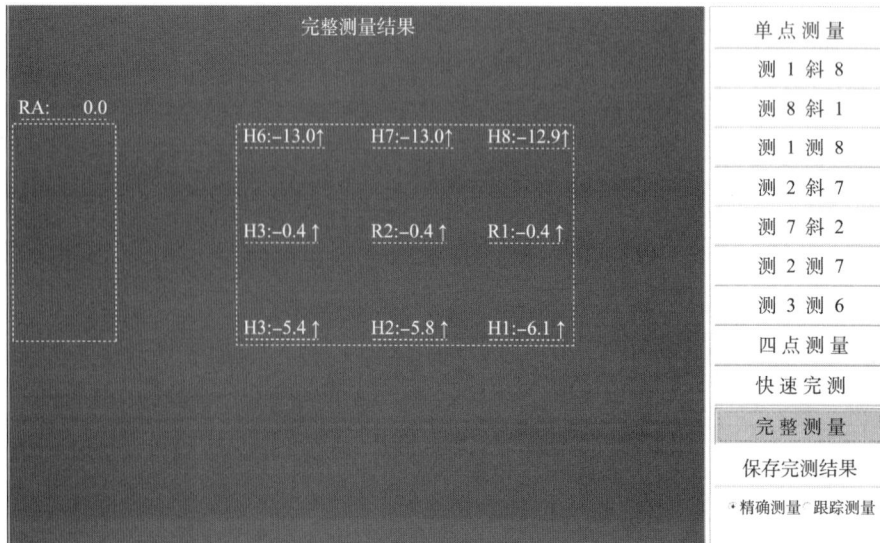

图 4-70　CRTS Ⅱ 型无砟轨道板完整测量

图 4-71　CRTS Ⅱ型无砟轨道板精调施工现场图

3. CRTS Ⅱ型板式无砟轨道板精调方法

①调整搭接端,将当前调整板和已调整好的轨道板大体一致,可以借助一些辅助装置。

②测量人员通过软件指挥全站仪观测轨道板的头、尾的水平及竖向位置,得出偏差数据再进行精确调整。

③通过全站仪对中部的棱镜进行测量,消除轨道板中部的弯曲误差。此处仅有上下移动,没用水平移动。

④所有测量都结束后,由负责精调组长决定是否进行继续调整,成果是否满足了限差要求,满足的条件后,对精调后的数据再进行存储。做好成果记录后,转入下一块轨道板的调整,依此类推。这里需要注意的是,进行轨道板精调的前提是轨道板的中部是悬空的,即中部调节件要能够自由活动。

知识链接

RTS Ⅱ型板的精调中的检查工作包括以下内容。

(1)检查定向。

检查定向点的位置偏移。如果位移偏大,需要重新定向。

(2)检查补偿器。

检查全站仪的倾斜补偿器的范围是否超限。如果超限,需要重新整平全站仪。

(3)校核标架。

该项工作是每个工作日精调作业前必须做的准备工作,以保证标架不出现任何变化(如变形、受强力影响等)。校核标架界面如图 4-72 所示。因为制造出来的标架不可能是一模一样的,所示此功能用来保证确定各棱镜在平面和高程上所拥有的改正值,以达到整个轨道板精调过程的一致性。

四、CRTS Ⅱ型板式无砟轨道长钢轨条的精调

CRTS Ⅱ型板式无砟轨道长钢轨条的精调原理以及设备和方法和 CRTS 型板式无砟轨道长钢轨条的精调几乎完全一样,所以可以参照上一节 CRTS 型无砟轨道长钢轨条的精调内容。

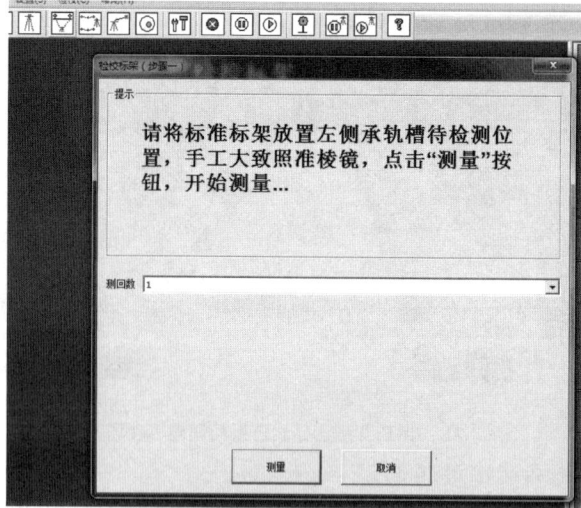

图 4-72　校核标架界面

任务三　CRTSⅢ型板式无砟轨道检测

学习目标

1. 了解 CRTSⅢ型无砟轨道检测的重要性以及检测所需要的设备；
2. 熟悉并理解 CRTSⅢ型无砟轨道检测的内容和要求；
3. 掌握 CRTSⅢ型无砟轨道检测的方法。

任务描述

　　根据目前无砟轨道的建设及运营经验分析,单元板式无砟轨道采用预制板,因为它施工速度快、可维修性强,结构承力与传力路线明确,但 CA 砂浆是其薄弱环节。纵连板式无砟轨道采用打磨的带预裂缝的预制板,板间进行纵向连接,由于桥上结构复杂,所以需要设置限位凸台,影响美观,同时板间连接处也容易开裂。双板式无砟轨道道床板较厚,结构连续,但道床板本身及新、旧混凝土界面容易开裂,影响结构外观与使用的耐久性。随着国内对无砟轨道结构认识和研究的深化,我国完全有条件研发新型无砟轨道结构,使该种新型无砟轨道在受力状态、经济性、施工性、可维修性及耐久性等方面兼备板式轨道和双块式轨道的优点,并尽可能克服其缺点。在总结和创新的基础上,提出了新型无砟轨道(即 CRTSⅢ型板式无砟轨道),本任务要求学生熟练掌握 CRTSⅢ型板式无砟轨道的检测内容和方法。

工程案例

　　沈阳至丹东铁路客运专线 TJ-3 合同段三工区起讫里程 DK177 + 480.1 ~ DK190 + 211.86,辖区经过丹东东汤镇和汤山城镇,正线全长为 12.73km。线路包括 8 座桥梁、4 座隧道、10 段路基,其中桥梁总长为 7.229km、隧道总长为 3.805km、路基总长为 1.697km。全线采用 CRTS Ⅲ型板式无砟轨道结构设计形式。

CRTS Ⅲ型板式无砟轨道由钢轨、弹性扣件、轨道板、自密实混凝土层、隔离层、底座等部分组成。路基、桥梁、隧道地段无砟轨道结构高度分别按842mm、742mm、742mm设计。

CRTS Ⅲ型板式无砟轨道板厚210mm，承轨台厚38mm，混凝土强度等级为C60。标准轨道板包括P5600、P4925、P48563种。底座为钢筋混凝土结构，混凝土强度等级为C40，采用单元式结构。桥隧底座宽度为2 900mm，直线地段底座厚度为184mm；路基底座宽度为3 100mm，直线地段底座厚度为284mm；曲线地段根据具体超高确定。底座与轨道板之间的自密实混凝土层为单元结构，长度和宽度同轨道板，都是厚100mm。采用强度等级为C40的混凝土，配置单层CRB550级冷轧带肋钢筋焊网。

相关知识

一、CRTSⅢ型板式无砟轨道概述

1. CRTSⅢ型板式无砟轨道定义

CRTSⅢ型板式无砟轨道结构是将预制轨道板通过自密实混凝土调整层，铺设在混凝土支承层或现场浇筑的钢筋混凝土底座（桥梁）上，并对每块预制轨道板进行限位，适应ZPW-2000轨道电路的连续轨道板无砟轨道结构形式，如图4-73所示。

图4-73　CRTSⅢ型板式无砟轨道

2. CRTSⅢ型板式无砟轨道结构组成

CRTSⅢ型板式无砟轨道由钢轨、弹性扣件、有挡肩的轨道板、自密实混凝土层、土工布隔离层、混凝土底座板等部分组成，如图4-74所示。相关数字资源见二维码11。

图4-74　CRTSⅢ型板式无砟轨道结构

11-CRTSⅢ型无砟轨道结构

119

3. CRTS Ⅲ 型板式无砟轨道板的尺寸

目前,CRTS Ⅲ 型板式无砟轨道板常见的有 4 种类型,分别是 P5600、P5350、P4925 和 P4856,其中数字 5600、5350、4925 以及 4856 分别代表各自型号轨道板的长度,这 4 种类型轨道板的宽度和厚度都是一样的,宽度都是 2500mm,厚度都是 190mm。其中后 3 种类型每块板布置 8 对扣件节点,第一种类型布置 9 对扣件节点。下面,我们具体来看一下 P5600 型的轨道板的具体尺寸如图 4-75 所示,长度为 5600mm,宽 2500mm,厚 190mm,每块板上有 9 对承轨台,板上相邻两个扣件间距为 630mm。路基地段轨道结构高度为 838mm,桥梁、隧道地段轨道结构高度为 738mm。轨道超高在底座上设置,采用外轨抬高的方式,并在缓和曲线完成过渡。

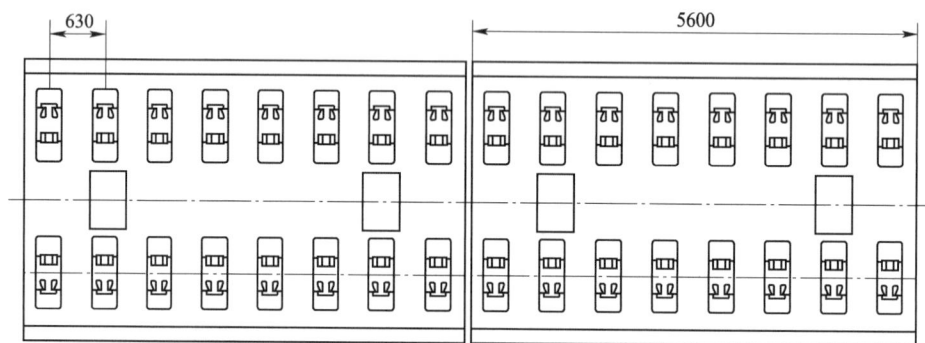

图 4-75　CRTS Ⅲ 型板式无砟轨道板具体尺寸图(尺寸单位:mm)

二、CRTS Ⅲ 型板式无砟轨道施工流程

CRTS Ⅲ 型板式无砟轨道施工流程如图 4-76 所示。

三、CRTS Ⅲ 型板式无砟轨道的检测内容和方法

按照轨道结构自上到下的顺序,CRTS Ⅲ 型板式无砟轨道检测内容主要包括长钢轨条的检测、轨道板检测、自密实混凝土材料的检测、混凝土底座板的检测以及轨道下部结构的路基检测。

任务实施

一、混凝土底座板的检测

1. 混凝土底座模板的检测

对高程、钢筋相关数据进行复核无误后,再次清理杂物后,报监理工程师进行验收,验收合格后进行模板安装。按底座设计位置与高程支立模板,设置外侧支撑,确保底座的外形尺寸符合要求;底座模板采用可调高式模板,满足混凝土底座高程控制要求。底座模板如图 4-77所示。

```
┌─────────────────────────────┐
│      线下工程沉降变形观测评估      │
└─────────────────────────────┘
                │
                ▼
┌─────────────────────────────┐
│       无砟轨道铺设施工准备        │
└─────────────────────────────┘
                │
                ▼
┌─────────────────────────────┐
│      路基面(梁面或隧底)清理       │
└─────────────────────────────┘
                │
                ▼
┌─────────────────────────────┐
│       CPⅢ控制网测设与评估        │
└─────────────────────────────┘
                │
                ▼
┌─────────────────────────────┐
│        底座钢筋模板施工          │
└─────────────────────────────┘
                │
                ▼
┌──────────────┐    ┌─────────────────────────────┐
│  混凝土生产运输  │───▶│        底座混凝土施工           │
└──────────────┘    └─────────────────────────────┘
                              │
                              ▼
            ┌─────────────────────────────┐
            │        CPⅢ测设与评估           │
            └─────────────────────────────┘
                              │
                              ▼
            ┌─────────────────────────────┐
            │  中间隔离层及限位挡台周围弹性垫层铺设   │
            └─────────────────────────────┘
                              │
                              ▼
┌──────────────┐    ┌─────────────────────────────┐
│  轨道板运输及存放 │───▶│ 轨道板吊装、自密实混凝土钢筋焊接网片  │
└──────────────┘    │ 与轨道板底部门式钢筋连接绑扎       │
                    └─────────────────────────────┘
                              │
                              ▼
            ┌─────────────────────────────┐
            │            粗铺              │
            └─────────────────────────────┘
                              │
                              ▼
            ┌─────────────────────────────┐
            │         轨道板精确调整          │
            └─────────────────────────────┘
                              │
                              ▼
            ┌─────────────────────────────┐
            │        自密实混凝土模板施工        │
            └─────────────────────────────┘
                              │
                              ▼
            ┌─────────────────────────────┐    ┌──────────────┐
            │        自密实混凝土灌注         │◀───│ 自密实混凝土制备及运输 │
            └─────────────────────────────┘    └──────────────┘
                              │
                              ▼
            ┌─────────────────────────────┐
            │          长钢轨铺设            │
            └─────────────────────────────┘
                              │
                              ▼
            ┌─────────────────────────────┐
            │          轨道静态精调          │
            └─────────────────────────────┘
```

图 4-76　CRTSⅢ型板式无砟轨道施工工艺流程图

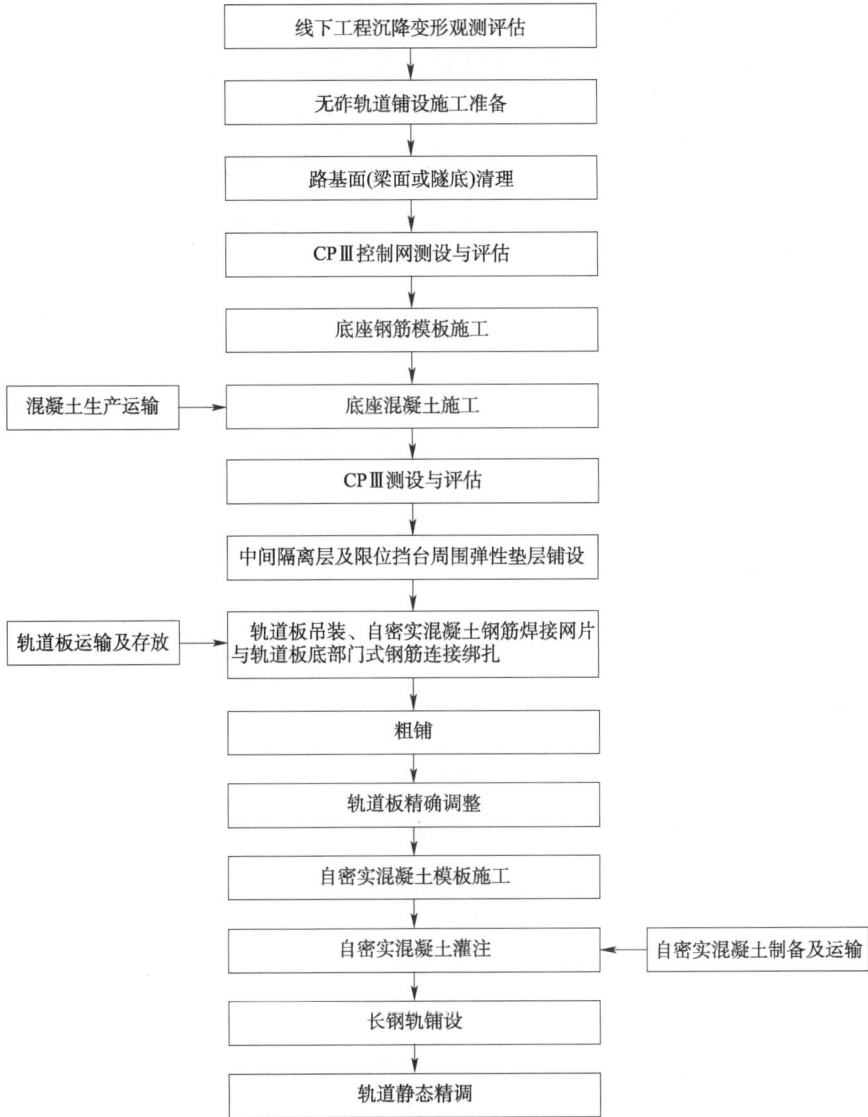

图 4-77　底座模板施工现场

施工时要注意,模板及支架应有足够的强度、刚度和稳定性,安装必须稳固牢靠,接缝严密,不得漏浆;如模板有变形、凸凹、错台等缺陷,应及时打磨、校正处理,确保表面平整光洁,模板与混凝土的接触面应清理干净并涂刷隔离剂,浇筑前应将模板内的积水和杂物清理干净。底座模板安装时的检测内容和方法见表4-17。限位凹槽模板安装允许偏差必须符合表4-18中的规定。

混凝土底座模板模板安装允许偏差及检验数量　　　　表 4-17

序　　号	检测项目	允许偏差（mm）	检查数量
1	施工控制高程	±3	每5m检查1处
2	宽度	±5	每5m检查3处
3	中线位置	2	每5m检查3处
4	伸缩缝位置	5	每条伸缩缝检查1次
5	伸缩缝宽度	±2	每条伸缩缝检查1次

限位凹槽模板安装允许偏差　　　　表 4-18

序　　号	检测项目	允许偏差（mm）	检查方法
1	中线位置	2	尺量
2	顶面高程	±3	水准仪
3	长度和宽度	±3	尺量
4	相邻凹槽中心间距	±5	尺量

2. 混凝土底座板的检测

混凝土结构表面应密实平整、颜色均匀,不得有露筋、蜂窝、孔洞、疏松、麻面和缺棱掉角等缺陷。混凝土底座板、限位凹槽外形尺寸允许偏差分别见表4-19、表4-20。

混凝土底座板外形尺寸允许偏差　　　　表 4-19

序　　号	检测项目	允许偏差（mm）
1	顶面高程	±5
2	宽度	±10
3	中线位置	3
4	平整度	10/3m
5	伸缩缝位置	10
6	伸缩缝宽度	±5
7	底座外侧排水坡	1%

限位凹槽外形尺寸允许偏差　　　　表 4-20

序　　号	检测项目	允许偏差（mm）
1	中线位置	3
2	深度	±5
3	平整度	2/0.5m
4	长度和宽度	±5
5	相邻凹槽中心间距	±10

二、中间隔离层及弹性垫层检测

在铺设轨道板前,应用洁净高压水和高压风彻底对底座板和凹槽进行清洁和清理,保证铺设范围内底座板洁净且无砂石类可能破坏中间隔离层的磨损性颗粒存在。按照测量人员精确放出的轨道板铺设宽度线,铺设土工布,如图4-78所示。隔离层应铺贴平整、无破损,搭接处及边沿应无翘起、空鼓、褶皱、脱层或封口不严的现象,搭接量应满足设计要求。

弹性垫层设置在限位凹槽四周,在设置范围内将泡沫塑料板与混凝土面密贴,用长度为30mm的钢钉将弹性垫条钉在限位凹槽侧面。弹性垫层需平整、无翘起、无气鼓和无褶皱现象,如图4-79所示。除底座内凹槽四周侧壁外,隔离层应覆盖自密实混凝土层范围,可采用宽度为2.6m的隔离层,铺设时隔离层较自密实混凝土四周边缘宽出5cm,且铺设时应平整、无褶皱、无破损的现象发生。

图4-78 隔离层土工布铺设现场图片

图4-79 弹性垫板安装现场图片

三、自密实混凝土检测

当自密实混凝土原材料进场后,试验人员应对原材料的品种、规格、数量以及质量证明书等进行验收核查,并按相关标准的规定取样和复检。经检验合格后的原材料方可进场。对检验不合格的原材料,应按有关规定清除出场。自密实混凝土入模前,试验人员应在监理工程师见证下检测混凝土拌合物的温度、坍落扩展度、扩展时间T500、含气量和泌水率等拌合物性能并一一记录。对于不符合混凝土性能指标的混凝土拌合物严禁使用,并按照废弃混凝土集中处理。具体检测内容和方法详见本书任务六。

四、轨道板检测(相关数字资源见二维码12)

1.轨道板模板检测

(1)检测设备

12-CRTS Ⅲ型板式
无砟轨道板检测

①全站仪:选择具有自动照准及自动测量功能的智能型全站仪,其测角精度须不大于1″,测距精度不大于 $1mm + (1.5 \times 10 - 6D)mm$($D$ 为测量的公里数);

②工控机:采用便携式工业专用笔记本电脑;

③检测工装:采用精密加工的专用检测工装等;软件:采用专业软件进

行现场测量并实时计算偏差。

④测量工具:游标卡尺,百分表等工具。

(2)轨道板模板检测的内容

轨道板采用定型钢模预制,对钢模的平整度和螺栓孔间距要求较高,每套钢模必须经过进场检验,合格后方能使用。模板的检测项目和模具精度见表4-21。钢模的检验分为进场检验、日常检查、定期检查,检查结果应记录在模板检查表中。应在每天作业前对钢模的外观质量及密封性能进行日常检查。定期检查为每月进行一次,检验内容主要包括平面度、承轨槽细部尺寸、预埋套管的横向和垂向偏差等。模板进场及定期检验记录表见表4-22和表4-23。除了检测以上内容,还需要对模板外观质量进行检测。模板的外观质量检查主要内容为模板表面清渣、涂油质量,扣件预埋套管预留孔处是否有杂物、变形,模板四壁是否清渣彻底,各个配件、模板表面是否存在裂纹和破损现象。

模板尺寸允许偏差 表4-21

序　号	检 测 项 目		模 具 精 度
1	整套模板	长度(mm)	±3.0
2		宽度(mm)	±3.0
3		厚度(mm)	±3.0
4	框架	四边翘曲(mm)	±0.5
5		四边旁弯(mm)	±1.0
6		整体扭曲(mm)	±1.0
7	底板	平面度(mm)	±2.0
8		承轨槽的平整度(mm)	纵±0.3 横±0.15
9		承轨槽与底板的高差(mm)	0,-0.5
10	预埋套管	保持轨距的两套管中心距(mm)	±0.5
11		同一承轨槽两相邻套管中心距(mm)	±0.3
12	承轨槽	预埋套管处承轨台横向位置偏差(mm)	±0.3
13		预埋套管处承轨台垂向位置偏差(mm)	±0.3
14		小钳口距离(mm)	±0.3
15		承轨面与钳口面夹角(°)	±0.5°
16		承轨面坡度(轨底坡)	1:38~1:42
17		承轨槽间外钳口距离/mm	±0.5
18	扣件间距	边上螺栓孔距板端距离(mm)	±1.0
19		扣件间距(mm)	±1.0

模板进场检验记录表 表4-22

模板编号			进场时间	
制造厂家			检验时间	
序　号	检测项目		设计参数	模板偏差
1	整套模板	长度(mm)		
2		宽度(mm)		
3		厚度(mm)		

模板编号			进场时间	
制造厂家			检验时间	
序号		检测项目	设计参数	模板偏差
4	框架	四边翘曲（mm）		
5		四边旁弯（mm）		
6		整体扭曲（mm）		
7	底板	平面度（mm）		
8		承轨槽的平整度（mm）		
9		承轨槽与底板的高差（mm）		
10	预埋套管	保持轨距的两套管中心距（mm）		
11		同一承轨槽两相邻套管中心距（mm）		
12	承轨槽	预埋套管处承轨台横向位置偏差（mm）		
13		预埋套管处承轨台垂向位置偏差（mm）		
14		小钳口距离（mm）		
15		承轨面与钳口面夹角（°）		
16		承轨面坡度（轨底坡）		
17		承轨槽间外钳口距离（mm）		
18	扣件间距	边上螺栓孔距板端距离（mm）		
19		扣件间距（mm）		

模板定期检验记录表　　表4-23

模板编号			进场时间	
制造厂家			检验时间	
序号		检测项目	设计参数	模板偏差
1	底板	平面度（mm）		
2		承轨槽的平整度（mm）		
3		承轨槽与底板的高差（mm）		
4	预埋套管	保持轨距的两套管中心距（mm）		
5		同一承轨槽两相邻套管中心距（mm）		
6	承轨槽	预埋套管处承轨台横向位置偏差（mm）		
7		预埋套管处承轨台垂向位置偏差（mm）		
8		小钳口距离（mm）		
9		承轨面与钳口面夹角（°）		
10		承轨面坡度（轨底坡）		
11		承轨槽间外钳口距离（mm）		

（3）检测方法

模具长、宽、厚共测量9个点，即模具框架的4个角、4条边的中点和底板上1个点（图4-80）。依次在9个检测点上放置专用基座及棱镜，完成对边框的测量。测量完成后，采用CRTSⅢ型板式无砟轨道板模具检测、调整及成品板检测软件，完成对整套模板的长、宽、厚的计算与数据输出。该数据不仅可以用于预埋套管的测量，同时也能用于确定扣件间距的计算。

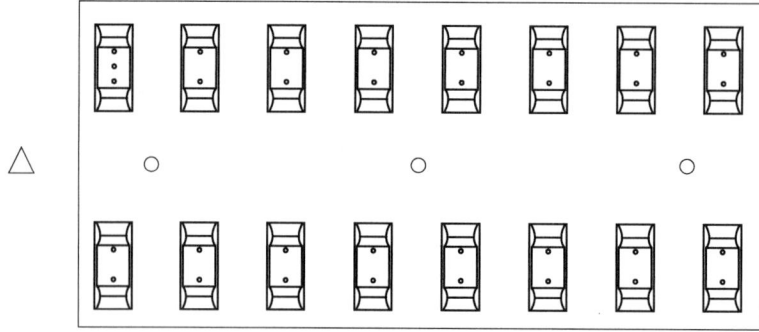

图 4-80 模具测量点示意图

模具底板共需检测 73 个点,即承轨槽 4 个角共 64 个点和底板上 9 个点。采用全站仪依次测量底板上的 9 个点,再按顺序测量承轨槽上的 64 个点。测量完成后,采用 CRTSⅢ型无砟轨道板模具进行检测、调整及成品板检测软件,对水准仪的测量数据进行处理,完成底板平整度、承轨槽平整度的计算与数据输出。承轨槽与底板的高差指标采用棱镜测量。

预埋套管测量共 32 个点,即 16 个承轨槽预埋套管上的 2 个点(图 4-81)。依次在这 32 个点上安放对应的工装及棱镜,完成对预埋套管及承轨槽的测量。二维可调模具可通过测量预埋套管对承轨槽进行调整,直至达到设计要求。大小钳口测量与预埋套管测量相似,也是每个承轨台测量 2 个点,先测量外侧钳口,再测量内侧钳口。将钳口工装卡在承轨台的外表面,再掉转 180°卡在承轨台的内表面。测量完成后,采用 CRTSⅢ型无砟轨道板模具进行检测及调整,完成对预埋套管各项指标和大小钳口距离的测量,并以报表形式存储。

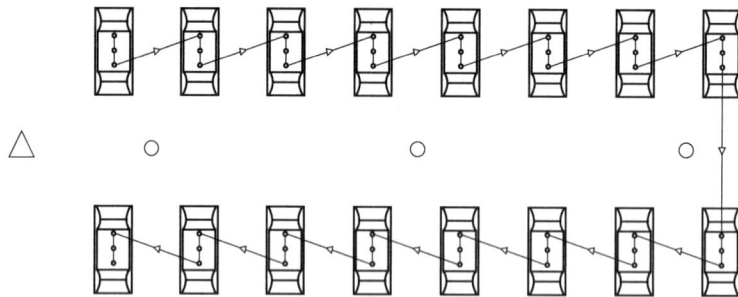

图 4-81 预埋套管测量点示意图

2. CRTSⅢ型板式无砟轨道板成品检测

CRTSⅢ型板式无砟轨道板成品检测可综合 CRTSⅠ型轨道板和 CRTSⅡ型轨道板的检测方法。

(1)CRTSⅢ型板式无砟轨道板检测的内容和技术

轨道板外形尺寸偏差及外观质量应符合表 4-24 要求。

轨道板外形尺寸偏差和外观质量要求 　　　　　　　　　　　　　表 4-24

序　号	检测项目	允许偏差	每批检查数量 (出厂检验)	检验项别
1	长度(mm)	±3.0	10 块	C
2	宽度(mm)	±3.0	10 块	C
3	厚度(mm)	±3.0	10 块	B2

表 4-24

序　号		检测项目	允许偏差	每批检查数量 （出厂检验）	检验项别
4	预埋套管	同一承轨槽两相邻套管中心距(mm)	±0.5	全检	B1
		歪斜(距顶面120mm处偏离中心线距离)(mm)	2.0	全检	B2
		凸起高度(mm)	−1.0,0	全检	B2
5	承轨台	预埋套管处承轨台横向位置偏差(mm)	±0.5	全检	B1
		预埋套管处承轨台垂向位置偏差(mm)	±0.5	全检	B1
		单个承轨台钳口距离(mm)	±0.5	全检	A
		承轨台与钳口面夹角(°)	±1.0	全检	B1
		承轨面坡度(轨底坡)	1:37～1:43	全检	B1
		承轨台间外钳口间距(mm)	±1.0	全检	A
		承轨台外钳口距外侧套管中心距(mm)	±1.0	全检	B1
6		其他预埋件位置及垂直歪斜(mm)	±3.0	全检	C
7	扣件间距	板端螺栓孔距板端距离(mm)	±2.0	10块	B1
		扣件间距(mm)	±2.0	10块	B1
8	板顶面平整度	轨道板四角的承轨面水平(mm)	±1.0	10块	B1
9		单侧承轨面中央翘曲量(mm)	≤1.0	10块	B1
10		板底面平整度	5mm/1m	10块	B1
外观质量					
11		肉眼可见裂纹	不允许	全检	A
12		承轨部位表面缺陷(气孔、粘皮、麻面、裂纹等)(mm)	长度≤20、深度≤5	全检	B2
13		锚穴部位表面缺陷(裂纹、脱皮、起壳等)(mm)	不允许	全检	C
14		其他部位表面缺陷(气孔、粘皮、麻面)(mm)	长度≤80、深度≤8	全检	C
15		轨道板四周棱角破损和掉角(mm)	长度≤50	全检	C
16		预埋套管内混凝土淤块	不允许	全检	A
17		轨道板漏筋	不允许	全检	A
18		承轨台外框低于轨道板面	不允许	全检	B1
19		轨道板刷毛	深度2～3mm	全检	C
20		轨道板底浮浆	不允许	全检	C

注:1. A 类别单项项点数不允许超偏。

2. B1 类别单项项点数的超偏率不大于 5%。

3. B2 类别单项项点数的超偏率不大于 10%。

4. C 类别各单项超偏率点数之和不大于 C 类总项点数的 10%。

（2）CRTS Ⅲ型板式无砟轨道成品轨道板存放检测

轨道板的存放以垂直立放为原则,并采取防倾倒措施。存板台座要求高程一致,坚固、平整,上铺 20mm 厚橡胶垫保证轨道板存放时边角不受损伤,存板台座及轨道板立放实物图如图 4-82 所示。

图 4-82　存板台座及轨道板立放

对存放的轨道板需要进行定期检测,每个存板单元存板以后,在支承基础上做好标记并测量其高程数据,并定期进行测量,分析每个单元的基础变化情况,如发现同一个单元的基础存在不均匀沉降现象则及时卸除轨道板,并对基础进行加固处理,以免轨道板发生翘曲变形的现象,轨道板存放前两天需要每天观测一次,如果没有太大的沉降变形现象发生以后每周检测一次,连续检测四周,其后每两周检测一次。如发现沉降或变形现象应及时转移轨道板。

3. CRTSⅢ型成品轨道板绝缘性能检测

(1)试验设备(单个检测区所需的试验设备)

①LCR 智能测量仪一台;

②长度为 8m 的 60kg/m 钢轨两根(钢轨两端距端部 10cm 的轨腰处各打一个直径为 10mm 的圆孔);

③标准钢包铜连接线一根,长度为 2m、截面面积为 $42mm^2$($\phi1.2mm \times 37mm$),且与两条钢轨的一端采用直接用 10mm 的螺栓压接方式封接;

④直径 9mm 的信号塞头两个。

(2)检测要求

外形外观检测合格后,利用智能 LCR 测量仪进行轨道板绝缘测试,检验项目级别为 A,绝对不允许出现超差。测量电感值相对偏差在 ±3% 以内,电阻值相对偏差不大于 +15%。

4. CRTSⅢ型轨道板粗铺检测

(1)轨道板粗铺工艺流程(图 4-83)

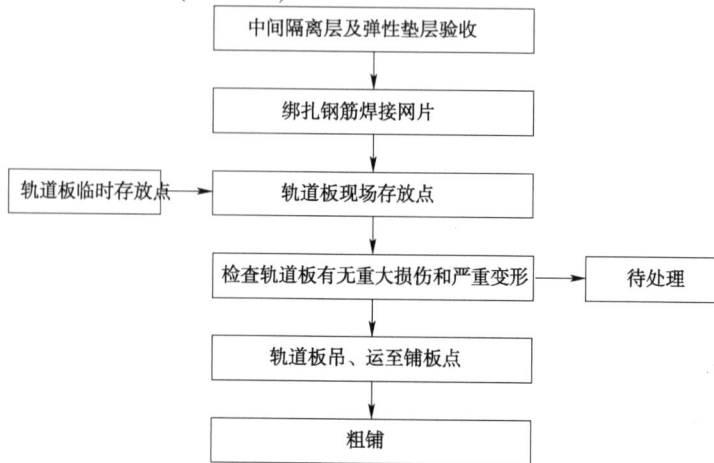

图 4-83　轨道板粗铺工艺流程图

（2）检验内容和技术要求

轨道板粗铺时,应有专人核对轨道板的编号与底座板标示号是否一致,确保轨道板"对号入座"。轨道板粗铺时的位置偏差应做到纵向不应大于 10mm,横向不应大于精调支架横向调程的 1/2 的要求。吊装前应仔细检查钢丝绳及起吊螺栓有无损伤,轨道板型号与底座是否相匹配。轨道板按规定挂上吊钩后,由门吊司机操作起吊至铺设轨道板位置的上方,在接近混凝土支撑层时必须降低下降速度,防止损伤轨道板。钢筋的绑扎安装允许偏差值应符合表 4-25 的规定。

钢筋的绑扎安装允许偏差表 4-25

序　号	项　目		允许偏差（mm）
1	钢筋间距		±20
2	钢筋保护层厚度 c	$c \geqslant 30mm$	+10.0
		$c < 30mm$	+5.0

5. CRTS Ⅲ 型板式无砟轨道板精调

CRTS Ⅲ 型板式无砟轨道板的调板及流程可参照 CRTS Ⅰ 型板式无砟轨道板。

（1）精调设备（相关数字资源见二维码 13）

①全站仪和工控机:参照 CRTS Ⅰ 型板式无砟轨道板的精调设备。

②精调标架:CRTS Ⅲ 型板式无砟轨道板专用精调标架。如图 4-84 所示,一共有 7 个精调标架组成。

图 4-84　CRTS Ⅲ 型板式无砟轨道板专用精调标架

13-CRTS Ⅲ 型板式
无砟轨道板精调

③其他附件:精调圆形棱镜、三脚架等。

④软件:采用专业的 CRTS Ⅲ 型板式无砟轨道板精调软件进行测量及偏差调整。精调软件的测量初始界面如图 4-85 所示。

图 4-85　CRTS Ⅲ 型板式无砟轨道板精调软件测量初始界面

（2）精调准备工作

①轨道板粗铺就位之后，安装精调千斤顶，使用前应对相关部分进行润滑。轨道板在吊装预留孔位置共安装 4 个精调爪，如图 4-86 所示，可进行三维调整。

图 4-86　CRTSⅢ型板式无砟轨道板精调爪

②线路设计参数：平面曲线设计和纵曲线设计要素等。

③精密测量控制点坐标：根据以往经验，在精调无砟轨道板时，建立精密测量控制网 CPⅢ，得到高精度控制点坐标，保证轨道板精调精度。

④软件配置：普通参数、文件、全站仪通信、限差、棱镜设置软件。

⑤数据录入：设计院提供的平面曲线设计和纵曲线设计要素。

⑥文件准备：每块轨道板的设计文件。

（3）精调方法和具体步骤（相关数字资源见二维码 14）

精调定位方法：以轨道 CPⅢ 控制点的平面和高程为测量基准，全站仪自由设站应符合《高速铁路工程测量规范》的规定；轨道板精调作业采用棱镜标架法定位；棱镜标架法测量装置为螺栓孔速调标架；球形棱镜安放在测量装置上，用于全站仪测量。

14-CRTSⅢ型板式无砟轨道板精调设备及原理

轨道板精调步骤如下所示。

①当轨道板粗铺就位后，在轨道板第 2 个及倒数第 2 个承轨台放置螺栓孔速调标架，如图 4-87 所示，需要注意的是，定位方向要一致。

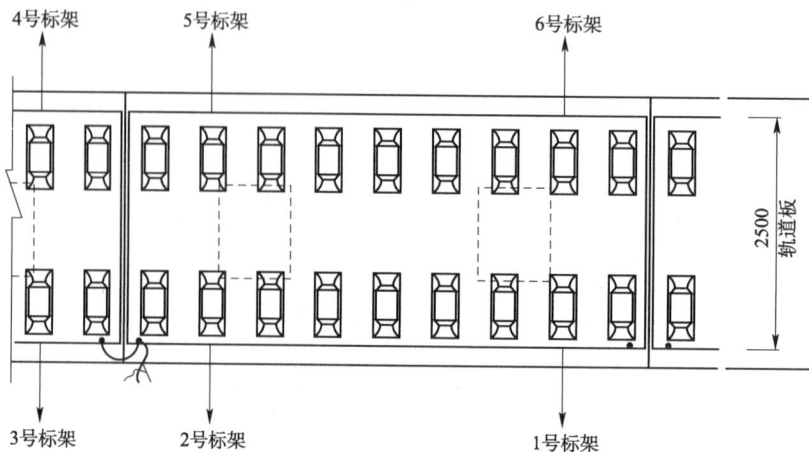

图 4-87　标架放置示意图（尺寸单位：mm）

②全站仪换站时,对上一测站调整好的最后一块进行搭接测量,消除错台误差。

③用已设程序控制全站仪自动精确测量螺栓孔速调标架上的棱镜坐标,并计算出 4 个测量点的纵向、横向和高程的调整量。

④将 4 个测量点的横向和高程调整量高速精调工人,使用轨道板精调抓将轨道板调整到位,如图 4-88 所示。

⑤重复步骤③和步骤④,直到轨道板的状态精确调整到位;最后再进行一次完整测量,完整测量界面如图 4-89 所示。

图 4-88　轨道板精调

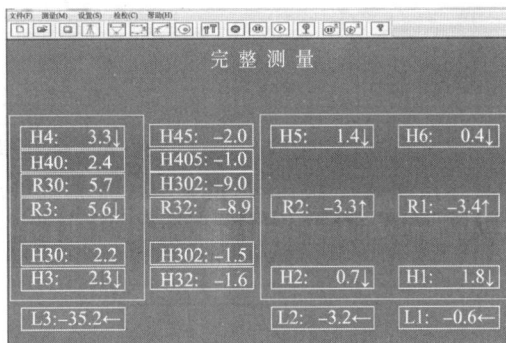

图 4-89　完整测量界面

⑥保存检测数据和精调数据,便于查看每块轨道板定位孔的设计坐标和实测坐标、精调数据记录、精调日志记录文件。

⑦已完成调整定位固定的轨道板,应该用压紧装置进行压紧,并设置围护措施,严禁踩踏和撞击,并尽早灌注自密实混凝土,压紧装置安装现场图片如图 4-90 所示。

图 4-90　压紧装置安装现场图片

⑧轨道板精调定位允许偏差和自密实混凝土灌注完成后的轨道板位置允许偏差应分别符合表 4-26、表 4-27 中的规定。

轨道板铺设精调定位允许偏差　　　　　　　　　　表 4-26

序　　号	检测项目	允许偏差(mm)
1	高程	±0.5
2	中线	0.5
3	相邻轨道板接缝处承轨台顶面相对高差	0.3

续上表

序　号	检测项目		允许偏差（mm）
4	相邻轨道板接缝处承轨台顶面平面位置		0.3
5	轨道板纵向位置	曲线地段	2
		直线地段	5

自密实混凝土灌注后轨道板位置允许偏差　　　　表 4-27

序　号	检查项目		允许偏差（mm）	备　注
1	高程		±2	
2	中线		2	
3	相邻轨道板接缝处承轨台顶面相对高差		1	不允许出现连续3块以上轨道板同向偏差的现象
4	相邻轨道板接缝处承轨台顶面平面位置		1	
5	轨道板纵向位置	曲线地段	5	
		直线地段	10	

知识链接

CRTS Ⅲ 型轨道板精调校核标架

在每班组工作前应该对标架校核,消除变形误差,操作过程如下:先将标准标架放在某一固定位置,然后按照提示,将其余 6 个标架顺次分别放在同一位置进行校准,该项工作最好在每个新工作日精调作业前做一次,必须通过标准标架对此标架的尺寸进行改正,从而消除标架因变形带来的误差。用鼠标点击"检核标架"按钮,弹出"检核标架"对话框,如图 4-91 所示。

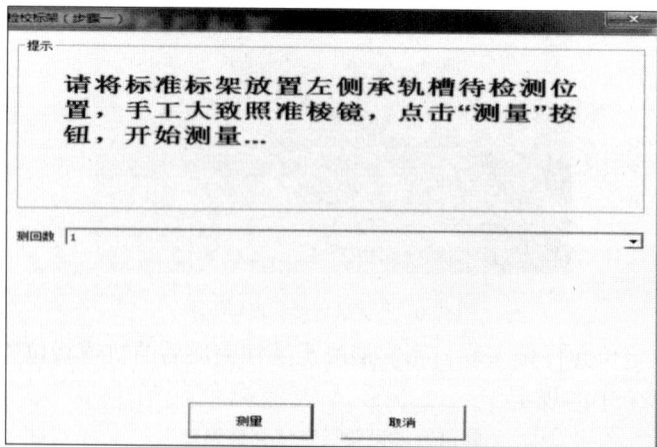

图 4-91　校核标架

作业流程如下:

①拿出标准标架(标准标架是严格按高精度要求制作的,只用于进行标架校正,平时一般存放在箱子里面,不易变形)。

②将标准标架放置在 1 号(近仪器端的第二行螺栓孔处)标架位置,先将固定端插入螺栓孔内,使有弹簧的触及端紧扣在左侧螺栓孔内("左侧"是指全站仪位置看板的方向);手工照准标准标架的触及端棱镜(左棱镜),然后进行测量。

③然后再将标准标架放在相对应的螺栓孔处,手工照准标准标架的棱镜后,然后进行测量。

④取下标准标架,将 1 号标架放在近仪器端的第二行,选择好测回数,再点选"测量 1 号标架",软件自动定位,并开始对 1 号标架左右两棱镜进行测量。

⑤完成 1 号标架测量后,取下 1 号标架,将 2 号标架放进此位置,点选测量 2 号标架,软件自动计算两棱镜位置,指挥全站仪观测两棱镜。

⑥完成 2 号标架测量后,取下 2 号标架,将 3 号标架放进此位置,点选测量 3 号标架,软件自动计算两棱镜位置,指挥全站仪观测两棱镜。

⑦三个标架都测量完成之后,将出现如图 4-92 所示的对话框,选择存储结果,将保存本次检核数据,保存结果中的绝对偏差是该标架上的两个棱镜与标准标架相比较后,在横向尺寸和高程上的绝对误差。相对偏差为当前测量结果与上一次测量结果的差值,如图 4-92 所示。

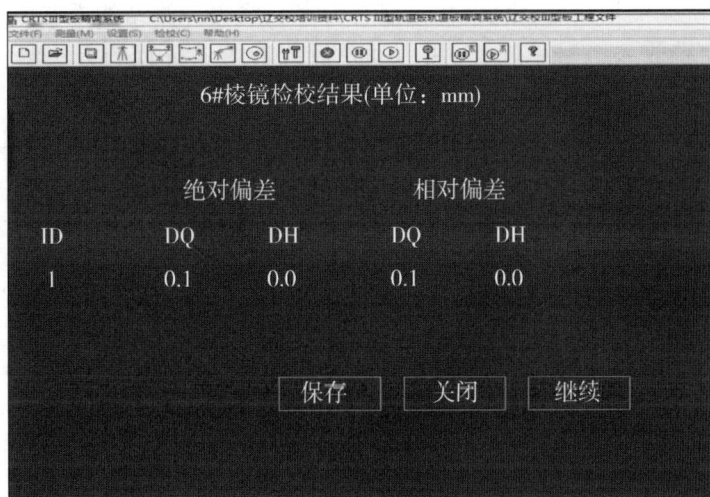

图 4-92　校核 6 号标架的结果

6. CRTSⅢ型板式无砟轨道板平顺性检测

对 CRTSⅢ型板式无砟轨道板精调完成后,还要对轨道板进行复测,即进行轨道板平顺性检测。

(1)检测软件

检测轨道板平顺性时应采用专门的 CRTSⅢ型板式无砟轨道板平顺性检测软件进行检测,检测软件界面如图 4-93 所示。

(2)检测方法

CRTSⅢ型板式无砟轨道板铺设精度检测可采用 CPⅢ自由测站和轨道基准点强制对中两种方法。

现以钳口标架为例,介绍利用 CPⅢ控制网检测作业的步骤:

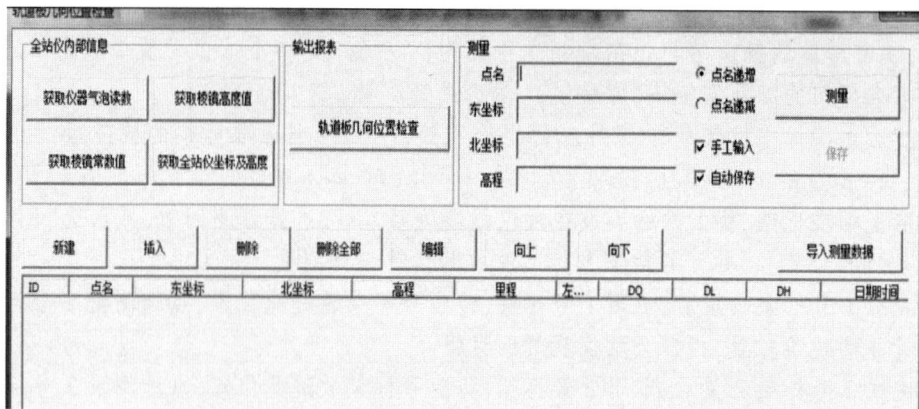

图 4-93　CRTSⅢ型板式无砟轨道板平顺性检测软件界面

①全站仪在 CPⅢ 网内进行自由设站时,一般应采用不少于 6 个观测点,测站的精度一般要不小于 0.5mm。

②使用标准标架对轨道板上的 4 个支撑点进行平顺性检测的数据采集如图 4-94 所示,具体采集方法为一站测量 6~7 块板(40m 左右为宜),将每一测站的板看作一个整体,先用标准标架的活动端放入 1 号承轨槽,用由远及近或者由近及远的方法测量,路线为"U"字形。

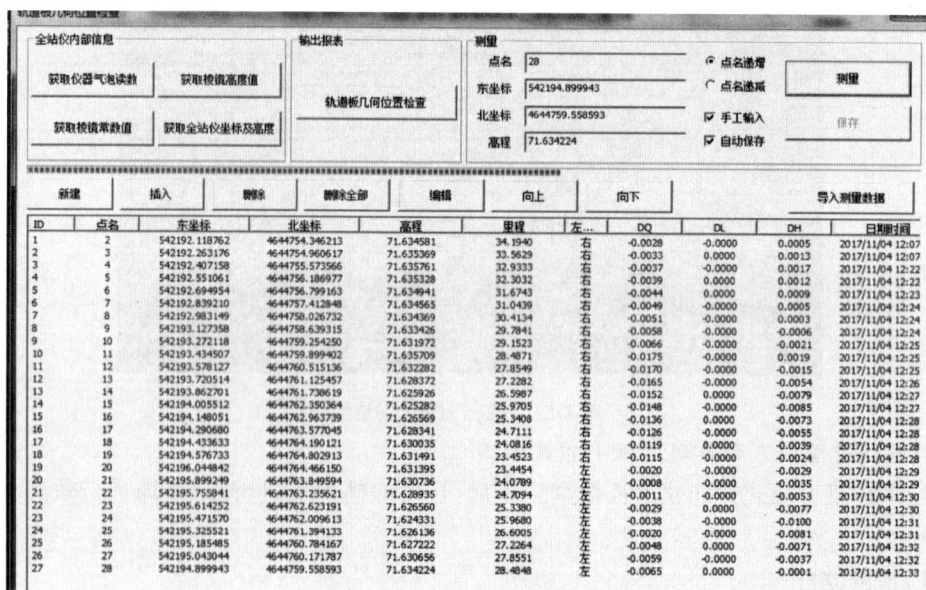

ID	点名	东坐标	北坐标	高程	里程	左...	DQ	DL	DH	日期时间
1	2	542192.118762	4644754.346213	71.634581	34.1940	右	-0.0028	-0.0000	0.0005	2017/11/04 12:07
2	3	542192.263176	4644754.960617	71.635369	33.5629	右	-0.0033	-0.0000	0.0013	2017/11/04 12:07
3	4	542192.407158	4644755.573566	71.635761	32.9333	右	-0.0037	-0.0000	0.0017	2017/11/04 12:22
4	5	542192.551061	4644756.186977	71.635328	32.3032	右	-0.0039	-0.0000	0.0012	2017/11/04 12:22
5	6	542192.694954	4644756.799163	71.634941	31.6743	右	-0.0044	-0.0000	0.0009	2017/11/04 12:22
6	7	542192.839210	4644757.412848	71.634565	31.0439	右	-0.0049	-0.0000	0.0005	2017/11/04 12:24
7	8	542192.983149	4644758.026732	71.634369	30.4134	右	-0.0051	-0.0000	0.0005	2017/11/04 12:24
8	9	542193.127358	4644758.639315	71.633426	29.7841	右	-0.0058	-0.0000	-0.0006	2017/11/04 12:25
9	10	542193.272118	4644759.254250	71.631972	29.1523	右	-0.0066	-0.0000	-0.0021	2017/11/04 12:25
10	11	542193.434507	4644759.899402	71.635709	28.4871	右	-0.0175	-0.0000	0.0019	2017/11/04 12:25
11	12	542193.578127	4644760.515136	71.632282	27.8549	右	-0.0170	-0.0000	-0.0015	2017/11/04 12:25
12	13	542193.720514	4644761.125457	71.628372	27.2282	右	-0.0165	-0.0000	-0.0054	2017/11/04 12:27
13	14	542193.862701	4644761.738619	71.625926	26.5987	右	-0.0152	0.0000	-0.0079	2017/11/04 12:27
14	15	542194.005121	4644762.350364	71.625282	25.9705	右	-0.0148	-0.0000	-0.0085	2017/11/04 12:28
15	16	542194.148051	4644762.963739	71.626569	25.3408	右	-0.0136	0.0000	-0.0073	2017/11/04 12:28
16	17	542194.290680	4644763.577045	71.628341	24.7111	右	-0.0126	-0.0000	-0.0055	2017/11/04 12:28
17	18	542194.433633	4644764.190121	71.630035	24.0816	右	-0.0119	-0.0000	-0.0039	2017/11/04 12:28
18	19	542194.576733	4644764.802913	71.631491	23.4523	右	-0.0115	-0.0000	-0.0024	2017/11/04 12:29
19	20	542196.044842	4644764.466150	71.631395	23.4454	左	-0.0020	-0.0000	-0.0029	2017/11/04 12:30
20	21	542195.899249	4644763.849594	71.630736	24.0789	左	-0.0008	-0.0000	-0.0035	2017/11/04 12:30
21	22	542195.755841	4644763.235621	71.628935	24.7094	左	-0.0011	-0.0000	-0.0053	2017/11/04 12:30
22	23	542195.614252	4644762.623191	71.626560	25.3380	左	-0.0029	0.0000	-0.0077	2017/11/04 12:31
23	24	542195.471570	4644762.009613	71.624331	25.9680	左	-0.0038	-0.0000	-0.0100	2017/11/04 12:31
24	25	542195.325521	4644761.394133	71.626136	26.6005	左	-0.0020	-0.0000	-0.0081	2017/11/04 12:31
25	26	542195.185485	4644760.784167	71.627222	27.2264	左	-0.0048	-0.0000	-0.0071	2017/11/04 12:31
26	27	542195.043044	4644760.171787	71.630656	27.8551	左	-0.0059	-0.0000	-0.0037	2017/11/04 12:33
27	28	542194.899943	4644759.558593	71.634224	28.4848	左	-0.0065	-0.0000	-0.0001	2017/11/04 12:33

图 4-94　平顺性检测界面

③在换站测量时,要搭接上一测站的 1~2 块板,以减少测站间的误差(在换站时最好测量搭接区轨道板的坐标,然后和上一站所测的坐标进行比较,如相差较大,则需要检查测站精度,进行重新设站)。

④导出数据,并进行数据分析。

五、CRTSⅢ型板式无砟轨道长钢轨的检测

1. CRTSⅢ型板式无砟轨道长钢轨的铺设施工工艺流程

CRTSⅢ型板式无砟轨道长钢轨的铺设施工工艺流程按照长钢轨的铺设施工工艺、检验和验收标准进行,并严格按《CRTSⅢ型板式无砟轨道施工质量验收暂行标准》执行,具体施工工艺流程如图4-95所示。

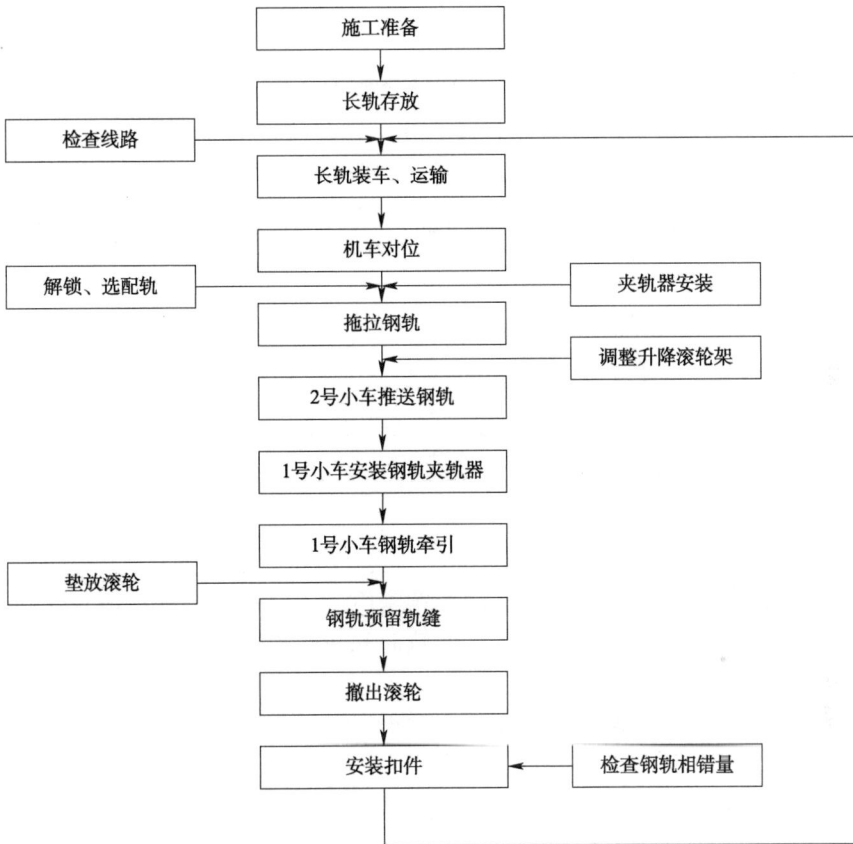

图4-95 CRTSⅢ型无砟轨道长钢轨铺设施工工艺流程

2. CRTSⅢ型板式无砟轨道长钢轨的检测内容

轨道检测工作分为两个阶段,一个阶段在长钢轨铺设之前,一个在轨道状态测量前。做好此项工作对轨道调整至关重要。首先,在铺设长钢轨前,对钢轨、扣件、垫板、焊缝等部件应逐个进行检查、清洁,确保轨道状态良好。其次,在铺设长钢轨并完成锁定后,需再次检测扣件系统,对损坏的部件应及时更换,扣件压力不足的,应及时施拧到位。

对CRTSⅢ型板式无砟轨道长钢轨进行质量检验时,主要包括以下内容:

(1)长钢轨的类型、规格、质量应符合设计规定。

(2)轨道及配件的类型、规格、质量应符合设计及产品标准规定。

(3)钢轨胶接绝缘接头的类型、规格应符合设计要求,质量应符合《胶接绝缘钢轨技术条件》要求;其他高强度绝缘钢轨接头应符合相关技术条件。

（4）左右两股钢轨的胶接绝缘接头应相对铺设,胶接绝缘接头距轨枕边缘不应小于100mm。

（5）安装扣配件时,绝缘轨距块的配置应符合设计要求,各种零件应安装齐全,位置正确。

（6）螺栓扭力值应符合设计要求。

（7）长轨左右股相错量不大于100mm。

3. CRTSⅢ型板式无砟轨道长钢轨静态调整(精调)

（1）静态调整的设备和指标

静态调整的设备和指标见表4-28。

主要的测量仪器、施工机具 表4-28

序　号	名　　称	单　位	数　量	备　注
1	轨检小车	台	1	
2	全站仪	套	1	
3	铁路轨距尺	把	2	
4	弦线、钢尺	套	2	
5	双头螺杆紧固器	台	1	
6	撬杠	根	10	
7	扳手	把	4	
8	塞尺	把	4	
9	1m直钢尺	把	1	

静态检测手段主要由轨检小车检查,静态调整阶段的轨道平顺性评估和控制指标主要有短波的高低、轨向,轨距,水平,长波的高低、轨向和轨距变化率等7项内容。轨道几何状态静态平顺性允许偏差见表4-29。

轨道几何状态静态平顺性允许偏差表 表4-29

序　号	项　　目		平顺性允许偏差
1	轨距		±2mm
2	高低	弦长30m	2mm/5m
		弦长300m	10mm/150m
3	轨向	弦长30m	2mm/5m
		弦长300m	10mm/150m
4	扭曲	基长3m	3mm
5	水平		2mm
6	轨距变化率		1/1 000

轨道几何尺寸还须满足:轨面高程允许偏差为+4mm/-6mm;轨道中线与设计中线允许偏差为10mm。

（2）工艺流程

完成无砟轨道的施工,长轨铺设放散、锁定后,即进入轨道静态调整阶段。在静态阶段主要通过精调小车等测量设备对轨道状态进行检测和评估。静态调整达到静态验收的标准后,才能对线路开始联调联试。轨道静态调整的工艺流程如图4-96所示。

（3）现场轨道精调测量具体流程

根据复测结果,在铺设长轨完成并锁定后,开始对轨道几何状态进行测量。在实施现场测量工作时,应注意以下几点内容:

①全站仪设站。设站误差应控制在X、Y值的误差都在0.5mm以内,特殊地段也可控制在1mm以内。

②测量。采用轨检小车对轨道进行逐根轨枕连续测量,每次测量长度不宜超过60m,一站建立一个文件夹,当换站误差较小时,也可连续采集数据,但需要注意的是,必须要注明搭接里程段落。两站搭接长度不得少于8根轨枕。另外,测量需要进行两遍,两次测量要错开设站位置。对于测量结果出现异常地段应现场采用塞尺及1m直钢尺及时对钢轨及扣件的状态进行复查,查出原因,确认测量结果的可靠性,为下一步的调整提供数据。

③每站测量距离不得大于65m,最好在60m内,如果过长,远端和近端的高程会偏差过大,最终无法正确调整。

④对个别突变点,应立即复测确认。同时根据实际情况现场测量数据可分站保存数据,连续保存测量结果时,应注明换站位置。

⑤测量工作必须细致,最好是测量两遍,第二遍须对第一遍测量搭接段测量数据结果进行确认,此项工作宜慢不宜快。

（4）现场轨道调整方法

①现场标示。

根据调整方案和对应的承轨台号,应首先用石笔在钢轨表面或轨腰处标记调整件的型号。

②调整件的摆放。

根据现场的标示,把调整件准确无误地摆放在承轨台挡肩的两侧。调整件摆放要有专人复核,摆放要整齐,以便于更换。

③松扣件。

根据现场的标示,施工人员应采用双头螺杆紧固器或扳手逐一将扣件松开。轨温在设计锁定温度±20℃范围内,可连续松开扣件数量不大于5根的承轨台;轨温超出锁定轨温20~30℃时,可松开单个承轨台扣件进行调整。

④扣件更换。

松开扣件后,施工人员应把扣件逐一拆开并摆放整齐,不得将螺杆直接放在道床板上,应对螺杆进行保护,以免螺杆受到污染。拆开扣件后,把标准件统一放在线间,对承轨台上的杂物进行清理,避免杂物进入螺栓孔内;更换轨垫时,先由施工人员用撬杠抬升钢轨,取出标准件并清理承轨槽;清理完毕后,将调整件逐一安装到位。

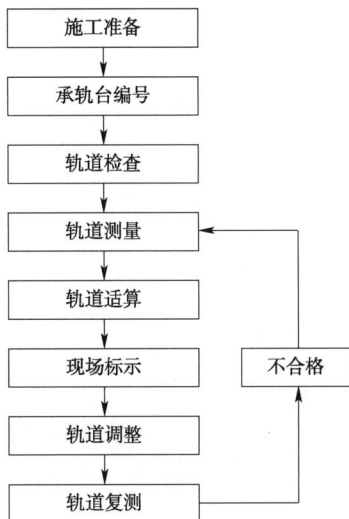

图4-96　轨道静态调整的工艺流程

竞赛知识1

⑤紧固扣件。

调整件安装完成后,施工人员使用双头螺杆紧固器或扳手按照要求把扣件锁紧,达到设计的标准。

⑥扣件复查。

用塞尺进行扣件空隙及更换型号的复查,确保结果准确。如发现不符合要求的扣件,首先检查其是否在轨头焊缝处(有的焊缝不平顺),如果不是,用撬杠往缝隙大的方向拨一拨钢轨,如有必要,可以把轨距挡块换成异型组合;反之,则要通知铺轨单位对焊缝进行处理。如果轨底与轨垫间的缝隙不满足要求,也是先检查其是否在钢轨焊缝处,如果是,通知铺轨单位对焊缝进行处理;反之,直接更换成合适的轨垫。

更换扣件和复查现场图如图4-97所示。

图4-97　更换扣件和复查

⑦标准件归类。

把换下来的标准件分类整理,轨距挡块用绑扎带按每串20个穿绑起来,轨垫按每摞20个用封箱胶带或绑扎带捆起来。所有换下来的标准件应集中放在线内,等下班收工时再带出线外,分类放在指定的位置,做到工完场清。

(5)调整原则

①轨距、轨向调整。

轨距、轨向调整通过更换轨距挡块来实现。根据设计的要求,WJ-8C扣件系统的轨距调整范围为±10mm。轨距调节是通过更换不同宽度的轨距挡板来实现±5mm范围内的横向调节,每步调节1.0mm。

②高低、水平调整。

高低、水平通过更换轨垫来实现。根据设计要求,WJ-8C扣件系统的高程调整范围为−4mm~26mm。高度调整方式,分别通过嵌入1mm或2mm塑料调高垫板实现。

任务四　双块式无砟轨道检测

学习目标

1. 了解双块式无砟轨道检测的重要性以及检测所需要的设备;

2.熟悉并理解双块式无砟轨道检测的内容和要求；

3.掌握双块式无砟轨道检测的方法。

任务描述

　　双块式无砟轨道结构是无砟轨道中比较常选用的类型,其与板式无砟轨道最主要的区别在于预制和现场施工两个方面。板式无砟轨道在预制厂内预制的是轨道板,双块式无砟轨道在预制厂内预制的是双块式轨枕;板式无砟轨道是现场利用精调设备将轨道板调整到符合要求的平面位置,最后向轨道板下方灌注 CA 砂浆即完成板式无砟轨道的施工,而双块式无砟轨道是现场利用轨排或螺杆调节器等作为辅助工具将双块式轨枕调整到符合要求的平面位置,最后浇筑混凝土将轨枕连成整体即完成双块式轨枕的施工。本任务要求学生熟练掌握双块式无砟轨道检测的内容和方法。

工程案例

　　武广客运专线是我国"四纵四横"客运专线网的其中第一个开通的速度350km/h的高速铁路,该线正线全长为 1069km,除 17km 有砟轨道外,全线正线设计为铺设雷达 2000 CRTS Ⅱ 型双块式无砟轨道。根据正线无砟轨道铺设地点环境,结构上分为路基雷达 2000 CRTS Ⅱ 型双块式无砟轨道,桥梁雷达 2000 CRTS Ⅱ 型双块式无砟轨道以及隧道雷达 2000 CRTS Ⅱ 型双块式无砟轨道。其中,双块式无砟轨道主要由钢轨、双块式轨枕、扣件和道床板等组成。

相关知识

一、双块式无砟轨道类型以及特点(相关数字资源见二维码15)

　　双块式无砟轨道分为两种类型:一类是 CRTS Ⅰ 型双块式无砟轨道;另一类是 CRTS Ⅱ 型双块式无砟轨道。CRTS Ⅰ 型双块式无砟轨道将预制的双块式轨枕组装成轨排,以现场浇筑混凝土方式将轨枕浇入均匀连续的钢筋混凝土的道床内,并适应 ZPW-2000 轨道电路的无砟轨道结构形式;CRTS Ⅱ 型双块式无砟轨道将预制的双块式轨枕通过机械振动法嵌入现场,并均匀、连续的钢筋混凝土道床内形成整体,并适应 ZPW-2000 轨道电路的无砟轨道结构形式。其特点是:轨枕通过钢筋桁架将混凝土块连接在一起。现场利用轨排或螺杆调节器等作为辅助工具将双块式无砟轨枕调整到符合要求的平面位置,最后浇筑混凝土将轨枕连成整体即完成双块式无砟轨枕的施工。

15-双块式无砟
轨道结构

二、双块式无砟轨道施工流程

　　双块式无砟轨道施工工艺流程如图 4-98 所示。

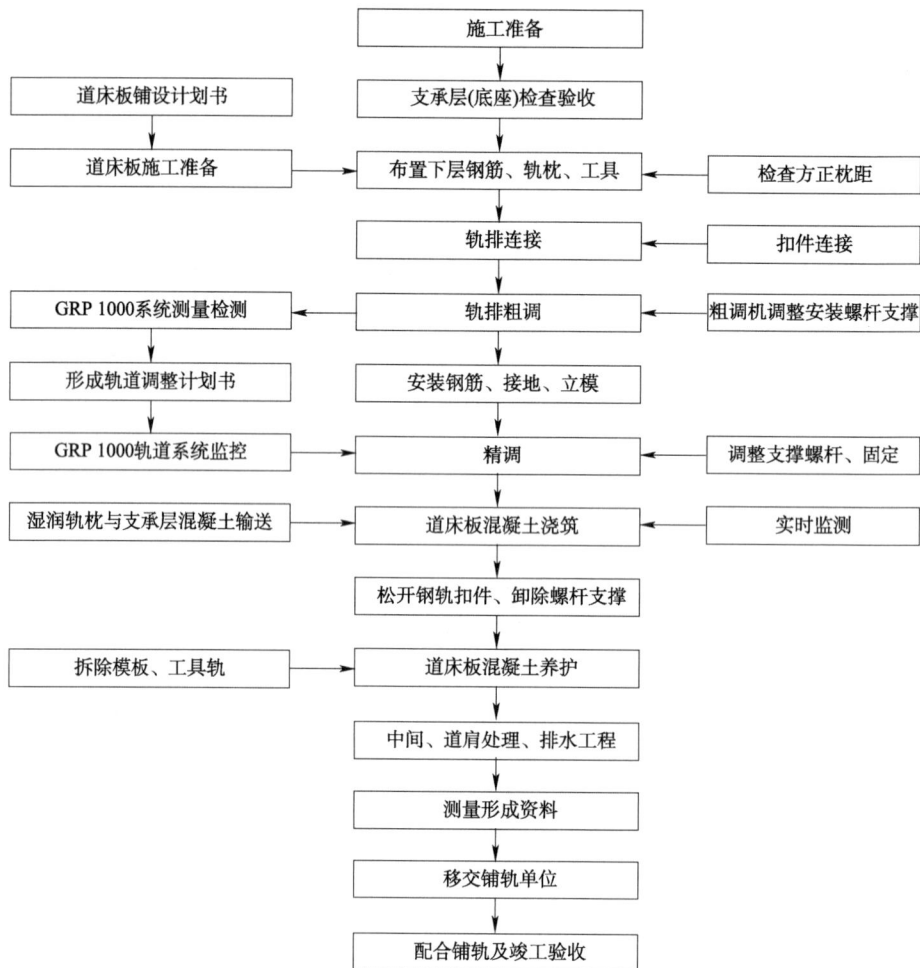

图 4-98　双块式无砟轨道施工工艺流程图

任务实施

一、底座板检测

桥上双块式无砟轨道下部支撑体系为底座板,施工方法与板式无砟轨道底座相同,底座板外形尺寸允许偏差及检验方法见表 4-30。

底座板外形尺寸允许偏差及检验方法　　　　　　表 4-30

序　号	项　目	检 测 标 准	检测数量及方法
1	顶面高程	±5mm	水准仪
2	中线位置	10mm	全站仪
3	宽度	+15mm,0	尺量
4	平整度	7mm/4m	4m 靠尺
5	厚度	±10% 设计厚度	尺量
6	凹槽表面平整度	6mm/4m	4m 靠尺

检验数量:每20m检查一处。

底座验收完成后,安装凹槽周边的弹性垫板和泡沫板,安装时应使其与凹槽周边的混凝土密贴,不得出现鼓泡、脱离现象,缝隙应采用薄膜封闭,搭接处及周边无翘起、空鼓、皱褶、脱层或封口不严等缺陷现象,搭接量应满足设计要求。

二、支承层验收

路基上双块式无砟轨道下部支撑体系为路基水硬性支承层,施工方法与板式无砟轨道路基支承层相同,验收标准见见表4-31。

支承层外形尺寸允许偏差及检验方法　　表4-31

序　号	检测项目	允许偏差	检验方法
1	厚度	±10%设计厚度	尺测
2	中线位置	10mm	全站仪
3	宽度	+15mm,0mm	尺测
4	顶面高程	±5mm	水准仪
5	平整度	7mm/4m	4m直尺

检验数量:每20m检查一处。

三、轨枕检测及现场堆放

质检人员应在卸车前对轨枕进行检验,对不合格、损坏轨枕拒绝卸车使用,检验标准要符合表4-32和表4-33的要求;为确保施工时的布轨方便,同时避免物流通道交叉使用,可提前将各线用量的轨枕运卸到线路附近。轨枕垛按相应计算位置卸车堆放,每垛3层;沿纵向隔10m堆放,采用方木支垫;基底应做到平整、密实,避免轨枕扭曲变形。现场轨枕堆放如图4-99所示。

双块式轨枕外观质量要求　　表4-32

序　号	检测项目	检验标准及允许偏差值(mm)
1	预埋套管内	不允许堵塞
2	承轨台表面	不允许有长度>10,深度>2的气孔、粘皮、麻面等缺陷出现
3	挡肩宽度范围的表面	不允许有长度>10,深度>2缺陷出现
4	其他部位表面	不允许有长度>50,深度>5的气孔、粘皮、麻面等缺陷出现
5	表面裂纹	不得有肉眼可见裂纹出现
6	周边棱角破损长度	≤50
7	轨枕桁架钢筋无明显锈蚀、扭曲变形的现象,也不得有开焊或松脱的现象	

双块式无砟轨枕各部尺寸允许偏差　　表4-33

序　号	检测项目	允许偏差(mm)
1	轨枕长度	−5~5
2	枕底至承轨槽面高度	−3~5
3	承轨槽宽度	−2~2

序　号		检测项目	允许偏差（mm）
4	有挡肩	两承轨槽外侧底脚间距离	−1.0~1.5
		同一承轨槽底脚间距离	−0.5~1.5
		承轨槽底脚距套管中心距离	−1~1
		套管下沉	1
5	钢筋	上排钢筋距轨枕顶面距离	−3~3
		上下排钢筋间的距离	−3~3
6		轨底坡	1/45~1/35
7		承轨槽表面不平度	1
8		两承轨台之间的相对扭曲	0.7

图 4-99　现场轨枕堆放

四、双块式无砟轨道板的精调

1. 双块式无砟轨道精调设备

工控机、全站仪以及轨道几何状态检测仪，对于这些设备本书前已述及，这里不再赘述。

2. 双块式无砟轨道板精调原理

使用全站仪实测轨检小车上棱镜的三维坐标，然后结合标定的轨检小车几何参数、小车的定向参数、水平传感器所测横向倾角及实测轨距，即可换算出对应里程处的实测平面位置和轨面高程，继而与该里程处的设计平面位置和轨面高程进行比较，得到其偏差，用于指导双块式无砟轨道的施工调整。轨道精调原理如图 4-100 所示。

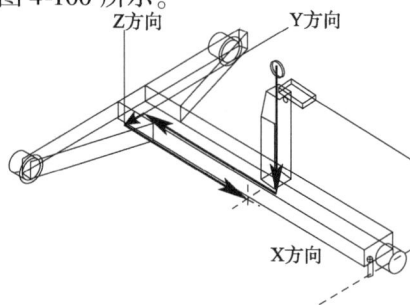

图 4-100　轨道精调原理

3.轨道板精调测量系统

(1)精调系统界面

精调系统界面如图4-101所示。

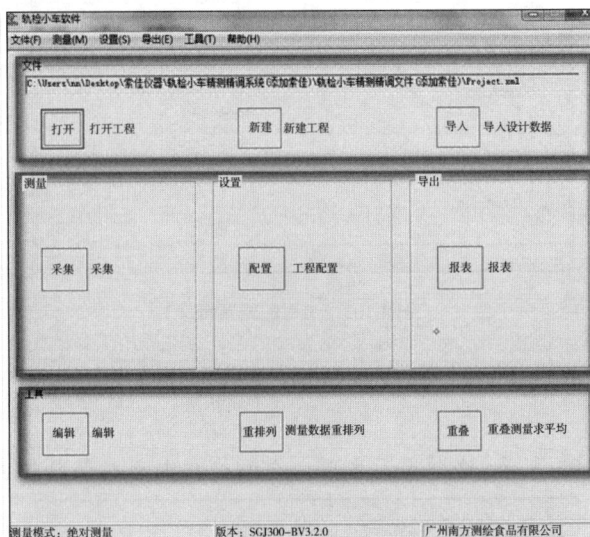

图4-101　精调系统界面

从图4-101中可以看出,该界面主要由三部分组成,第一个框内是"文件"部分,这部分包括"打开、新建和导入"这三项功能。其中,图标 打开 打开工程 的含义是打开已有的测量工程文件;图标 新建 新建工程 的含义是新建测量工程文件;图标 导入 导入设计数据 的含义是导入外部线性设计文件数据,一般这项工作在轨道精调前已经设置好。软件导入设计数据类型有测量数据文件(*.XML),设计中线文件(*.XML),设计中线文件(*.TXT),控制点文件(*.XML),控制点文件(*.TXT)。

第二个框是"测量"部分,它主要由测量(采集),设置(配置)以及导出(报表)组成。其中图标 采集 采集 是指施工采集模式,这种模式只有在轨检小车与电脑连接情况下才能使用;图标 配置 工程配置 是指工程配置的修改;图标 报表 报表 是指测量成果的输出。

第三个框是"工具"部分,主要由"编辑、重排列和重叠"组成。其中,图标 编辑 编辑 是指测量文件的编辑;图标 重排列 测量数据重排列 是指允许对测量序列重新排序;图标 重叠 重叠测量求平均 是指允许减少测量序列的数据个数。

(2)工程配置界面

这个界面由常规、通信、全站仪、限差、测量文件、平面和高程基准、轨向与高低和小车构成,如图4-102所示。

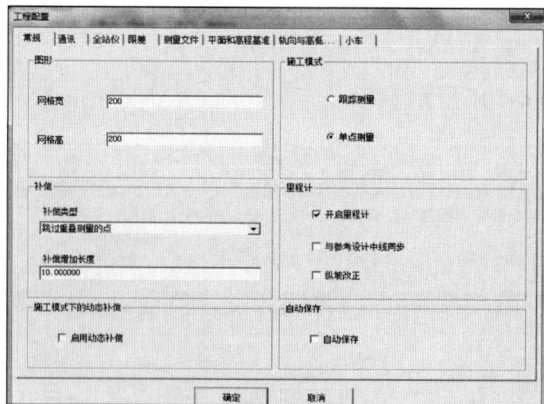

图 4-102　工程配置界面

知识链接

1. 通信

通信界面如图 4-103 所示,这个界面主要由全站仪和电台两部分构成。

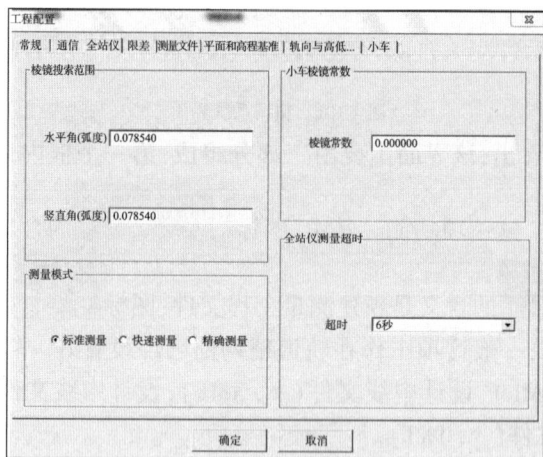

图 4-103　通信界面

全站仪:这里选择全站仪的信息,此系统主要提供了 13 个端口,它们分别是 COM1、COM2、COM4、COM10 ~ COM16 和 COM20 ~ COM22,波特率提供了 8 个,它们分别是1200、2400、4800、9600、19200、38400、57600 和 115200,此系统可以选用全站仪的型号有徕卡1200、1201 系列,徕卡 1800、2003 系列和天宝仪器等,小车类型有 3.0 和 2.0 两种,通信方式有蓝牙和有线两种方式。

电台:主要涉及全站仪和小车的电台频道,主要有 1 ~ 8 个频道可以选择,选择电台时要保证小车和所用的全站仪为同一频道。

2. 限差

点击限差图标,出现如图 4-104 所示的界面,一共包括 8 个部分,分别是最大超高、轨道偏差(设计-建成)、设站补偿、轨距、点间隔、相邻的测量轨道点间距离、扭曲和超高改变限差。

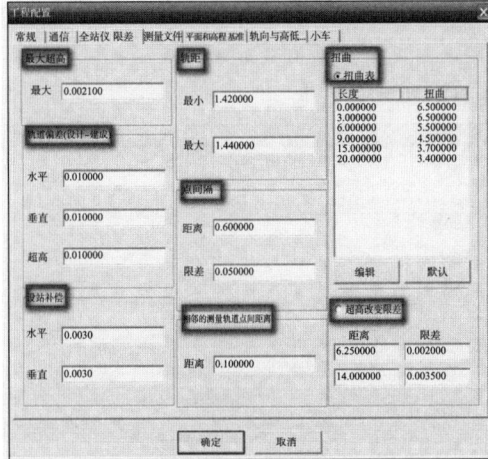

图 4-104　限差界面

3. 测量文件

点击测量文件图标,出现如图 4-105 所示的界面,主要由模式、设计中线文件、测量文件和服务文件 4 部分组成。

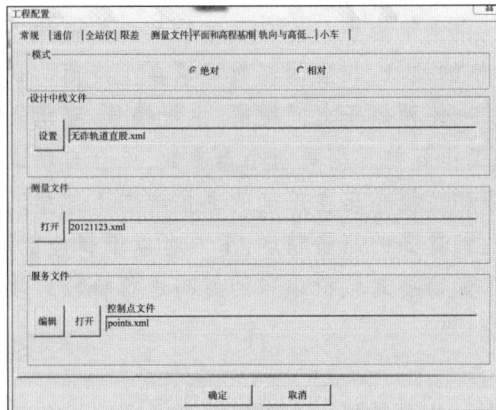

图 4-105　测量文件界面

4. 轨向与高低

点击轨向与高低,出现如图 4-106 所示的界面。

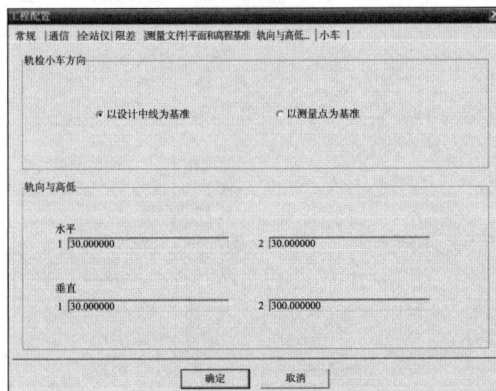

图 4-106　轨向与高低界面

轨检小车的方向是指在施工模式下,轨检小车与设计中线前进的方向。

5. 小车

打开小车,弹出如图 4-107 所示的界面。

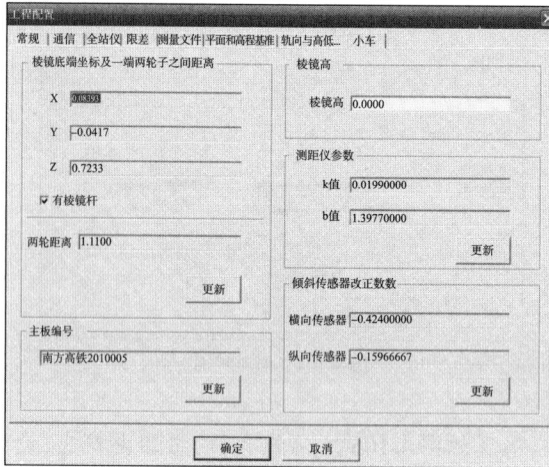

图 4-107　点击小车选项界面

轨检小车参数的设置:由于轨检小车都有不同的系统配置和不同的轨距。每台轨检小车生产之后都需要经过严格的质检,相应的参数记录在生产商的认证中。为了达到更高的测量精度,棱镜底端坐标及一侧两轮子之间距离、主板编号、测距仪参数生产商都是标定好的,不能改动,用户在每个工作日前只需更新小车参数,就会自动读取出来。注意当更新轨检小车参数时,计算机必须和轨检小车在正确的通信状态下连接。棱镜高可以根据轨检小车的目标棱镜更换,为了达到更高的测量精度,用户可以编辑棱镜高。倾斜传感器改正数,每天开始使用轨检小车时,都需要对轨检小车的超高进行检校。软件会自动把检校的结果写入倾斜传感器的改正数。

（3）采集

点击测量的"采集"图标,出现的界面主要包括测量、保存、施工模式和采集模式、全站仪和传感器等。

①测量模式包括采集模式和施工模式,分别如图 4-108 和图 4-109 所示。

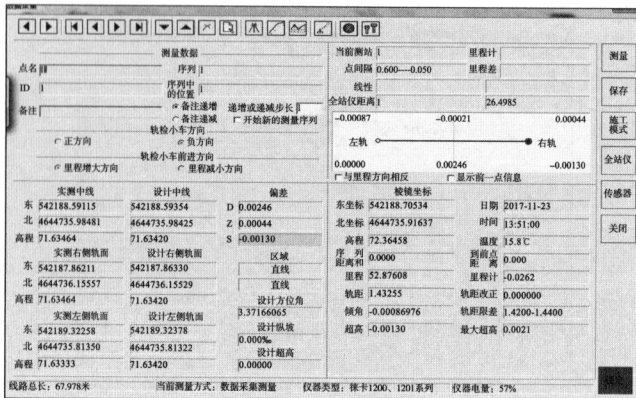

图 4-108　采集模式

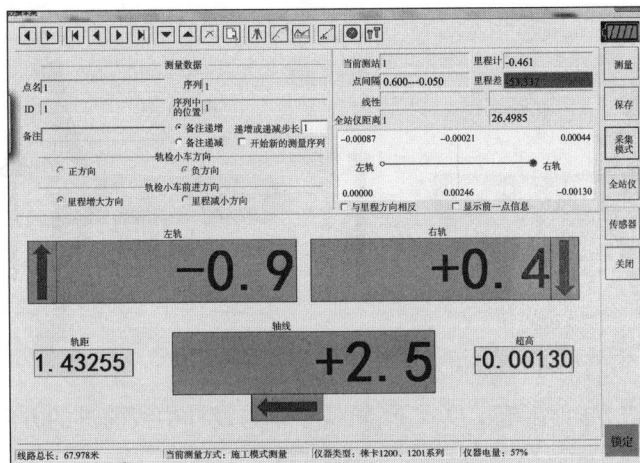

图 4-109 施工模式

在进行测量之前,全站仪务必要保证在正确的通信状态下,采集模式才可以正常使用。在数据采集测量界面下的显示如下内容:全站仪温度、实测轨道坐标、设计中线坐标(实测点投影到设计中线最近的点上)、与设计中线的偏差、纵坡、中线里程计算、棱镜坐标、左/右轨图形显示、超高。窗口左侧部分内容如下:

a. 实测中线:实测轨道中线东坐标、北坐标和高程;

b. 设计中线:设计轨道中线东坐标、北坐标和高程;

c. 设计方位角:设计中线投影点的位置;

d. 设计纵坡:设计纵坡;

e. 设计超高:设计超高;

f. 偏差实测-设计偏差:D 平面位置偏差;Z 高程偏差;S 超高偏差。

开始施工模式测量后,系统根据设计中线计算轨检小车方位角(不受方位角计算设置影响),并启动持续测量(测量模式取决于工程配置中施工模式的属性:跟踪/单点测量)。在施工模式下如果选用了跟踪测量,是无法存储测量数据的。采集数据前必须选用单点测量模式。此界面主要包含以下内容:

a. 里程计:设计中线投影点的里程。

b. 里程差:两次采集点的里程差,如果到最近存储点的距离超出了设计限差,区域背景会变为黄色。

c. 全站仪距离:在绝对模式测量下,全站仪与轨检小车棱镜位置的距离。

d. 施工模式:最大箭头显示偏差,三个箭头(左轨,右轨和水平偏移)辅助显示轨道的偏移量和轨道应该移动的方向。

e. 偏差:如果设计值 – 实测值偏差大于设置的限差,背景显示为黄色;反之,如果偏差小于限差,背景显示则为绿色。

f. 开始新的测量序列:在施工模式下,系统会默认前一次测量的代码和轨检小车方向。所有轨道点必须在一个序列里。如果轨道和测量方向改变,要手动选择开始序列选项。

g. 轨检小车方向:在施工模式下,面对里程增大的方向,轨检小车双轮部分在左手边就是"正方向",相反则为"负方向",如图 4-110 所示。

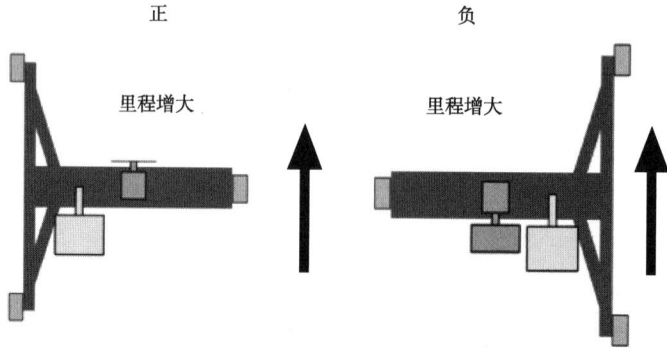

正　　　　　　　　　　　　　　负

里程增大　　　　　　　　　　里程增大

图 4-110　轨检小车正负示意图

h. 轨检小车前进方向：在施工模式下，轨检小车与设计中线前进的方向。

②全站仪。

点击全站仪图标，如图 4-111 所示，每次测量之前都要检查全站仪气泡。

③传感器。

点击传感器图标，如图 4-112 所示，每次测量之前都要校准倾斜仪。

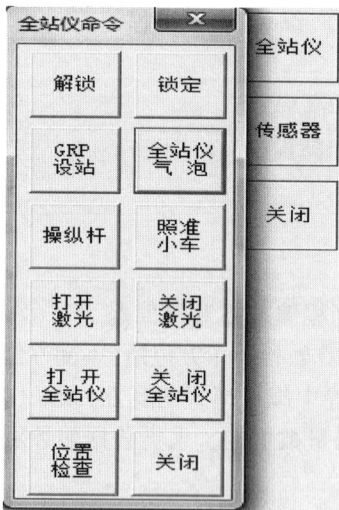

图 4-111　点击全站仪界面

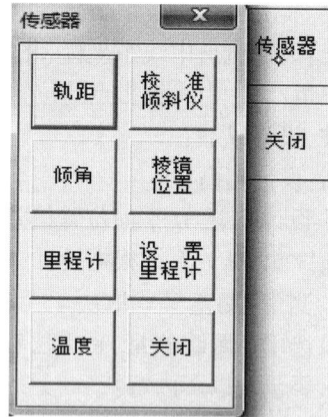

图 4-112　点击传感器界面

（4）报表

首先选择正确的设计中线文件和测量文件。点击"报表"图标，输出测量结果。具体步骤如下：

①选择输出报表的类型。

②选择用户需要的所有的数据，生成测量报表。

③输出线型记录报表，自动计算输出轨道短波和长波不平顺值。

④输出平面平顺性分析报表，软件自动计算输出轨道短波、长波不平顺值。

⑤输出高程平顺分析报表，软件自动计算输出轨道短波、长波不平顺值。

4. 双块式无砟轨道精调具体流程

双块式无砟轨道精调流程具体以我校的实训场双块式轨道精调为例，给大家详细介绍双块式轨道精调流程工作流程:双块式无砟轨道精调总共包括两部分;第一部分是全站仪部分,第二部分是轨检小车部分。

(1)安装轨检小车

①首先把单轮和双轮以及轨距加宽部分连接起来,用小车自带的工具拧紧,安装过程制动装置要打开,安装好后,将制动扳手复位,然后安装棱镜柱以及棱镜;安装好后安装工控机,调整合适的位置;

②将无线电通信调制解调器天线连接到轨检小车单轮部分的相应位置。将南方锂电池与轨检小车相连,连接时要遵循红点对红点原则,轻轻插入,如图4-113所示,连接好后,打开电池开关,会听到"滴滴"声响,则证明电池连接成功,用专用USB电缆(三个头)连接轨检小车和工控机电脑,其中红色的头连接轨检小车,另一个头连接工控机电脑。最后再启动工控机电脑。

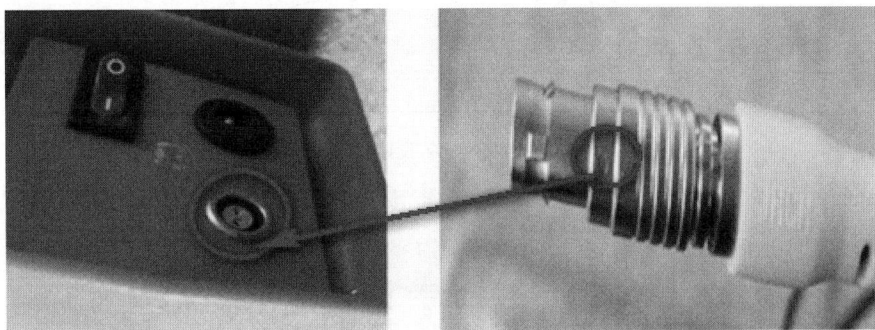

图4-113　电池连接示范图

(2)安装全站仪并定向

一般规定全站仪设站点(架设的位置)能确保轨检小车可以测量采集线路数据大概60m左右,架好之后就可以采用后方交会法进行设站。

(3)启动高速铁路轨检小车调轨系统

①双击轨道精调软件图标

打开工程文件,如图4-114所示。一般在进行精调之前将工程文件提前设置好,到施工现场之后直接调用即可(图4-115)。

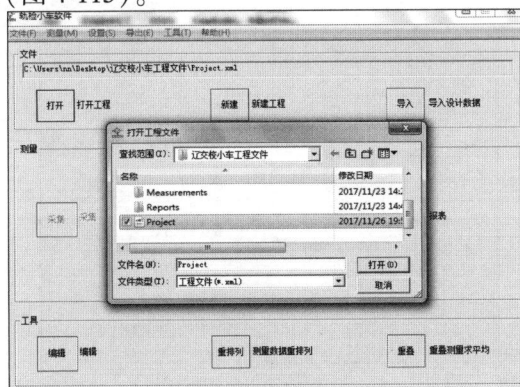

图4-114　打开工程文件

149

②点击工程配置,全站仪进行通信

点击通信图标,修改端口为 COM1;波特率选择"115200";仪器类型选择"徕卡 1200、1201 系列";小车类型选择 3.0;通信方式选择"有线",最后点击"打开端口",弹出"串口打开成功",如图 4-116 所示。

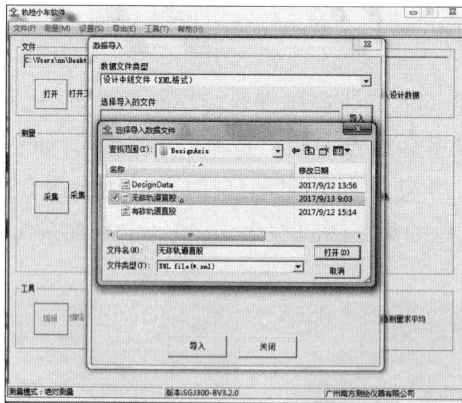

图 4-115　导入设计数据

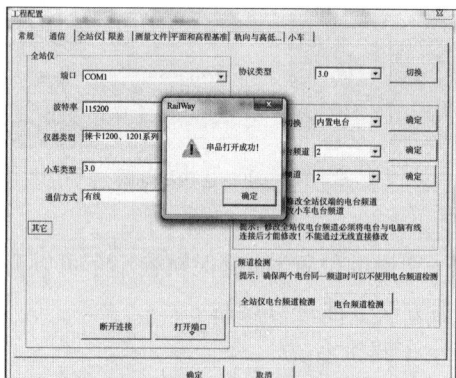

图 4-116　通信连接成功界面

然后修改小车频道,要求与全站仪保持的频道一致,假设全站仪频道设置为 3,则小车频道也要选择 3 频道,然后点击"确定",出现"切换成功"对话框,如图 4-117 所示,然后点击"电台频道检测"。

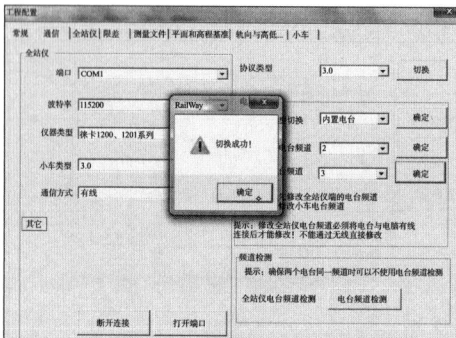

图 4-117　电台切换成功界面

（4）更新小车参数

点击"小车"图标，进行更新，每次更新都会弹出"数据获取成功"的对话框，如图 4-118 所示，共需要 5 次更新，然后再点击"开始检查"，检查主板各传感器参数是否与工程配置文件一致，点击"确定"，弹出参数一致的对话框，如图 4-119 所示。

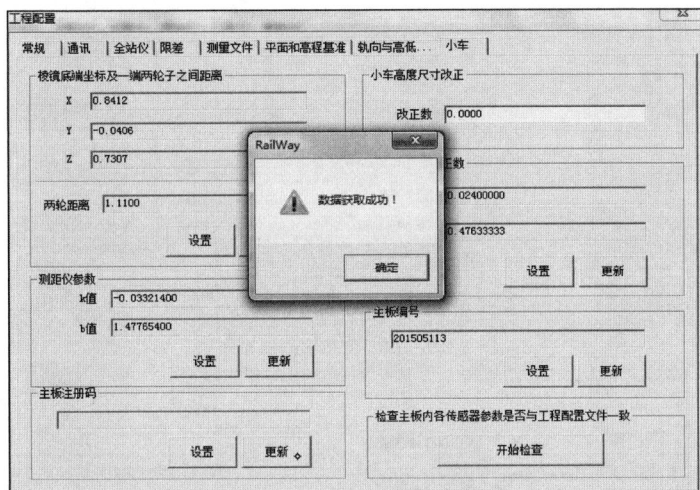

图 4-118　更新小车数据成功操作界面

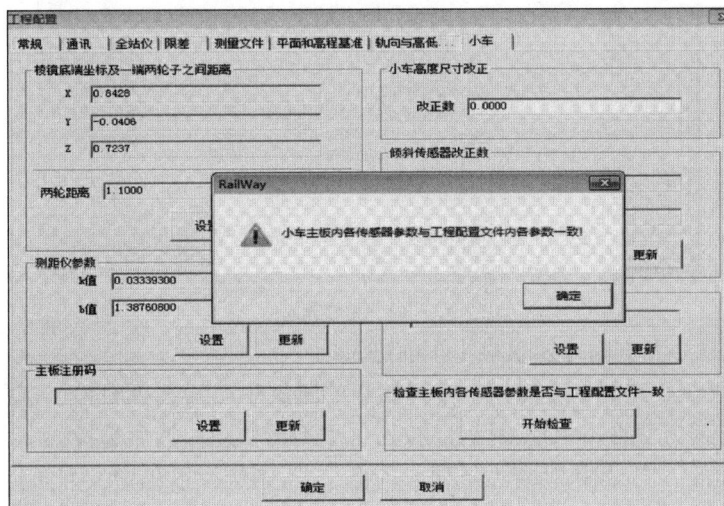

图 4-119　参数一致对话框

（5）检查小车与全站仪通信

点击右侧全站仪图标，出现"全站仪命令"对话框，点击检查"全站仪气泡"，出现检查结果对话框，如图 4-120 所示。

（6）校核轨检小车

点击传感器图标，弹出对话框，根据提示，进行校核，点击"接收"图标，再根据提示，将轨检小车翻转 180°，平稳安放在原来位置，点击"接收"，出现校核传感的数值，保存结果，弹出数据写入成功对话框，点击确定，如图 4-121 所示。

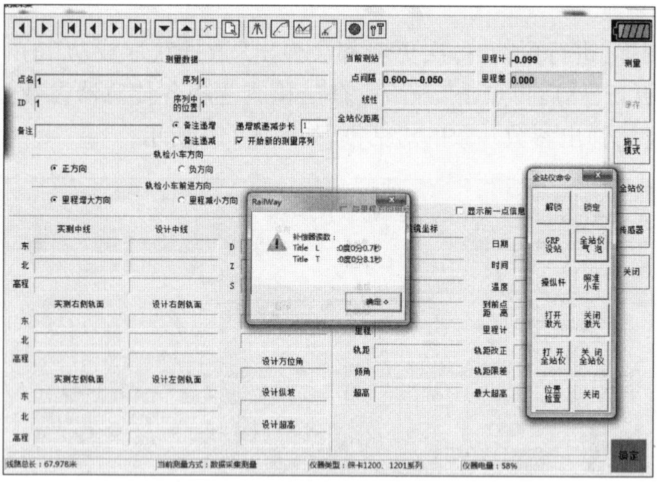

图 4-120　获取全站仪数据界面

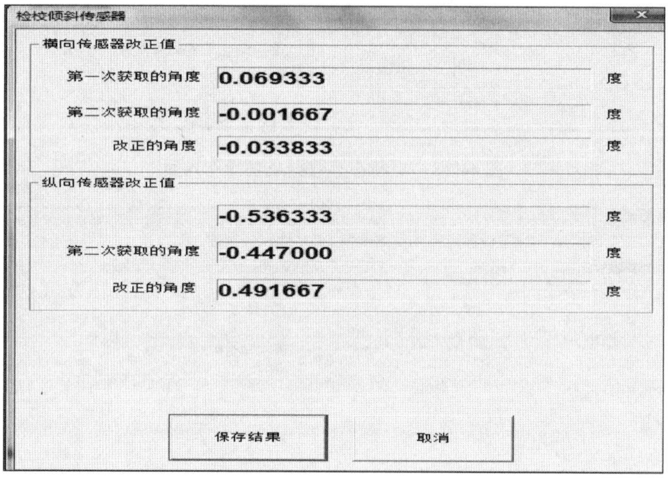

图 4-121　校核界面

（7）选择轨检小车方向以及轨检小车前进方向

如图 4-122 所示，在测量之前，点击"开始新的测量序列"，选择轨检小车的正负方向，判断小车的正负方向方法在本书前面已经讲过，这里不再赘述。然后选择小车前进方向，这主要取决于推小车的方向，如果朝着大里程方向推小车，则选择里程增大方向；反之，则选择里程减小方向。

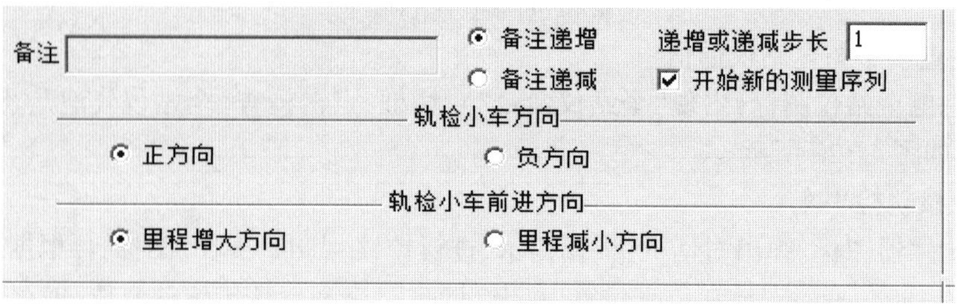

图 4-122　轨检小车方向选择界面

点击测量,采集数据,出现测量结果,如图 4-123 所示,根据测量结果进行轨道精调,保存数据,然后将保存的数据生成报表形式,导入 TDES,软件自动进行轨道平顺性分析与调整。

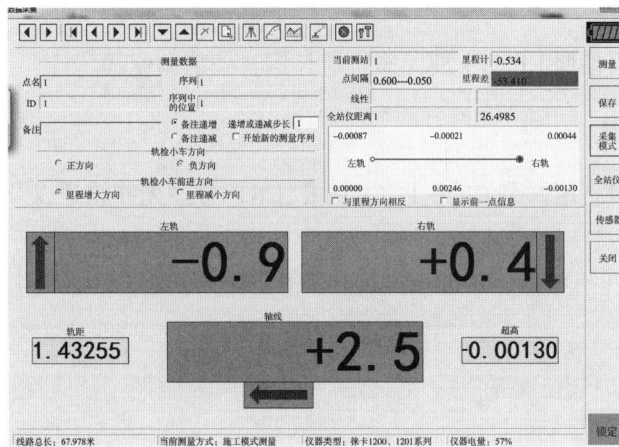

图 4-123 轨道板精调测量界面

(8)双块式无砟轨道精调现场调整方法

采用双头调节扳手,调整轨道中线。双头调节扳手需要联组工作,一般为 2~5 根。旋转竖向螺杆,调整轨道水平和超高。高度一般只能往上调整,不能往下调,所以要求粗调时顶面标高要略低与设计顶面。调整螺杆时要缓慢进行,旋转 90° 为高程变化 1mm,调整后用手检查螺杆是否受力,如螺杆未受力则拧紧调整附近的螺杆。精调完成后应进行固定,以防混凝土浇注时轨排位移及上浮。路基地段,在支承层上每隔 4 根轨枕设置销钉,与轨枕钢筋焊接。桥梁地段,在防护墙上设置斜拉杆固定轨排,同时用接头夹板将工具轨连接起来,以此保证接头的平顺性。轨道精调完成和浇筑混凝之间的时间应控制在 6h 以内,如果轨道放置时间过长,或环境温度变化超过 15℃,必须重新检查或调整,禁止使用外力扰动轨排。

五、钢筋绝缘及接地检测

(1)检查是否按设计要求对纵横向钢筋进行绝缘处理。

(2)道床板架设完成后,进行绝缘和接地性能测试,确保其符合要求。

六、混凝土道床板外形尺寸检测

道床板混凝土振捣密实后,表面应按设计设置横向排水坡,并用人工整平、抹光。施工完成后,应尽早进行验收,混凝土道床板外形尺寸允许偏差见表 4-34。

混凝土道床板外形尺寸允许偏差(mm)　　　　　　表 4-34

序　号	检测项目	允许偏差
1	顶面宽度	±10
2	中线位置	2
3	道床板顶面与承轨台面相对高差	±5
4	伸缩缝位置	±5
5	平整度	2(1m 尺量)

检验数量:每20m检查一处。

检验方法:尺量。

七、长钢轨条精调

具体方法和流程参照CRTS I 型无砟轨道长钢轨条精调流程。

思考与练习

1.分别阐述中国高速铁路CRTS I、CRTS II、CRTS III型无砟轨道以及双块式无砟轨道结构检测的内容。

2.CRTS III型无砟轨道板精调流程以及长钢轨条的精调流程分别是什么?

项目五 道岔检测技术

任务一 道岔概述

学习目标

1. 了解道岔类型；
2. 熟悉并理解道岔的定义和作用；
3. 掌握道岔结构组成。

任务描述

城市轨道交通过程中，道岔是必不可少的轨道设备，列车从一股道进入或者越过另一股道，均需要通过道岔实现。单开道岔作为道岔最基本的形式，在工程中应用最广泛，所以本任务就是需要学生重点掌握单开道岔的结构以及几何尺寸的定义，为道岔结构检测做准备。

工程案例

宁安铁路铜陵至池州段正线有砟轨道起止里程为 DK160 + 800 ~ DK167 + 200，共铺轨 8.87km；铜九改线铺轨 4.4km，池州疏解线铺轨 3.1km；池州站及铜陵站部分到发线也是有砟轨道，其中铜陵站站线铺轨 5.25km，池州站站线铺轨 4.517km。铜陵站设计共 8 股道，均为有砟轨道，其中宁安正线 2 条，宁安到发线 5 条，铜九改线 1 条；池州站有 3 条宁安到发线为有砟轨道，其中 1 条铜九到发线为有砟轨道；铜陵至池州段有砟道岔共 32 组，其中铜陵站 23 组，池州站 9 组；铜陵站宁安正线上道岔 12 组，到发线道岔 8 组，综合维修工区道岔 3 组；池州站到发线有砟道岔 2 组，池州疏解线有砟道岔 4 组，维修工区有砟道岔 3 组。

相关知识

一、道岔定义以及功能

道岔是机车车辆从一股轨道转入或越过另一股轨道时必不可少的线路设备，是铁路轨道的一个重要组成部分，也是轨道的薄弱环节之一。它具有限制列车速度、行车安全性能低、构造复杂、使用寿命短、养护维修投入大等特点，如图 5-1 所示。

155

图 5-1　道岔

二、道岔类型

（1）道岔按功能和用途可分为有单开道岔、对称道岔、三开道岔、交叉渡线、复式交分道岔 5 种标准类型，分别如图 5-2 ~ 图 5-6 所示。其中单开道岔是最常用的类型。

（2）道岔按钢轨轨型分为 43kg/m、50kg/m、60kg/m、75kg/m 钢轨道岔。

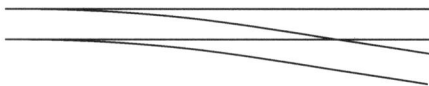

图 5-2　单开道岔

（3）道岔按号数分类有 6、7、8、9、12、18 以及大号码（如 30、38、42 号道岔）等，主要运营铁路干线常用的单开道岔有 9 号、12 号、18 号，大号码道岔主要用于要求侧线通过速度较高的联络线。客运专线以 18 号道岔为主。6 号、7 号和 8 号等道岔主要用于工矿企业专用线或货运站场。

（4）道岔按轨距分类有标准轨距用道岔（轨距 1435mm）、窄轨距用道岔（轨距 1000mm）、宽轨距用道岔（轨距 1520mm），还有套线类道岔。

（5）道岔按岔枕类型分类有木岔枕道岔、钢筋混凝土岔枕道岔和整体道床道岔。

（6）道岔按设计年代分类有"55 型""57 型""62 型""75 型""92 型""提速型""客运专线道岔"等。其中"提速型"为当前既有线路大量使用的道岔；新建客运专线多采用 250km/h 和 350km/h 客运专线道岔。

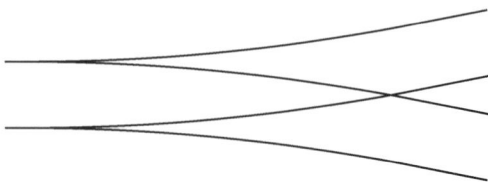

图 5-3　对称道岔

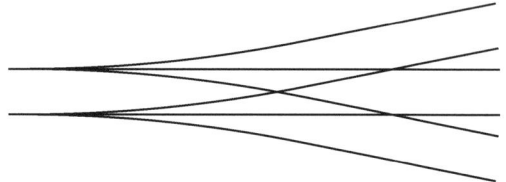

图 5-4　三开道岔

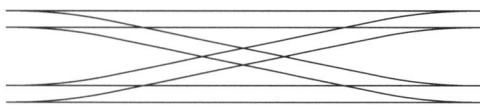

图 5-5　交叉渡线

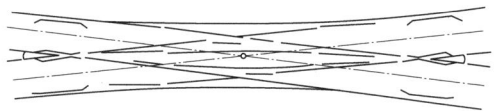

图 5-6　复式交分道岔

156

三、高速道岔的定义及类型

高速道岔是高速铁路轨道结构的重要组成部分,也是轨道的薄弱环节,其结构复杂、技术要求高,并对列车运行的安全性、平稳性、旅客的舒适性具有重要影响。高速道岔是指直向容许通过速度为 250km/h 及以上的铁路道岔,其中侧向容许通过速度为 160km/h 及以上的高速道岔被称为侧向高速道岔。高速道岔的分类方法有很多,主要有以下几种:

按直向容许通过速度,可分为 250km/h 和 350km/h 两种类型。

按侧向容许通过速度,可分为 80km/h、120km/h、160km/h、220km/h 四种类型。

按道岔功能,可分为正线道岔、渡线道岔和联络线道岔。

按轨下基础类型,可分为有砟道岔和无砟道岔。有砟道岔采用预应力混凝土岔枕,无砟道岔的轨下基础又可分为埋入式混凝土岔枕和道岔板两种类型,但道岔钢轨件是相同的。

按道岔号码,可分为 18 号、30 号、42 号、62 号等。

按辙叉类型,可分为可动心轨辙叉和固定型辙叉。我国的高速道岔全部为可动心轨辙叉。

四、单开道岔的组成以及特征

1. 单开道岔组成

单开道岔由转辙器、中间连接部分(导曲线部分)、辙叉及护轨 3 个部分组成,如图 5-7 所示(相关数字资源见二维码 16)。转辙器由 2 根基本轨、2 根尖轨、各种连接零件和道岔转辙机构组成;辙叉由叉心、基本轨、翼轨、护轨和连接零件组成。连接转辙器和辙叉的轨道称为道岔的转接部分。

16-道岔轨道静态
几何尺寸检测

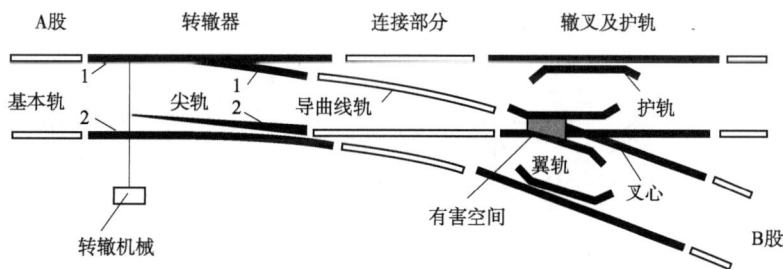

图 5-7　单开的道岔基本结构组成

(1)转辙器

转辙器主要由 2 根基本轨、2 根尖轨、间隔铁(或限位器或无传力装置)、各种垫板(平垫板、轨撑平垫板、滑床板、轨撑滑床板、通长垫板、支距垫板、橡胶垫板、塑料垫片等)、拉连杆(外锁闭装置无)、轨撑(无轨底坡道岔一般设置轨撑,有轨底坡道岔一般不设置轨撑)、顶铁、岔枕及其他连接零件(扣件、轨距块、螺栓螺母,等)组成,如图 5-8 所示。常见的道岔转辙机构分为机械式和电动式两种。岔转辙机构必须具备转换(改变道岔方向)、锁闭和显示 3 种功能。

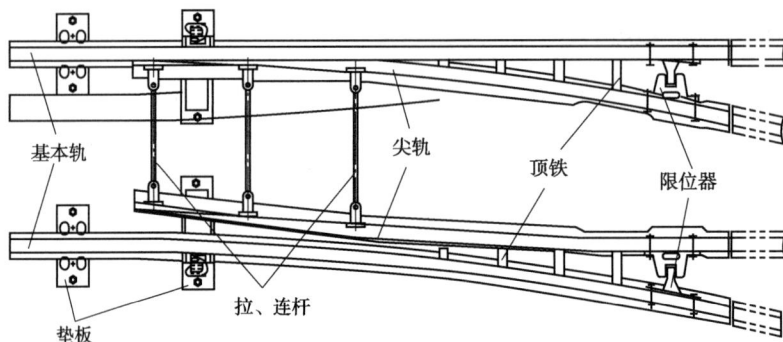

图 5-8　单开道岔转辙器结构组成

（2）辙叉以及护轨

辙叉是使车轮由一股钢轨越过另一股钢轨的设备。辙叉由叉心、翼轨和联结零件组成。按平面形式分,辙叉有直线辙叉和曲线辙叉两类,如图 5-9 所示;按构造类型划分,有固定辙叉和活动辙叉两类。叉心两侧作用边之间的夹角称辙叉角 α,其交点称辙叉理论中心(理论尖端)。由于制造工艺原因,辙叉尖端实际上有 6~10mm 宽度,称为辙叉实际尖端。辙叉角 α 越小,道岔号数 N 越大。以辙叉角的余切值表示辙叉号数。辙叉号数的计算公式如下:

$$N = \cot\alpha = \frac{AC}{BC} \tag{5-1}$$

式中:N——辙叉号数(道岔号数);

α——辙叉角;

BC——叉心工作边任一点 B 至另一工作边的垂直距离;

AC——由叉心理论尖端至垂足 C 的距离。

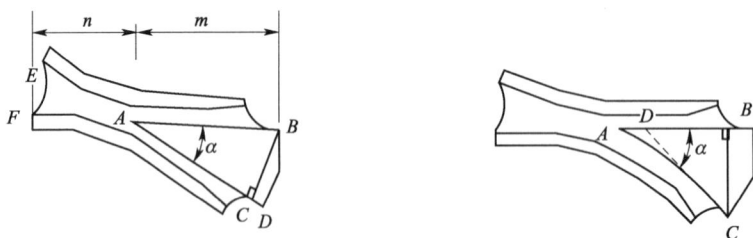

图 5-9　直线辙叉和曲线辙叉

翼轨作用边开始弯折处称为辙叉咽喉,这是两翼轨作用边之间的最窄距离,从辙叉咽喉至实际尖端之间,有一段轨线中断的空隙,被称为称道岔的"有害空间"。车轮通过较大的有害空间时,叉心容易受到撞击。为保证车轮安全通过有害空间,必须在辙叉相对位置的两侧基本轨内侧设置护轨,借以引导车轮的正确行驶方向。

我国标准的 9、12、18 号单开道岔的护轨,全长分别为 3.6~3.9m、4.5~4.6m、7.4~7.5m。护轨的平面形状,如图 5-10 所示,护轨的作用一方面是控制车轮的运行方向,使之能够正常地通过"有害可能空间"而不错入轮缘槽;另一方面是保护辙叉尖端不被轮缘冲击所撞伤。

158

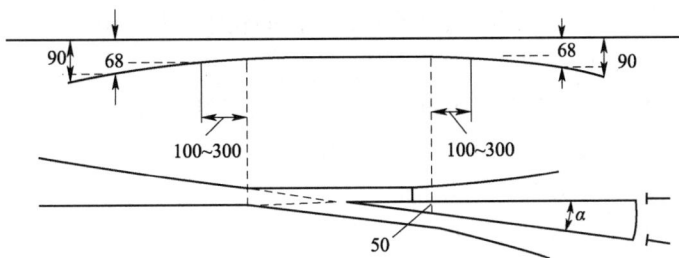

图 5-10　护轨的平面示意图(尺寸单位:mm)

(3)连接部分

在单开道岔中,连接转辙器与辙叉之间的线路称为连接部分。它与二者相连,构成一组道岔,连接部分的曲股称为导曲线。它包括 4 股钢轨,即 2 股直线钢轨和 2 股曲线钢轨重叠组成。在其他道岔中,转辙器与转辙器之间或辙叉与辙叉之间的线路也称为连接部分。

2.单开道岔的特征

单开道岔是指主线为直线,侧线由主线向左侧或右侧分支的道岔。单开道岔由一股直线和一股侧线组合而成。单开道岔分为左开和右开道岔。区分的方法为:站在道岔的前端,面向道岔,侧线向左侧分支的称为左开道岔,侧线向右侧分支的称为右开道岔。单开道岔在构造上比任何其他类型的道岔都简单,因而设计、制造、使用和养护都比较方便。所以,单开道岔为铁路线路上最普遍采用的基本连接设备,占各类道岔的90%以上。单开道岔根据尖轨、辙叉及连接部分的平面形式可组合成多种平面形式的单开道岔。比较常见的有侧线为直线尖轨、直线辙叉的单开道岔;曲线尖轨、直线辙叉的单开道岔;曲线尖轨、曲线辙叉的单开道岔。

任务二　道岔结构检测

学习目标

1. 了解并熟悉道岔几何形位的定义;
2. 熟悉并理解道岔结构检测内容;
3. 掌握道岔结构检测设备和方法。

任务描述

由于道岔的构造和平顺连续的轨道不同,所以在轨道工程中,如何使道岔具有良好形状、确保列车能在规定的速度下安全、可靠地通过道岔和延长道岔的使用寿命是至关重要的。本任务要求学生掌握道岔各部分基本几何形位的检查设备和方法。

相关知识

一、单开道岔几何形位

道岔各部分几何尺寸的正确与否,是保证机车车辆安全、平稳通过的必要条件。道岔各

159

部分的几何尺寸是根据机车车辆的轮对尺寸和道岔的轨距按最不利组合确定的。

1.单开道岔主要尺寸

普通单开道岔各部分名称如图 5-11 所示,具体包括的内容如下:

(1)道岔主线:单开道岔和三开道岔中的直线轨道,其他道岔中主要方向的轨道。

(2)道岔侧线:道岔中从主线分出来的轨道。

(3)道岔中心:辙叉跟端侧股中心线(中心线为曲线时,为切线)与道岔始端轨道中心线的交点。

(4)道岔始端:尖轨尖端前的基本轨端轨缝中心。

(5)道岔终端:离道岔始端最远的辙叉跟端轨缝中心。

(6)辙叉心轨理论尖端:辙叉心轨两个工作边延长线的交点。心轨的实际尖端为辙叉心轨尖端。

(7)辙叉趾端:辙叉(不包括钝角辙叉)与导轨相连接的一端。

(8)辙叉跟端:辙叉(不包括钝角辙叉)心轨伸出的一端。

(9)道岔基线:单开道岔指道岔主线中心线,对称道岔指对称轴线,其他道岔中指作为基准的直线。

(10)道岔全长:道岔始端至道岔终端在道岔基线上的投影线。

(11)道岔理论长度:尖轨理论尖端至辙叉心轨理论尖端在道岔基线的投影长度。

(12)道岔前部理论长度:尖轨理论尖端至道岔中心在道岔基线上的投影长度。

(13)道岔后部理论长度:道岔中心至辙叉心轨理论尖端在道岔基线上的投影长度。

(14)道岔前长:道岔始端至道岔中心在道岔基线上的投影长度。

(15)道岔后长:道岔中心至道岔终端在道岔基线上的投影长度。

(16)基本轨前长:尖轨尖端前的基本轨在道岔基线上的投影长度。

(17)辙叉趾长:辙叉心轨理论尖端至辙叉趾端的工作边长度。

(18)辙叉跟长:辙叉心轨理论尖端至辙叉跟端的工作边长度。

(19)辙叉趾宽:辙叉趾端两翼轨工作边的距离。

(20)辙叉跟宽:辙叉跟端两心轨工作边的距离。

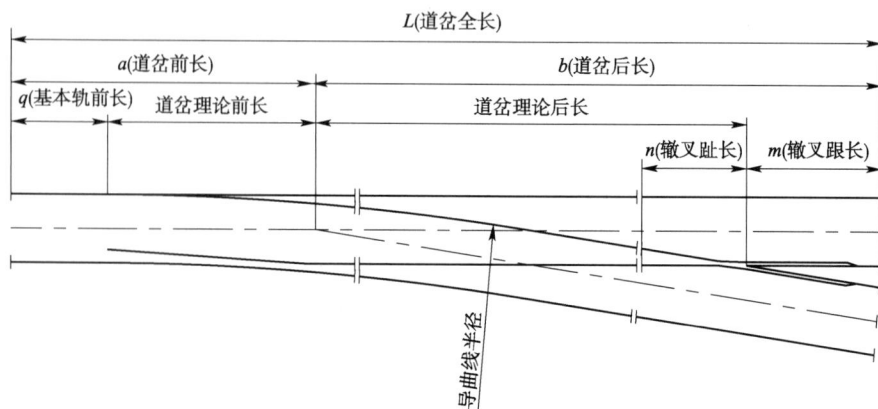

图 5-11　普通单开道岔各部分名称

直线尖轨道岔主要尺寸见表5-1。

直线尖轨道岔主要尺寸(mm)　　　　　　　　　　　　　表5-1

道岔号数	9	12	18	12-固	12-动
道岔前部实际长	13839	16853	22745	16592	16592
道岔后部实际长	15009	19962(21054)	31255(33802)	21208	26608
导曲线半径	180000	330000(350000)	800000	350000	350000
道岔前部理论长	11189	14203	18867	—	—
道岔后部理论长	12955	17250	25851		
尖轨长	6250(6450)	7700(11300)	13500	13880	13880
尖轨尖端基本轨长	2646(2058)	2646	3874	2920	2920
辙叉尖前直线段	2115(2058)	2483(2548)	3646	2692	2692
辙叉趾长	1538	1849(2127)	2836(4652)	2083	—
辙叉跟长	2050	2708(3800)	5400(7947)	3954	4354
护轨长度	3900(3600)	4500(4600)	7500(7400)	直6900 曲4800	曲5400
辙叉前开口	170	154(177)	157(258)	—	318
辙叉后开口	227	225(316)	300(441)	—	778

2. 道岔各部分轨距

直线轨道的轨距为1435mm,曲线轨道应根据其曲线半径、运行速度及机车车辆的通过条件等因素来决定。在单开道岔上,需要考虑对轨距加宽的部分有:基本轨前接头处轨距S_1;尖轨尖端轨距S_0;尖轨跟端直股及测股轨距S_h;导曲线中部轨距S_c;导曲线终点轨距S_0。

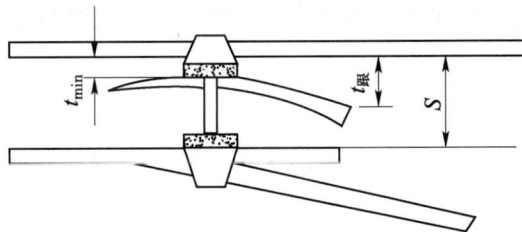

图 5-12　曲线尖轨最小轮缘槽

3. 转辙器部分的间隔尺寸

(1)尖轨的最小轮缘槽宽 t_{min}

对于曲线尖轨来说,t_{min}发生在其最突出的轮缘槽,较其他任何一点的轮缘槽都小,称为曲线尖轨的最小轮缘槽宽 t_{min},如图 5-12 所示,根据经验,t_{min}可减少至 65mm。对于直线尖轨来说,t_{min}发生在尖轨跟端 t_0 位置,如图 5-13 所示,尖轨跟端轮缘槽 t_0 应不小 74mm。

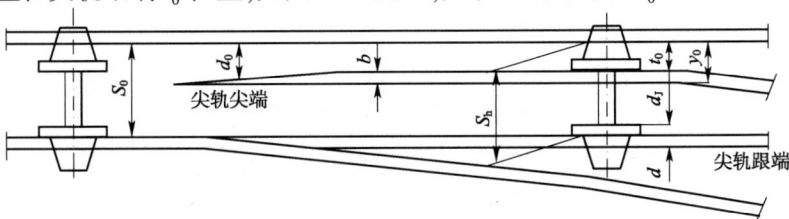

图 5-13　直线尖轨尖端与尖轨跟端

（2）尖轨动程 d_0

尖轨动程为尖轨尖端非作用边与基本轨作用边之间的拉开距离，规定在距尖轨尖端380mm 的第一根连接杆中心处量取。目前大多数转辙机的标准动程为152mm，因此，《铁路线路维修规则》规定：尖轨在第一连接杆处的最小动程，直尖轨为142mm，曲尖轨为152mm。

4.导曲线支距

导曲线部分需要确定的几何尺寸，主要是导曲线外轨工作边上各点以直向基本轨作用边为横坐标轴的垂直距离，也称为导曲线支距，如图 5-14 所示。

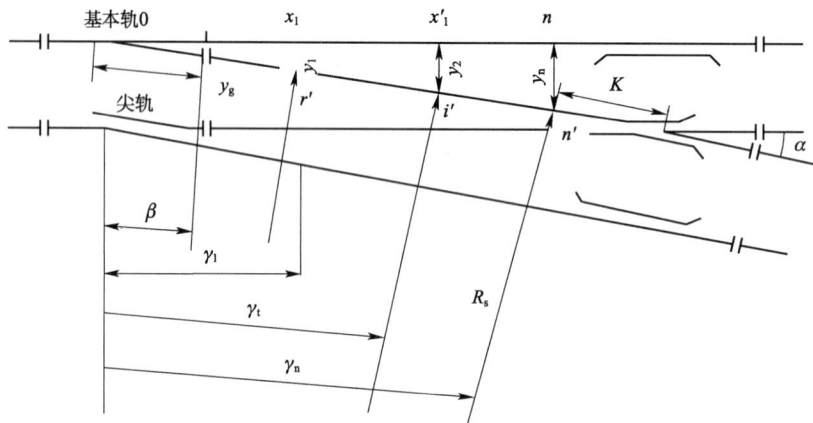

图 5-14　导曲线支距

5.辙叉及护轨尺寸

固定辙叉及护轨需要确定的几何形位主要是辙叉咽喉轮缘槽宽 t_1、查照间距 D_1 及 D_2、护轨轮缘槽 t_g、翼轨轮缘槽 t_w 和有害空间 l_h。

（1）辙叉咽喉轮缘槽 t_1

辙叉咽喉轮缘槽宽如图 5-15 所示，为使车轮能够顺利通过辙叉咽喉，应保证在最不利的情况下，即最小轮对一侧车轮轮缘紧贴基本轨时，另一侧车轮轮缘不撞击翼轨时对应的值为 t_1 不小于 68mm。

（2）查照间距 D_1 和查照间距 D_2

查照间距 D_1 是辙叉心轨工作边至护轨头部外侧的距离，$D_1 \geq 1391$mm；查照间距 D_2 是翼轨工作边至护轨头部外侧的距离，$D_2 \leq 1348$mm，如图 5-15 所示。其中 D_1 只能有正误差，允许范围为 1391～1394mm；D_2 只能有负误差，允许范围为 1346～1348mm。

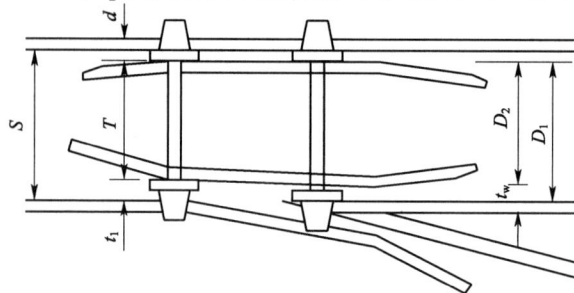

图 5-15　辙叉以及护轨尺寸

（3）护轨轮缘槽宽 t_g

护轨轮缘槽宽主要是指护轨平直段的槽宽。该槽宽的范围是由辙叉咽喉至辙叉心轨顶面宽50mm处相对应的一段长度，如图5-16所示。根据《铁路线路修理规则》规定：护轨轮缘槽宽为42mm，如侧向轨距为1441mm时，则侧向轮缘槽的标准宽为48mm。

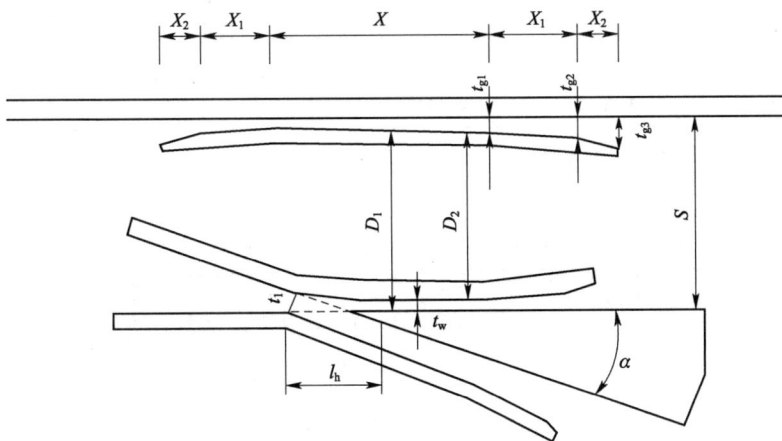

图5-16　护轨轮缘槽的宽和长

（4）翼轨轮缘槽宽 t_w

翼轨轮缘槽宽主要是指翼轨中部与心轨平行部分的槽宽，其范围是由辙叉理论尖端至心轨宽50mm处的一段对应长度，如图5-16所示。根据《铁路线路修理规则》规定，翼轨轮缘槽宽应为46mm。

（5）有害空间 l_h

从辙叉咽喉至实际尖端之间的距离称为辙叉的有害空间，如图5-16所示。一般规定9号、12号及18号道岔的有害空间分别为702mm、936mm及1404mm。

二、单开道岔结构检测内容

单开道岔结构的检测内容主要有道岔的基本几何形位（轨距、水平、高低以及轨向和各种槽宽尺寸）、钢轨、岔枕、道岔各部分零件（连接零件、轨缝、滑床板等）、防爬设备、道床、路基、标志标记等。检测的顺序一般要按照道岔先高低后水平，最后是检查各部分密贴情况与间隔尺寸。

📖 任务实施

一、单开道岔轨距检查

1. 道岔各部分轨距标准

为了缓冲列车通过道岔时对钢轨的挤压和冲撞，在道岔的尖轨尖端、尖轨跟端及导曲线部分的轨距要适当加宽。国家铁路单开道岔各部分轨距见表5-2。

单开道岔各部分轨距（mm） 表 5-2

尖轨种类	尖轨长度	尖轨尖端轨距	尖轨跟端轨距		导曲线中部轨距	
			直向	曲向		
直尖轨	6250～7700 以下	1450	1439	1439	$R < 300m$	1450
	7700 及以上	1445			$350m > R \geqslant 300m$	1445
曲尖轨	11300	1437	1435	1435	$R \geqslant 350m$	1435
	13500	1435				

2. 轨距（水平）检查位置（图 5-17）

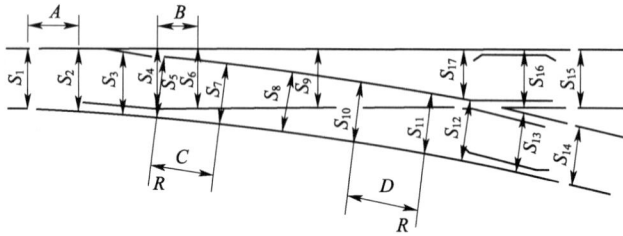

图 5-17　道岔轨距水平检查示意图

道岔轨距位置说明如下：

S_1：尖轨前基本轨接头，第四～第五螺栓孔；

S_2：尖轨尖端，尖轨前 50～80mm；

S_3：尖轨中，尖轨中刨切点（距尖轨尖端 6011mm）；

S_4、S_5：尖轨跟端（直、曲），第二～第三螺栓孔；

S_6、S_7：导曲前（直、曲），直基本轨（曲基本轨）接头第四～第五螺栓孔；

S_8、S_9：导曲中（直、曲），曲内配轨接头第四～第五螺栓孔；

S_{10}、S_{11}：导曲后（直、曲），曲护轨基本轨接头第四～第五螺栓孔；

S_{12}：辙叉前（直），第四～第五螺栓孔；

S_{13}：辙叉中（直），心轨宽 30～50mm 处；

S_{14}：辙叉后（直），第二～第三螺栓孔；

S_{15}：辙叉后（曲），第二～第三螺栓孔；

S_{16}：辙叉中（曲），心轨宽 30～50mm 处；

S_{17}：辙叉前（曲），第四～第五螺栓孔。

3. 轨距检查步骤：

（1）一般每 6.25m 检查一处

12.5m 钢轨的接头及中间各检查一处，每节钢轨检查两处；25m 钢轨的接头以及长度的 1/4、1/2、3/4，即每节钢轨检查四处。非标准长度的钢轨可比照此方法检查。无缝线路每千米检查 160 处（或按每 6.25m 检查一处）。

（2）轨距尺必须与线路中线垂直

现场操作时轨距尺垂直于任一钢轨均可。测量时，不论钢轨头部有无肥边和磨耗，也不

论轨顶有无坡度,均以标准轨距尺测得的数据为准

(3)记录

在线路检查记录簿上,按线路里程(股道)、轨号、检查部位,记录轨距值。

二、水平检查

水平检查步骤如下:(1)水平检查时,水平差的符号按以下方法确定。在直线地段,以顺线路里程方向,以左股(即左股钢轨)为基本股,对面股低于基本股时的水平差符号为"+"号,反之为"-"号;在曲线地段,以曲线内股钢轨为基本股,外股钢轨顶面与内股钢轨顶面的高差比曲线超高大时用"+"号,反之为"-"号。对于道岔来说,以导曲线内股及内侧直股为标准股,比标准股高时记录为"+",反之记录为"-"(含辙叉部分)。

(2)水平检查与轨距检查同步进行,在钢轨长度的同一位置,按先轨距后水平的顺序检查,工作人员口述与标准尺寸的偏差,如"+3""-5",即轨距与标准值偏差为+3mm,水平与标准值偏差为-5mm。

(3)记录。在线路检查记录簿上,按线路里程(股道)、轨号、检查部位,记录水平的偏差值。

三、高低检查

(1)目测线路高低。在检查轨距、水平的同时,每隔100~150m目测前后高低,全面查看,重点检查。将超限的轨距和高低记录在"紧急工作量及其他"栏中。高低检查时,工作人员先俯身目测自己下颚圆弧的延长线,从纵向上找出线路高低不良的位置,用石笔作出标记。要求目视平顺,前后高低偏差用l0m弦量测的最大矢度值不应超过4mm,其他站线不得大于5mm。线路大中修验收相关标准中规定:普通线路空吊板率不得超过12%,无缝线路空吊板率不得超过8%。

四、轨向检查

目测找出两股钢轨的轨向不良处,用石笔作出标记。将10m弦绳两端贴靠在钢轨内侧踏面下16mm处,测量弦绳至轨向不良处钢轨作用边的最大矢度值。

道岔轨道静态几何尺寸允许偏差管理值见表5-3,进行检查作业时对应表中列车速度在120km/h及以下正线及到发线作业验收的数值。

道岔轨道静态几何尺寸容许值差管理值 表5-3

项 目	$V_{max}>160km/h$ 正线			$160km/h \geq V_{max}>120km/h$ 正线			$V_{max} \leq 120km/h$ 正线及到发线			其 他 站 线		
	作业验收	经常保养	临时补修	作业验收	经常保养	临时补修	作业验收	经常保养	临时补修	作业验收	经常保养	临时补修
轨距(mm)	+2 -2	+4 -2	+5 -2	+3 -2	+4 -2	+6 -2	+3 -2	+5 -3	+6 -3	+3 -2	+5 -3	+6 -3
水平(mm)	3	5	7	4	5	8	4	6	9	6	8	10
高低(mm)	3	5	7	4	5	8	4	6	9	6	8	10

续上表

项 目		$V_{max}>160km/h$ 正线			$160km/h\geq V_{max}>120km/h$ 正线			$V_{max}\leq120km/h$ 正线及到发线			其 他 站 线		
		作业验收	经常保养	临时补修	作业验收	经常保养	临时补修	作业验收	经常保养	临时补修	作业验收	经常保养	临时补修
转向(mm)	直线	3	4	6	4	5	8	4	6	9	6	8	10
	支距	2	3	4	2	3	4	2	3	4	2	3	4
三角坑(扭曲)(mm)		3	4	6	4	6	8	4	6	9	5	8	10

五、尖轨跟端槽宽及跟距检测

(1)尖轨跟端槽宽:最小值为65mm,容许误差为-2mm。
(2)尖轨跟距:最小值为63mm+轨头宽度。

测量工具主要有钢板尺、木折尺、钢卷尺等,教师对尖轨跟端槽宽及跟距、尖轨动程、护轨槽宽、翼轨槽宽进行示范检查并记录超限处所,超限有关规定在前面已介绍。

六、尖轨动程

尖轨动程是指在第一连接杆(拉杆)处,尖轨与基本轨间的摆动宽度。确定尖轨动程的尺寸原则是:使具有最小内侧距和最薄轮缘厚度的轮对,在尖轨尖端处轨距最大时,能自由通过而不推挤尖轨。可测量道岔前开口尖轨在第一拉杆处的最小动程直尖轨为142mm,曲尖轨为152mm,AT型弹性可弯尖轨12号普通道岔为180mm,12号提速道岔为160mm。其他道岔按设计图或标准图办理。特殊道岔不符合上述规定者,暂且按标准图或设计图轨距标准保留,但应有计划地进行改造或更换。

七、护轨槽宽和翼轨槽宽

护轨平直部分轮缘槽标准宽度为42mm,如侧向轨距为1441mm时,则侧向轮缘槽标准宽度为48mm,容许误差为-1~+3mm。辙叉心轮缘槽标准宽度(测量位置按标准图或设计图规定)为46mm,容许误差为-1~+3mm。

八、道岔各部零件检查

1.道岔各部零件检查工具(表5-4)

道岔各部零件检查工具 表5-4

序 号	名称及规格	数量及单位
1	轨缝尺、塞尺	各1把
2	检查锤	1把
3	皮尺	1个
4	捣镐	1把
5	滑石笔	1根
6	道岔检查记录本、记录笔	各1

2. 检查尖轨

(1)尖轨密贴:用塞尺检查,大于 2mm 的要记录;

(2)尖轨爬行:会用弦线检查,也会用方尺检查。

3. 检查尖轨要求

(1)会用方尺、钢板尺、钢卷尺、石笔检查并记录,注意强调记录中容易出现的问题。

(2)用弦线、石笔检查,此种检查是在没有方尺等检查工具情况下的粗略检查。

4. 检查轨缝

(1)轨缝:用轨缝检查尺检查,瞎缝、大于构造轨缝(大于 18mm)需要记录;

(2)错牙:用木折尺检查,检查钢轨非工作边的轨缝轨面或内侧错牙大于 2mm 的需要记录。

(3)绝缘接头小于 6mm 的需要记录。

5. 检查滑床板

用塞尺或木折尺检查,尖轨与滑床板缝隙大于 2mm 的需要记录。

6. 检查各部螺栓

用道钉锤检查(缺少、失效、松动的需要记录)。

7. 检查铁垫板、胶垫、扣件

缺少、失效、离缝的需要记录。

8. 检查轨枕失效、歪斜、吊板处所

(1)轨枕失效标准见《铁路线路维修规则》。

(2)轨枕歪斜超过 20mm 的需要记录,测量轨枕边缘处中心距。

(3)吊板检查:用捣镐轻敲轨枕并听声音。

9. 检查道岔加强设备

防爬器、轨距杆、轨撑数量缺少或状态不合要求的要记录,其数量按标准图计;

10. 检查道床

被污染、外观不合要求的要记录,主要以观看为主,可用皮尺检查断面尺寸,对有怀疑的个别脏污处可挖开其表面观看;

11. 检查标志、标记

缺少或状态不合要求的要记录,其数量按标准图计。

九、其他检测

1. 钢轨

(1)尖轨、辙叉,钢轨是否有伤损。

(2)尖轨尖端与基本轨是否密贴。

(3)钢轨接头错牙(顶面或内侧面)是否大于 1mm。

(4)轨缝是否有瞎缝或存在大于 18mm 的大轨缝,普通绝缘接头轨缝是否小于 6mm;轨端是否有大于 2mm 的肥边。

2. 岔枕

(1)位置或间距偏差是否大于 40mm。

（2）岔枕在接头处是否失效，在其他处是否连续失效。

（3）岔枕该削平的地方是否已削平或该修理的是否已修理。

（4）岔枕是否有空吊板。

3．防爬设备

（1）防爬器是否出现缺少、损坏和松动的现象，防爬支撑是否出现缺损、失效的现象。

（2）道岔前端相错和道岔两尖轨相错是否大于20mm。

4．路基

路肩是否平整，有无反坡，路肩上是否有杂草，排水是否畅通。

思考与练习

1．道岔的定义是什么？

2．单开道岔由哪些结构组成？

3．单开道岔的几何形位包括什么？

项目六　轨道工程试验检测

任务一　轨道工程试验检测概述

学习目标

1. 了解轨道工程试验检测的意义和目的；
2. 熟悉并理解轨道工程检测的任务；
3. 掌握轨道工程试验检测的内容。

任务描述

轨道工程试验检测工作是轨道工程质量管理的一个重要组成部分，是工程质量科学管理的重要手段。客观、准确、及时地掌握试验检测数据是工程实践的真实记录，是指导、控制和评定工程质量的科学依据。本任务要求学生掌握轨道工程试验检测的意义以及检测内容。

工程案例

某标段自 2 号线一期工程终点接出后沿宁杭公路向东，以高架形式跨过绕城公路后沿宁芜铁路西侧规划绿化带向北，逐渐由高架转为地面，在沪宁高速公路前由地面转入地下，下穿过沪宁高速后右转，连续下穿宁芜铁路和百水河和黄马立交桥继续北上出地面，以地面线形式进入规划紫金山客运枢纽地区，设紫金山地面车站，随后再以路基、高架桥、路基形式到达本标段终点。本标段包括有高架区间、路基、明挖、盾构区间工程等。其中马群站—紫金山站高架区间总长为 540.53m，主要施工内容为桥梁上部结构、下部结构及附属结构等；路基总长为 312.347m，主要施工内容为路基、挡土墙、地基处理、路基综合排水系统、路基防护及绿化等；明挖分成南北两段总长为 746.55m，主要施工内容为基坑围护、内部主体结构、排水泵站、隧道防排水等；盾构法施工总长为 1154m，紫金山车站主体总长为 180m，主要施工内容为土建结构、防水工程等。

相关知识

一、轨道工程试验检测目的和意义

（1）用定量的方法，对各种原材料、成品或半成品，科学地鉴定其质量是否符合国家质量

标准和设计文件的要求,做出接收或拒收的决定,保证工程所用材料都是合格产品,是控制施工质量的主要手段。

(2)对施工全过程,进行质量控制和检测试验,保证施工过程中的每个部位、每道工序的工程质量均满足有关标准和设计文件的要求,是提高工程质量、创优质工程的重要保证。

(3)通过各种试验、试配,经济合理地选用原材料,为企业取得良好的经济效益打下坚实的基础。

(4)对于新材料、新工艺、新技术,通过试验检测和研究,鉴定其是否符合国家标准和设计要求,为完善设计理论和施工工艺积累实践资料,为推广和发展新材料、新工艺、新技术做贡献。

(5)试验检测是评价工程质量缺陷、鉴定和预防工程质量事故的手段。通过试验检测,为质量缺陷或质量事故判定提供实测数据,以便能准确判定其性质、范围和程度,合理评价事故损失,明确责任,从中总结经验教训。

(6)分部、分项等工程完成后,均要对其进行适当的抽检,以便进行质量等级的评定。

(7)为竣工验收提供完整的试验检测证据,保证向业主交付合格工程。

(8)试验检测工作集试验检测基本理论、测试操作技能和工程相关学科的基础知识于一体,是工程涉及参数、施工质量控制、工程验收评定、养护管理决策的主要依据。

二、轨道工程试验检测工作任务

(1)在选择料场和确定料源时,对未进场的原材料进行质量鉴定,根据原材料质量和经济合理的原则选定料源。

(2)对运往施工现场的原材料,按有关规定的频率进行质量鉴定。

(3)对外单位供应的构配件、制品在查验其出厂质检资料后,做适量的抽检验证。

(4)做各种混合料的配合比试配,在确保工程质量的前提下,经济合理地选用配合比。

(5)负责施工过程中的施工质量控制。

(6)负责推广、研究、应用新材料、新工艺、新技术,并用试验数据论证其可靠性。

(7)负责试验样品的有效期保存,以备必要时复查。

(8)负责项目所有试验资料的整理、报验、保管,以利于竣工资料的编制、归档。

(9)参加各级组织的质量检查,并提供相应的资料;参与质量事故的调查分析,配合做各种试验检测工作。

(10)对一些试验室无法检验的项目,负责联系、委外试验。

(11)协助、配合(监理工程师)、业主和当地质量监督部门的抽检工作。

(12)做好分包工程的试验检测和质量管理工作。

三、轨道工程试验检测内容

(1)混凝土试验(普通的以及自密实混凝土)。

(2)砂、石、水泥、粉煤灰检测。

(3)钢筋原材、钢筋焊接检测。

(4)硫磺锚固配合比设计以及螺旋道钉锚固抗拔力检测。

（5）CA 砂浆检测。

（6）底砟、道砟压实度检测。

（7）钢轨焊接试验检测。

（8）轨枕结构强度检测。

（9）扣件扣压力和疲劳试验检测。

任务二　轨道工程试验检测技术

学习目标

1. 了解轨道工程试验检测的术语；
2. 熟悉并理解比较重要的轨道工程试验检测的指标以及检测设备；
3. 掌握比较重要的轨道工程试验检测方法。

任务描述

　　本任务需要学生掌握自密实混凝土、水泥乳化沥青砂浆（CA 砂浆）、钢筋焊接、铁路道砟等这几个比较重要的试验检测的试验依据、试验主要仪器设备和试验内容以及检测方法。

相关知识

一、自密实混凝土概述

　　自密实混凝土（Self Compacting Concrete 或 Self-Consolidating Concrete，简称 SCC，见图 6-1）是指在自身重力作用下，能够流动、密实，即使存在致密钢筋也能完全填充模板，同时获得很好的均质性，并且不需要附加振动的混凝土。自密实混凝土仅依靠自重作用而无需振捣便能均匀、密实地填充成型的特点，为施工操作带来极大方便，同时其兼有保证工程的质量、减少施工噪声、加快施度、改善施工环境、降低工程造价，有着广泛的社会性效益、资源效率和技术经济效益。自密实混凝土以其优异的工作特性、力学性能和耐久性能，引起了土木工程界广泛的关注。

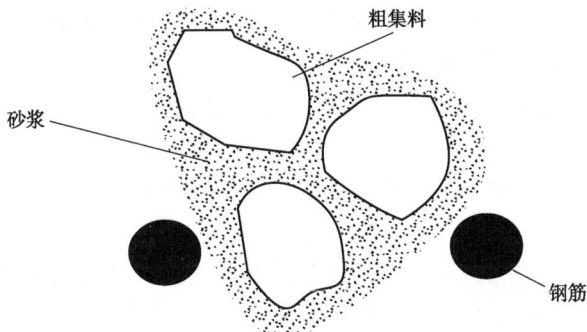

图 6-1　自密实混凝土自密实过程

混凝土的工作性能是影响混凝土自密实性的重要因素,自密实混凝土具有优良的工作性能,其拌合物具有很高的流动性且不离析、不泌水,能不经振捣在自重作用下自由流淌充满模型和包裹钢筋形成均匀密实的混凝土结构。

组成材料对混凝土的性能具有重要的影响。为了满足自密实混凝土的性能要求,必须合理地选择自密实混凝土组成原材料及其品质参数。自密实混凝土组成材料包括粗细集料、胶凝材料、超塑化剂、拌合水等,即除了与普通混凝土具有相同的四大组分外,还必须包括第五组分、第六组分。这些材料的品质必须满足相应的技术要求,此外,水泥、矿物掺合料、外加剂还应满足相容的原则。

评价自密实混凝土的工作性有很多种方法,如坍落扩展度、L 形箱、U 形箱、V 形漏斗、Orimet 口下料、J 环、填充箱试验等,根据试验或工程的要求及实际条件可以选择不同的工作性评价方法。

对自密实混凝土检测常用的方法主要是坍落扩展度和 L 形箱法。

二、水泥乳化沥青砂浆概述

板式无砟轨道首先在日本开始应用,我国秦沈客运专线沙河、狗河、双河特大桥也采用了该种形式的轨道结构。板式无砟轨道道床主要由底座、CA 砂浆、轨道板三部分组成,其中 CA 砂浆的施工是板式无砟轨道的核心技术。水泥乳化沥青砂浆由乳化沥青、水泥、细集料、水和外加剂经特定工艺搅拌制得的具有特定性能的砂浆,是用于高速铁路板式无砟轨道,填充于轨道板与混凝土基础或梁之间的一种弹性、缓冲的材料,可调整轨道板的几何位置。

知识链接

1. CA 砂浆的技术要求

根据 CA 砂浆在板式轨道中的作用与功能,其技术要求如下:

(1)稳定的力学性能和适宜的弹性性能。高早强、后期强度稳定、较低的弹性模量。

(2)高耐候性与耐久性。温变适应性、高温抗变形、低温抗冻裂、抗老化与耐疲劳。

(3)体积稳定性与变形的可控性。体积变化的可设计性、长期体积稳定性。

(4)良好的施工性能。高流动性与均质性、优良的自充填与自密实性能。

2. CA 砂浆关键技术

(1)高性能沥青基材的性能设计与改性技术。制备出适应我国气候特点与高速列车适用的高耐候、高弹性恢复沥青基材。

(2)沥青乳化与乳化工艺、装备技术开发。解决因沥青与乳化液之间温差大而导致的乳化过程气化问题,提高乳化质量。

(3)沥青乳液颗粒超细化分散技术。提高沥青乳液体系的分散性,改善沥青乳液的温度适应性与储运稳定性。

(4)水泥水化与沥青破乳胶结过程的匹配设计与控制。通过无机材料性能调整、外加剂开发与配比优化,改善沥青乳液与水泥的适应性。

(5)高性能 CA 砂浆的性能(多用途)设计与制备施工技术。开发出能适应不同环境条件和要求的 CA 砂浆产品与制备施工技术。

3. CA 砂浆的主要技术指标

CA 砂浆应用的特殊性决定了其各项性能指标要求极为严格,主要技术指标见表 6-1。

CA 砂浆主要技术指标 表 6-1

项 目	标 准 值	项 目		标 准 值
流动度(s)	16~26	20℃时抗压强度(MPa)	1d	≥0.10
可工作时间(min)	≥40		3d	≥0.30
单位体积质量(kg/L)	≥1.30		7d	≥0.70
含气量(%)	8.0~12.0	20℃静态弹性模量(MPa)		1.8~2.5
砂浆温度(℃)	5~30			100~400
膨胀率(%)	1.0~3.0	抗冻性	相对动弹模量(%)	≥60.0
泌水率(%)	0	耐候性	质量损失率(%)	≤5.0
材料分离度(%)	≤3.0		相对抗折强度(%)	90.0~120.0

1. CA 砂浆的组成材料

(1)水泥

水泥是 CA 砂浆中主要的胶结材料之一,同时它的水化能有效促进乳化沥青的破乳胶结,水泥对 CA 砂浆的新拌状态和后期的樱花胶结过程有着重要的影响。因此,要严格选择水泥品种和强度等级,新鲜水泥要妥善保管和储藏。

由于 CA 砂浆中绝对水灰比较大,且灌注后在 24h 内需要至少有 0.1MPa 的强度,因此一般采用早强型普通硅酸盐水泥,强度等级在 42.5R 级及以上。

(2)砂

采用天然河砂,最大粒径 1.25mm,细度模数在 1.4~1.8 之间,其他技术指标符合《铁路混凝土工程施工技术指南》(TZ 210—2005)标准。

(3)乳化沥青

乳化沥青由基质沥青、乳化剂和水配制而成。沥青作为 CA 砂浆中主要的胶结凝材料之一,其质量的好坏直接影响着 CA 砂浆硬化体的力学性能和耐久性。生产专用沥青乳液的基质沥青一般采用 70 号或 90 号重交通石油沥青,见表 6-2。

70 号石油沥青技术指标 表 6-2

技术指标		技术要求
70 号		
针入度(25℃、100g、5s)(0.1mm)		60~80
软化点(环球法)(℃)		44~54
延度(15℃、5cm/min)(cm)		≥100
闪点(COC)(℃)		≥230
含蜡量(蒸馏法)(%)		≤3.0
溶解度(三氯乙烯)(%)		≥99.0
薄膜烘箱试验(163℃,5h)	延度(25℃)(cm)	≥50
	质量损失(%)	≤0.8
	针入度比(%)	≥55

（4）掺合材料

掺合材料主要是指膨胀剂，常用钙矾石类膨胀剂。其膨胀性能与水泥—沥青的胶结硬化和后期的强度发展协调一致，而且具有膨胀量合适的优点。有时为了改善制备砂浆的均质性、和易性及其硬化体的力学性能，常添加一些矿物掺合料，如硅灰、粉煤灰、矿渣等。CA砂浆用掺和材技术指标见表6-3。

CA砂浆用掺和材料技术指标 表6-3

序　号	指标名称	标准	序　号	指标名称	标　准
1	颗粒电荷	+	6	水泥拌和试验	合格
2	恩氏黏度（25℃条件下，Pa·s）	5°~15°	7	蒸发残余	残余物含量（%）	58~63
3	筛余（%）	<3		针入度（25℃）（1/10mm）	60~120
4	储存稳定性（5d）（%）	≤5		延伸度（25℃）（cm）	>100
5	低温储存稳定性（-5℃）	合格		溶解度（四氯化碳）（%）	>97

（5）铝粉

铝粉是一种CA砂浆尚未固化前的膨胀剂。适当的掺加铝粉产生体积膨胀足以抵消CA砂浆24h内高达2%~3%的体积收缩。在温度和pH值相同的条件下，对铝粉发气具有决定性影响的主要因素是铝粉的纯度、细度和颗粒形状。因此，一般对铝粉提出下列具体要求：铝粉应呈银灰色，没有结块，无污泥杂质；铝粉的颗粒形状应呈鳞片状，且细度为$300\mu m$筛通过率大于98%；金属铝的含量不应少于88%，有机化合物的含量不应超过1.5%。

（6）外加剂

外加剂主要有减水剂、表面活性剂、加气剂、消泡剂、聚丙烯纤维和氯丁乳胶等。

2. CA砂浆的配合比例

CA砂浆配合比例是保证CA砂浆质量的关键，而其配合比设计又是一项新的试验检测技术，在目前一无标准、二无经验的情况下，不可能做到像水泥混凝土配合比设计那样得心应手。建议：一是按照设计文件指定的组成材料及参考配方，通过试验后再投入使用；二是采用科研单位已经成功的科研成果。

3. CA砂浆的主要试验设备（表6-4）

CA砂浆主要试验设备 表6-4

序　号	名　称	规格型号	精　度	单　位	数　量
1	CA砂浆搅拌机	15L		台	1
2	5kN数显液压万能试验机	SWE-5	0.001kN	台	1
3	压力试验机	NYL-300	0.2kN	台	1
4	电热鼓风干燥箱	SY102-2	5℃	台	1
5	沥青乳化机	RHS-5		台	1
6	多功能电子天平	JD2000-2	0.01g	台	1
7	万户电炉	1kW×2		台	1
8	游标卡尺	150mm	0.02mm	把	1
9	秒表		0.1s	个	1
10	温度计	100/200℃	0.1℃	支	各10

序　号	名　称	规格型号	精　度	单　位	数　量
11	沥青针入度	LZR-2	0.01mm	台	1
12	沥青延度仪	1.5m	0.1mm	台	1
13	沥青软化点仪		0.1℃	台	1
14	沥青恩氏黏度仪	WBE-4		台	1
15	台秤、案秤	TGT-100/AGT-10	50g/5g	台	各1
16	百分表	100mm	0.01mm	个	20
17	千分表	1mm	0.001mm	个	4
18	磁性表座			个	20
19	漏斗	日式	640L/1500mL	个	各1
20	容积	1L/2L		个	各1
21	试模	70.7mm 三联		条	30
22	试模	$100 \times 100 \times 400$(mm)		件	5
23	试模	$\phi 50 \times 50$(mm)		件	10
24	玻璃仪器	量筒、烧杯、容积升、李氏比重瓶		套	1

三、钢筋焊接

钢筋焊接方式主要有以下几种形式：

(1)闪光对焊。

(2)电弧焊焊接类型可分：搭接焊、帮条焊、坡口焊和熔槽帮条焊、预埋件钢筋 T 型接头电弧焊、水平窄间隙焊。

(3)电渣压力焊。

(4)气压焊。

(5)预埋件埋弧压力焊。

四、道砟

1.道砟的分类

铁路道砟主要包括碎石道砟、筛选卵石道砟、天然级配卵石道砟、砂子道砟和熔炉矿道砟等。目前,最常用的是碎石道砟。碎石道砟按材料指标可分为特级道砟、一级道砟和二级道砟。

2.道砟的使用范围

高速铁路道床应采用特级碎石道砟。Ⅰ、Ⅱ级铁路的碎石道床材料应采用一级道砟。

3.道砟的作用

道砟位于轨枕以下、路基面以上,它的主要作用是支撑轨枕,把来自轨枕上部的巨大荷载均匀地分布到路基面上,大大减少了路基的变形。道砟作为道床材料,还有利于调节轨道高度的作用。底砟是铁路碎石道床的重要组成部分,位于碎石道床道砟层和路基基床表层之间,起着传递、分布列车荷载,放置面砟和路基基床表层颗粒之间的相互渗透,具有渗水过渡和防冻保温等作用。但是,使用道砟作为道床材料也有其弱点。道砟长年暴露在大自然中,在列车的动力和线路捣固时的双重冲击作用下,易出现变形、粉化、脏污,降低了它的承载能力和排水性能,也失去了应有的弹性。因此必须定期地对道床进行清筛,剔除污土、补充新砟,因此线路的养护、维修工作量较大。根据《铁路碎石道砟》(TB/T 2140—2008)和《铁路碎石道床底砟》(TB/T 2897—1998)标准,砟场建场和生产质量管理均有严格的程序。

任务实施

一、自密实混凝土原材料及性能检测的内容和要求(表6-5~表6-7)

表6-5

检测项目		进场检查		复检		日常检验	
		项目	频次	项目	频次	项目	频次
水泥	烧失量	√	每次进货时,要检查供应商提供的报告	√	下列任一情况为一批,每批检验一次:①任何新选货源;②同厂家、同批号、同品种、同出厂日期的水泥出厂日期达3个月的		同厂家、同批号、同品种、同强度等级、同出厂日期的散装水泥每500t(袋装水泥每200t)检验一次,当不足500t或200t时,也需检验一次
	氧化镁	√		√			
	三氧化硫	√		√			
	比表面积	√		√		√	
	凝结时间	√		√		√	
	安定性	√		√		√	
	游离氧化钙			√			
	氯离子含量			√			
	强度	√		√		√	
	碱含量	√		√			
	助磨剂名称及掺量	√					
	石膏种类及掺量	√					
	混合材种类及掺量	√					
	熟料C_3A含量	√					
粉煤灰	细度	√	每次进货时,要检查供应商出厂的检测报告	√	下列任一情况为一批,每批检验一次:①任何新选货源;②使用同厂家、同批号、同品种、同出厂日期的产品达6个月的	√	同厂家、同批号、同品种、同出厂日期的产品每100t检验一次,不足100t的也需检验一次
	烧失量	√		√		√	
	含水率	√		√			
	需水量比	√		√		√	
	三氧化硫含量	√		√			
	碱含量	√		√			
	氯离子含量	√		√			
	氧化钙	√		√			
	游离氧化钙	√		√		√	

检测项目		进场检查		复检		日常检验	
		项目	频次	项目	频次	项目	频次
磨细矿渣粉	密度	√	每次进货时，要检查供应商出厂的检测报告	√	下列任一情况为一批，每批检验一次：①任何新选货源；②使用同厂家、同批号、同品种、同出厂日期的产品达6个月的	√	同厂家、同批号、同品种、同出厂日期的产品每100t检验一次，不足100t的也需检验一次
	比表面积	√		√		√	
	烧失量	√		√		√	
	氧化镁含量	√		√			
	三氧化硫含量	√		√			
	氯离子含量	√		√			
	含水率	√		√			
	流动度比	√		√			
	碱含量	√		√		√	
	活性指数	√		√			
细集料	5mm筛累计筛余量	√	每次进货时，要检查供应商出厂时的检测报告	√	下列任一情况为一批，每批检验一次：①任何新选料源；②使用同厂家、同品种、同规格产品达一年的	√	连续供应同厂家、同规格的细集料400m³（或600t）检验一次，不足400m³（或600t）时也需检验一次
	0.63mm筛累计筛余量	√		√			
	0.16mm筛累计筛余量	√		√		√	
	吸水率	√		√			
	细度模数	√		√		√	
	含泥量	√		√		√	
	泥块含量	√		√		√	
	压碎指标（人工砂）	√		√		√	
	石粉含量（人工砂）	√		√		√	
	坚固性	√		√		√	
	云母含量	√		√		√	
	轻物质含量	√		√		√	
	有机物质含量	√		√		√	
	硫化物及硫酸盐含量	√		√		√	
	氯离子含量	√		√		√	
	碱活性	√		√		√	
粗集料	颗粒级配	√	每次进货时，检查供应商出厂时的检验报告	√	下列任一情况为一批，每批检验一次：①任何新选料源；②使用同厂家、同品种、同规格产品达一年的	√	连续供应同厂家、同规格的细骨料400m³（或600t）检验一次，不足400m³（或600t）时也需检验一次
	岩石抗压强度	√		√			
	吸水率	√		√			
	紧密空隙率	√		√			
	压碎指标值	√		√		√	
	坚固性	√		√		√	
	针片状颗粒含量	√		√		√	
	含泥量	√		√		√	
	泥块含量	√		√		√	
	硫化物及硫酸盐含量	√		√		√	
	有机物含量（卵石）	√		√		√	
	氯离子含量	√		√			
	碱活性	√		√			

检 测 项 目		进 场 检 查		复 检		日 常 检 验	
		项目	频次	项目	频次	项目	频次
水	pH 值			√	下列任一情况为一批，每批检验一次：①任何新选料源；②使用同厂家、同品种、同规格产品达一年的	√	同一水源的涨水季节检验一次；施工单位试验检验；监理单位按施工单位检验次数的 10% 进行见证检验，但至少一次
	不溶物含量			√		√	
	可溶物含量			√		√	
	氯化物含量			√		√	
	硫酸盐含量			√		√	
	碱含量			√		√	
	凝结时间			√			
	抗压强度比			√			
外加剂	减水率	√	每次进货时，检查供应商出厂的检验报告	√	下列任一情况为一批，每批检验一次：①任何新选货源；②使用同厂家、同批号、同品种、同出厂日期的产品达 6 个月的	√	同厂家、同批号、同品种、同出厂日期的产品每 50t 检验一次，不足 50t 的也需检验一次
	常压泌水率比	√		√		√	
	压力泌水率比	√		√		√	
	含气量	√		√		√	
	凝结时间差	√		√			
	抗压强度比	√		√		√	
	坍落度保留值			√			
	硫酸钠含量			√			
	碱含量	√		√			
	氯离子含量	√		√			
	收缩率比	√					
	甲醛含量	√					

自密实混凝土拌合物性能检测要求 表 6-6

序 号	检 测 项 目	日 常 检 验	
		项目	频次
1	坍落扩展度	√	①搅拌站首盘混凝土取样检验一次；②每 50m³ 混凝土取样检测一次；③每班至少一次
2	T_{50}	√	
3	含气量	√	
4	入模温度	√	
5	塑性膨胀率	√	①同施工标段、同施工工艺、同配合比混凝土至少进行一次抽检；②8000m³ 混凝土检验一次

硬化自密实混凝土性能检测要求　　　　　　　　　表 6-7

序　号	检验项目	项　目	频　次
1	抗压强度	√	每 50m³ 检验一次
2	抗冻性	√	①同一施工合同段、同一施工工艺、同一配合比混凝土至少进行一次抽检；②每 8000m³ 混凝土检验一次
3	电通量	√	
4	干燥收缩	√	

自密实混凝土质量检测如下所示：

（1）自密实混凝土的质量检验包括原材料检验、拌合物性能检验和硬化混凝土性能检验。

（2）施工前应按表 6-1 的要求对自密实混凝土原材料的产品合格证及出厂质量检验报告进行进场核查，并按规定进行复检。其中，主要原材料品质应满足本暂行技术条件的相关规定；按设计及施工要求复检施工配合比混凝土的拌合物工作性能，核查配合比试拌过程以及相关混凝土力学性能、收缩性能和耐久性能等试验结果。

（3）施工过程应按表 6-1 的要求对自密实混凝土的主要原材料的品质，按相关规定进行日常检验，应按表 6-2 和表 6-3 对自密实混凝土拌合物性能与硬化混凝土性能进行检验。

（4）在施工过程中，如更换水泥、外加剂、矿物掺和料等主要原材料的品种及规格，应重新进行混凝土配合比选定试验，并对试验配合比混凝土的拌合物性能、力学性能、收缩性能与耐久性能进行检测，检测结果应分别满足设计与相关规定。

（5）对用于施工过程控制或质量检测的混凝土强度和耐久性取样试件，应从同一盘混凝土或同一车运送的混凝土中取出进行质量检测。

二、水泥乳化沥青砂浆（CA 砂浆）试验检测

水泥乳化沥青砂浆的质量检测分型式检测、原材料进场检查、日常检测以下分别详细介绍。

1. 型式检测

型式检测包括：原材料型式检测和水泥沥青砂浆型式检测。型式检测应委托具有相应资质的检测单位进行。原材料型式检测：应对乳化沥青、干料的性能进行型式检测，检测项目和检测结果应满足本技术条件的要求：配合比选定时；首批材料进场时；每施工 5000m³ 水泥沥青砂浆时（不足时按一批计算）。应对减水剂的性能进行型式检测，检测项目和检测结果应满足本技术条件的要求：首批减水剂进场时、选用新减水剂时、每当减水剂使用 6 个月时。应对沥青、水泥、砂的性能进行型式检测，检测项目和检测结果应满足本技术条件的要求：配合比选定时；每施工 5000m³ 水泥沥青砂浆时（不足时按一批计算）。水的型式检测批次按相关规定进行。水泥沥青砂浆性能型式检测：应对水泥沥青砂浆的性能进行型式检测，检测项目和检测结果应满足本技术条件的要求：配合比选定时、选用新材料时、每施工 5000m³ 水泥沥青砂浆时（不足时按一批计算）。

2. 原材料进场检测

原材料进场时,应对原材料的品种、数量以及质量证明书等进行核查验收。乳化沥青的质量证明书中应含有采用的沥青或改性沥青的质量证明文件,干料质量证明书中应含有采用的水泥、细骨料的相关质量证明文件。

3. 日常检测

日常检测包括:原材料日常检测及水泥沥青砂浆日常检测。原材料日常检测项目及抽检频率见表6-8。水泥沥青砂浆日常检测项目及抽检频率见表6-9。检测结果应满足本技术条件的要求。

原材料日常检测项目及抽检频率 　　　　　　　　　　　表6-8

原材料名称	检测项目	抽检频率
乳化沥青	温度	同厂家、同生产日期的产品每200t检测一次,不足200t的也需检测一次
	筛上剩余物(1.18mm)	
	水泥适应性	
	储存稳定性(1d)	
	蒸发残留物含量	
减水剂	减水率	同厂家、同批号、同品种、同出厂日期的产品每50t检测一次,不足50t也需检测一次
干料	温度	同厂家、同生产日期的产品每500t检测一次,不足500t也需检测一次
	粒料级配	
	强度	

水泥沥青砂浆日常检测项目及抽检频率 　　　　　　　　　　表6-9

序　号	检测项目	抽检频率	序　号	检测项目	抽检频率
1	砂浆温度	首盘;1次/10盘	6	膨胀率	1次/工班
2	流动度	首盘;1次/10盘	7	分离度	1次/工班
3	扩展量	首盘;1次/10盘	8	抗折强度	1次/工班
4	含气量	首盘;1次/10盘	9	抗压强度	1次/工班
5	单位容积质量	首盘;1次/10盘			

三、钢筋焊接接头试验检测

1. 一般规定

钢筋焊接接头或焊接制品(焊接骨架、焊接网)应按检测批进行质量检测与验收。质量检测与验收应包括外观质量检查和力学性能检测,并划分为主控项目和一般项目两类。在纵向受力钢筋焊接接头验收中,闪光对焊接头、箍筋闪光对焊接头、电弧焊接头、电渣压力焊接头、气压焊接头、预埋件钢筋"T"形接头的连接方式检查和接头力学性能检测应为主控项目,焊接接头的外观质量检查应为一般项目。主控项目的质量应符合本规程的有关规定。

非纵向受力钢筋焊接接头的质量检测与验收,包括焊接骨架、焊接网交叉钢筋电阻点焊焊点、钢筋与钢板电弧搭接焊接头为一般项目。纵向受力钢筋焊接接头的连接方式应符合设计要求,并应全数检查,检测方法为目视观察。纵向受力钢筋焊接接头的外观质量检查应符合下列规定:

(1)每一批被检验的焊接接头中应随机抽取10%的焊接接头;箍筋闪光对焊接头应随机抽取5%。当外观质量各小项不合格数均小于或等于抽检数的10%时,则该批焊接接头外观质量可以被评为合格。

(2)当某一小项不合格数超过了被抽检数的10%时,就应对该批焊接接头该小项逐个进行复检,并剔出不合格的接头;对外观检查不合格接头采取修整或焊补措施后,可提交二次验收。

2.钢筋焊接骨架和焊接网检测

焊接骨架和焊接网的质量检测应包括外观检查和力学性能检测,并应按下列规定抽取。凡钢筋牌号、直径及尺寸相同的焊接骨架和焊接网应视为同一类型制品,且每300件作为一批,一周内不足300件的亦应按一批计算;外观检查应按同一类型制品分批检查,每批抽查5%,且不得少于10件;力学性能检测的试样,应从每批成品中切取;已经切取过试样的制品,应补焊同牌号、同直径的钢筋,其每边的搭接长度不应小于2个孔格的长度;当焊接骨架所切取试样的尺寸小于规定的试样尺寸,或受力钢筋直径大于8mm时,可在生产过程中制作模拟焊接试验网片,从中再切取试样。由几种直径钢筋组合而成的焊接骨架或焊接网,应对每种组合的焊点做力学性能检测;热轧钢筋的焊点应做剪切试验,试样数量为3个;对冷轧带肋钢筋还应沿钢筋焊接网的两个方向各截取一个试样进行拉伸试验。

关于焊接网外形尺寸检查和外观质量检查的结果,应符合下列要求:

(1)钢筋焊接网间距的允许偏差取±10mm和规定间距的±5%的较大值。网片长度和宽度的允许偏差取±25mm和规定长度的±0.5%的较大值。网片两对角线之差不得大于10mm;网格数量应符合设计规定;

(2)钢筋焊接网焊点开焊数量不应超过整张网片交叉点总数的1%,并且任意一根钢筋上开焊点不得超过该支钢筋上交叉点总数的1/2。焊接网最外边钢筋上的交叉点不得开焊。

(3)钢筋焊接网表面不应有影响使用的缺陷。当性能符合要求时,允许钢筋表面存在浮锈或因矫直造成的钢筋表面轻微损伤的现象。

知识链接

1.钢筋电渣压力焊接头

电渣压力焊接头的质量检测,应分批进行外观检查和力学性能检测,并应按下列规定作为一个检测批:在现浇钢筋混凝土结构中,应把300个同牌号钢筋接头作为一批;在房屋结构中,应在不超过二楼层中300个同牌号钢筋接头作为一批;当不足300个接头时,仍应作为一批。每批随机切取3个接头试件做拉伸试验。

电渣压力焊接头外观的检查结果应符合下列要求:

(1)四周焊包凸出钢筋表面的高度,当钢筋直径为25mm及以下时,不得小于4mm;当钢筋直径为28mm及以上时,不得小于6mm。

（2）钢筋与电极接触的地方,应无烧伤缺陷。

（3）接头处的弯折角度不得大于 3°。

（4）接头处的轴线偏移不得大于钢筋直径的 0.1 倍,且不得大于 2mm。

2. 钢筋气压焊接头

对于气压焊接头的质量检测,应分批进行外观检查和力学性能检测,并应按下列规定作为一个检测批:在现浇钢筋混凝土结构中,应以 300 个同牌号钢筋接头作为一批;在房屋结构中,应在不超过二楼层中 300 个同牌号钢筋接头作为一批;当不足 300 个接头时,仍应作为一批。在柱、墙的竖向钢筋连接中,应从每批的接头中随机切取 3 个接头去做拉伸试验;在梁、板的水平钢筋连接中,应另切取 3 个接头去做弯曲试验。异径气压焊接头可只做拉伸试验。在同一批试验中,若有几种不同直径的钢筋焊接接头,应在最大直径钢筋的焊接接头和最小直径钢筋的焊接接头中分别切取 3 个接头进行拉伸、弯曲试验。

固态或熔态气压焊接头外观的检查结果应符合下列要求:

（1）接头处的轴线偏移 e 不得大于钢筋直径的 0.15 倍,且不得大于 4mm;当对不同直径钢筋进行焊接时,应按较小的钢筋直径计算;当大于上述规定值,但在钢筋直径的 0.30 倍以下时,可进行加热矫正;当大于 0.30 倍时,应切除重焊。

（2）接头处的弯折角度不得大于 3°;当大于规定值时,应进行重新加热矫正。

（3）固态气压焊接头镦粗直径 d_c 不得小于钢筋直径的 1.4 倍,熔态气压焊接头镦粗直径 dc 不得小于钢筋直径的 1.2 倍;当小于上述规定值时,应重新加热镦粗。

（4）镦粗长度 L_c 不得小于钢筋直径的 1.0 倍,且凸起部分应平缓圆滑;当小于上述的规定值时,应重新加热镦长。

3. 钢筋闪光对焊接头

闪光对焊接头的质量检测,应分批进行外观检查和力学性能检测,按下列规定作为一个检测批:在同一台班内,由同一个焊工完成的 300 个同牌号、同直径钢筋焊接接头应作为一批。当同一台班内焊接的接头数量较少,可在一周之内累计计算;累计仍不足 300 个接头时,应按一批计算;在做力学性能检测时,应从每批接头中随机切取 6 个接头,将其中 3 个用于做拉伸试验,另外 3 个做弯曲试验;异径接头可只做拉伸试验。

闪光对焊接头外观的检查结果应符合下列要求:

（1）接头处不得有横向裂纹。

（2）与电极接触处的钢筋表面不得有明显烧伤。

（3）接头处的弯折角度不得大于 3°。

（4）接头处的轴线偏移不得大于钢筋直径的 0.1 倍,且不得大于 2mm。

4. 钢筋电弧焊接头

对于电弧焊接头的质量检测,应对其分批进行外观检查和力学性能检测,并应按下列规定作为一个检测批:在现浇混凝土结构中,应以 300 个同牌号钢筋、同型式接头作为一批;在房屋结构中,应在不超过二楼层中 300 个同牌号钢筋、同型式接头作为一批。从每批随机切取 3 个接头,做拉伸试验;在装配式结构中,可按生产条件制作模拟试件,每批 3 个,做拉伸试验;钢筋与钢板电弧搭接焊接头可只进行外观检查。

注意:在同一批中若有几种不同直径的钢筋焊接接头,应在最大直径钢筋接头和最小直径钢筋接头中分别切取 3 个试件进行拉伸试验。

四、铁路道砟检测

道砟应进行资源性检测、生产检测和出场检测。道砟检测由采石场质量检测部门负责,用户有权参与检测和复检。

1. 资源性检测

新建采石场及旧采石场转移工作面或工作面上岩层材质、种类有明显变化时,应将石料单轴抗压强度等进行检测,并划分道砟等级。

2. 采样

由受委托的地矿单位划分岩层,并在每一岩层中取一组有代表性的试样交送检测。一组试样中应包括:

碎石试样:粒径(方孔筛)为 60 ~ 70mm,质量为 200kg。

块石试样:体积为 200mm × 160mm × 140mm,块数为 4 块,如岩石层理分明,应补加 2 块取样方向平行于层理方向的试样。

3. 生产检测

采石场每生产 15 万 m^3 道砟(年产量少于 15 万 m^3 道砟的采石场,时间不超过一年),应对规定的各项内容都进行一次检测。

道砟粒径级配、颗粒性状及清洁度指标,除每周进行检测一次之外,每生产工班均应通过目测进行监视,如发现问题,应及时检测。监视及检测结果均应填入生产日记,作为填发产品合格证的依据。

块石试样与建场检测中的块石试样相同。碎石试样从成品出料口或成品运输带上提取有间隔地取 4 个子样,每个子样质量约 100kg 并将它们拌和均匀,用四分法取约 200kg 进行级配检测。在进行材料检测时,按规定的粒径和质量,剔除针、片状颗粒,从中取约 200kg 备料中筛分试样(粒径 7.1 ~ 10mm、10 ~ 16mm 的试样,从道砟副产品中提取),插入标签,分级装袋,交到道砟材料试验部门使用。进行颗粒性状和清洁度指标检测用的试样,也将剩下的 200kg 备料以供选用。当检测的结果与原等级不符时,相关部门应会同采石场质监部门共同见证取样,送至资源性检测单位进行复验。根据复验的结果重新划分道砟等级。

4. 出场检测

采石场质量检查员在装车前应对产品进行出场检测。检测项目为道砟粒径级配、颗粒形状及清洁度指标。对不符合标准的产品,质量检查员有权拒绝装车。

道砟产品按批交付。一列车,装运同一等级、交付同一用户的道砟算一批。用汽车运输时,一昼夜内,装运同一等级、交付同一用户的道砟算一批。每批产品必须附有质量检查员签发的产品合格证。

用砟单位在卸砟现场如发现装运数量不足,应在卸砟前通知采石场派人赴现场复验。如发现超出或不足标准的粒径,颗粒形状或清洁度指标与标准不符,应通知采石场会同相关部门赴现场复验。复验时的取样方法如下:在卸砟前,如装砟车少于 3 辆,则从每个车辆中取一个子样;如多于 3 辆,则从任意 3 辆中各取一个子样。每个子样约 130kg,并从车辆的 4 角及中央 5 处提取。当卸砟后,则由用砟单位任选 125m 长度的卸砟地段,每隔 25m 由砟肩到坡底均匀选一个子样(合计 5 个),每个子样的质量约 70kg。

思考与练习

1. 轨道工程试验检测的任务和内容有哪些?
2. 简述自密实混凝土的定义、特点及检测要求有?

附录 《轨道工程检测技术》课程标准

课程名称:轨道工程检测技术   课程类型:专业核心课
适用专业:城市轨道交通工程技术 开设学期:第二学年第二学期
学时/学分:72/4.5

一、课程性质

本课程是高职城市轨道交通工程技术专业的专业核心课程。本课程的目标是让学生掌握轨道工程检测技术的能力。它要以"城市轨道交通概论""土木工程材料""轨道测量技术"等课程的学习为基础,也是进一步学习"轨道线路养护与维修技术"课程的基础。

二、课程设计思路

本课程以铁路技术人员、施工人员和检测人员等职业岗位活动为导向,联合多家铁路局集团有限公司和铁路行业工程局等企业技术专家共同分析轨道工程检测的工作任务所需能力,融入最新标准、规范和方法,并结合校内实训场地实际情况以及在遵循高等职业院校学生的认知规律的基础上,合理选取和组织教学内容。本课程以"工作项目"为主线,创设工作情景;以书本知识的传授变为动手能力的培养为重点,结合职业技能,强化学生实践动手能力的培养,从而实现职业能力的培养目标。

本课程标准从"任务与职业能力"分析出发,遵循高等职业院校学生的认知规律,紧密结合职业教育中相关技能考核要求,确定课程内容。

三、课程目标

(一)总体目标

通过本课程的学习,使学生掌握轨道检测系统知识,使学生具有初步的独立解决轨道检测实际问题的能力,培养学生成为具备轨道检测基本操作技能的高素质专业人才。

(二)具体目标

1. 专业能力
(1)能正确理解轨道工程基本概念及相关工程术语。
(2)能够掌握轨道线路静态检测和各部分结构检测内容。
(3)能够正确描述钢轨常见伤损类型以及成因。
(4)能够准确掌握四种无砟轨道类型检测内容和要求以及检测原理。

（5）能够掌握道岔的结构组成以及几何形位。

2.方法能力

（1）能够识别出常见钢轨伤损类型，并会使用钢轨探伤仪进行简单的探伤作业。

（2）能够熟练使用轨检小车以及轨道常用检测仪器对轨道线路以及轨道结构进行检测作业。

（3）能够熟练承担施工现场的CRTSⅢ型无砟轨道板精调工作。

（4）能够胜任施工现场轨道精调工作，并进行数据分析。

（5）能够在现场完成一系列轨道检测的工作。

3.社会能力

（1）在学习的过程中培养学生独立思考、钻研探索的兴趣，在平时学习实践中不断获取成就感、满足感和兴奋感，并引发他们对后续课程的学习热情和渴望。

（2）训练学生收集和处理信息、获取新知识的能力、综合运用所学知识分析和解决问题的能力，形成良好的思维习惯、工作方法和科学态度，在未来的岗位上有能力进一步学习新技术、解决新问题。

（3）培养学生既具有独立思考，又具有团队精神。掌握系统工程的方法，善于组织团队，团结协作，共同解决技术问题。

（4）培养学生关注相关学科发展动态，紧跟技术发展前沿，终生适应科技发展水平，树立创新意识，培养创新精神。

四、课程内容组织与安排

本课程设置6个教学项目，每个项目又分为若干个学习任务，每个学习任务以轨道工程检测任务实施为线索来组织实施教学（附表1）。

教学内容组织与安排　　　　　　　　　　　　附表1

序号	项目名称	教 学 内 容	教学方法	教学场所	参考学时	
					理论	实践
1	轨道工程检测概述	轨道交通发展概况；轨道工程检测技术发展概况	讲授法任务驱动法	教室	4	0
2	轨道线路与结构检测	轨道线路静态检测；轨道结构检测	讲授法任务驱动法项目教学法	教室+城轨实训场	8	8
3	钢轨探伤检测	钢轨伤损类型；钢轨伤损检测	讲授法任务驱动法案例教学法	教室+城轨实训场	6	2
4	无砟轨道检测	CRTSⅠ型板式无砟轨道检测；CRTSⅡ型板式无砟轨道检测；CRTSⅢ型板式无砟轨道检测；双块式无砟轨道检测	讲授法任务驱动法项目教学法	教室+城轨实训场	10	20

续上表

序号	项目名称	教学内容	教学方法	教学场所	参考学时	
					理论	实践
5	道岔检测技术	道岔概述； 道岔结构检测	讲授法 任务驱动法 项目教学法	教室＋城轨实训场	6	4
6	轨道工程试验检测	轨道工程试验检测概述； 轨道工程试验检测技术	讲授法 任务驱动法	教室	4	0
合计:72学时(其中实践教学学时比例为47%)					38	34

五、课程内容与教学要求(附表2)

课程内容与教学要求　　　　　　　　　附表2

项目一	轨道工程检测概述	参考学时	理论	4
			实践	0

学习目标	能够准确理解轨道工程检测的内容和形式,能够准确掌握轨道检测技术设备的发展
学习内容	任务一　轨道交通发展概况 任务二　轨道工程检测技术发展概况 重点:轨道工程检测的内容和方法 难点:轨道工程检测设备的发展历程
教学方法与手段	启发引导和案例分析和分组讨论,多媒体教学
教学活动设计	(1)引出本节课的内容。请学生思考轨道工程检测的内容,给学生讨论时间并进行小组汇报,教师进行简单点评,留下伏笔,让学生学完这部分内容之后,再继续完善自己的答案; (2)结合搜集到的图片、工程案例给学生讲解轨道工程相关概念和轨道工程检测方式和内容以及轨道检测技术发展概况,以便学生更好地理解所授的理论知识; (3)讲完之后再回到本课程之前提出的任务,请各小组运用已学知识进行补充回答
教学条件	(1)具有一批专业技能强、教学经验丰富、爱岗敬业的高水平教师; (2)多媒体教室,完成相关理论和视频教学内容; (3)资料室,及有相关的教材、规范等

考核评价	方式		主要考核点	知识	轨道工程相关概念、轨道工程检测的目的和意义,轨道工程检测的内容和形式
	教师过程评价＋期末考试			技能	轨道检测技术
	权重	6%		态度	出勤情况,组织性、纪律性、作业提交及时性、参与讨论的积极性

参考资料及其他说明	

项目二	轨道线路与结构检测	参考学时	理论	8
			实践	8
学习目标	能够准确掌握轨道线路几何尺寸检测方法以及熟练掌握各种检测仪器使用,能够准确掌握轨道各部分结构检测作业			
学习内容	任务一 轨道线路静态检测 任务二 轨道结构检测 重点:轨道线路静态和结构检测内容 难点:轨道线路静态和结构检测方法以及熟练掌握检测仪器的操作			
教学方法与手段	启发引导和案例分析和分组讨论,多媒体教学,现场教学			
教学活动设计	(1)引出本节课的内容。请学生思考在轨道线路静态检测指标以及轨道各部分结构检测的内容有哪些?这些检测内容需要用到什么样的仪器?检测方法?给学生讨论时间并进行小组汇报,教师进行简单点评,留下伏笔,让学生学完这部分内容之后,再继续完善自己的答案; (2)根据教学计划和大纲进行理论讲解,理论讲授完之后,让学生到轨道实训现场进行实际操作,并引导学生掌握轨道检测仪器使用方法,掌握轨道线路静态几何尺寸以及轨道各部分结构检测的内容和方法,并进行小组考核; (3)讲完之后再回到本课程之前提出的任务,请各小组运用已学知识进行补充回答			
教学条件	(1)具有一批专业技能强、教学经验丰富、爱岗敬业的高水平教师; (2)多媒体教室,完成相关理论和视频教学内容;校内实训场地,具有一定的空间和真实的结构物和高精度的精密检测仪器,满足学生对轨道检测作业的要求; (3)需要完整有针对性的轨道检测实训手册,以及相关的教材规范等			

考核评价	方式		主要考核点	知识	轨道线路静态几何尺寸指标以及概念和检测所需仪器,轨道各部分结构检测的内容和方法
	教师过程评价 + 期末考试			技能	轨道线路静态几何尺寸检测方法
	权重	23%		态度	出勤情况,组织性、纪律性、作业提交及时性、参与讨论的积极性

参考资料及其他说明	

项目三	钢轨探伤检测	参考学时	理论	6
			实践	2
学习目标	能够准确辨别常见钢轨伤损类型,能够准确掌握钢轨探伤仪检测流程和使用方法			
学习内容	任务一 钢轨伤损类型 任务二 钢轨伤损检测 重点:钢轨常见伤损类型以及成因分析 难点:钢轨伤损波形图分析			

教学方法与手段	启发引导和案例分析和分组讨论,多媒体教学,现场教学			
教学活动设计	(1)引出本节课的内容。请学生思考在日常生活中你所接触到的钢轨伤损有哪些?为什么会发生这些伤损?怎么样检测?给学生讨论时间并进行小组汇报,教师进行简单点评,留下伏笔,让学生学完这部分内容之后,再继续完善自己的答案; (2)根据教学计划和大纲进行理论讲解,并搜集相关图片和视频辅助讲解,理论讲授完之后,让学生到轨道实训现场进行实际操作,并引导学生掌握钢轨探伤仪的使用方法,掌握钢轨探伤流程; (3)讲完之后再回到本课程之前提出的任务,请各小组运用已学知识进行补充回答			
教学条件	(1)具有一批专业技能强、教学经验丰富、爱岗敬业的高水平教师; (2)多媒体教室,完成相关理论和视频教学内容;校内实训场地,具有一定的空间和真实的结构物和高精度的精密检测仪器,满足学生对钢轨探伤检测作业的要求; (3)需要完整有针对性的轨道检测实训手册,以及相关的规范等			
考核评价	方式		知识	轨道交通线路分类以及组成和附属设备
	教师过程评价 + 期末考试		技能	轨道线路检测和养护维修的内容和方法
	权重	11%	态度	出勤情况,组织性、纪律性、作业提交及时性、参与讨论的积极性
参考资料及其他说明				

项目四	无砟轨道检测	参考学时	理论	10
			实践	20
学习目标	能够准确掌握 CRTS Ⅰ、CRTS Ⅱ、CRTS Ⅲ 型无砟轨道检测以及双块式无砟轨道检测方法以及流程			
学习内容	任务一　CRTS Ⅰ 型板式无砟轨道检测 任务二　CRTS Ⅱ 型板式无砟轨道检测 任务三　CRTS Ⅲ 型板式无砟轨道检测 任务四　双块式无砟轨道检测 重点:CRTS Ⅲ 型无砟轨道检测 难点:双块式无砟轨道检测			
教学方法与手段	启发引导和案例分析和分组讨论,多媒体教学和现场教学			
教学活动设计	(1)引出本节课的内容。请学生思考无砟轨道检测的内容、方法和流程?给学生讨论时间并进行小组汇报,教师进行简单点评,留下伏笔,让学生学完这部分内容之后,再继续完善自己的答案; (2)根据教学计划和大纲进行理论讲解,并搜集相关图片和视频辅助讲解,理论讲授完之后,让学生到轨道实训现场进行实际操作,并引导学生掌握四种类型的无砟轨道检测方法和流程; (3)讲完之后再回到本课程之前提出的任务,请各小组运用已学知识进行补充回答			

教学条件	（1）具有一批专业技能强、教学经验丰富、爱岗敬业的高水平教师； （2）多媒体教室，完成相关理论和视频教学内容；校内实训场地，具有一定的空间和真实的结构物和高精度的精密检测仪器，满足学生对四种类型无砟轨道检测作业的要求； （3）需要完整有针对性的轨道检测实训手册，以及相关的教材规范等			
考核评价	方式		主要考核点	知识	四种类型无砟轨道检测内容

考核评价	方式		主要考核点	知识	四种类型无砟轨道检测内容
	教师过程评价＋期末考试			技能	四种类型无砟轨道检测防和流程以及注意事项
	权重	41%		态度	出勤情况，组织性、纪律性、作业提交及时性、参与讨论的积极性
参考资料及其他说明					

项目五	道岔检测技术	参考学时	理论	6
			实践	4
学习目标	使学生能够掌握城市轨道交通线路养护维修的基本内容，能够非常清楚的了解线路养护维修都需要什么线路设备，能够做好一系列轨道线路维修作业之前的准备工作			
学习内容	任务一　道岔基础知识 任务二　单开道岔结构检测 重点：道岔几何形位以及道岔各部分结构组成 难点：单开道岔几何形位和结构检测方法			
教学方法与手段	启发引导和案例分析和分组讨论，多媒体教学和现场教学			
教学活动设计	（1）引出本节课的内容。请学生思考道岔有哪几部分组成以及几何形位有哪些？如何检测？给学生讨论时间并进行小组汇报，教师进行简单点评，留下伏笔，让学生学完这部分内容之后，再继续完善自己的答案； （2）根据教学计划和大纲进行理论讲解，并搜集相关图片和视频辅助讲解，理论讲授完之后，让学生到轨道实训现场进行实际操作，并引导学生掌握单开道岔检测方法和流程； （3）讲完之后再回到本课程之前提出的任务，请各小组运用已学知识进行补充回答			
教学条件	（1）具有一批专业技能强、教学经验丰富、爱岗敬业的高水平教师； （2）多媒体教室，完成相关理论和视频教学内容；校内实训场地，具有一定的空间和真实的结构物和高精度的精密检测仪器，满足学生对单开道岔检测作业的要求； （3）需要完整有针对性的轨道检测实训手册，以及相关的教材规范等			

考核评价	方式		主要考核点	知识	道岔功能和分类，单开道岔的几何形位以及组成
	教师过程评价＋期末考试			技能	单开道岔检测方法和流程
	权重	13%		态度	出勤情况，组织性、纪律性、作业提交及时性、参与讨论的积极性
参考资料及其他说明					

续上表

项目六	轨道工程试验检测	参考学时	理论	4
			实践	0
学习目标	使学生能够掌握城市轨道交通线路养护维修的基本内容,能够非常清楚地了解线路养护维修都需要什么线路设备,能够做好一系列轨道线路维修作业之前的准备工作			
学习内容	任务一 轨道工程试验检测概述 任务二 轨道工程试验检测技术 重点:自密实混凝土检测、CA砂浆检测以及铁路道砟检测 难点:钢筋焊接接头检测			
教学方法与手段	启发引导和案例分析和分组讨论,多媒体教学			
教学活动设计	(1)引出本节课的内容。请学生思考轨道工程用到了哪些材料以及检测方法?给学生讨论时间并进行小组汇报,教师进行简单点评,留下伏笔,让学生学完这部分内容之后,再继续完善自己的答案; (2)结合搜集到的图片、工程案例给学生讲解轨道工程试验检测的目的和内容以及检测方法和要求,以便学生更好的理解所授的理论知识; (3)讲完之后再回到本课程之前提出的任务,请各小组运用已学知识进行补充回答			
教学条件	(1)具有一批专业技能强、教学经验丰富、爱岗敬业的高水平教师; (2)多媒体教室,完成相关理论和视频教学内容; (3)资料室,有相关的教材规范等			

考核评价	方式		主要考核点	知识	轨道工程试验检测的目的和意义以及检测内容
	教师过程评价 + 期末考试			技能	轨道工程检测方法和要求
	权重	6%		态度	出勤情况,组织性、纪律性,作业提交及时性、参与讨论的积极性

参考资料及其他说明	

六、课程教学实施建议

(一)师资条件要求(附表3)

师 资 组 成 表 　　附表3

教师	人数条件	专业技术职务条件	职业资格条件	专业领域	在课程教学中承担的任务
课程负责人	1	讲师及以上			全面负责课程开发与设计,根据课程教学需要,制定实训条件建设规划,协助专业带头人开展专业实训条件建设,制定本课程师资建设规划并实施,实施课程教学

教师	人数条件	专业技术职务条件	职业资格条件	专业领域	在课程教学中承担的任务
主讲教师	1	讲师及以上			实施课程教学,进行课程资源建设,教材编写,实施课程相关实训条件建设,积极开展教学研讨,推进项目化教学改革和课程建设
指导教师	1	讲师及以上			承担课程教学实训教学指导,参与课程开发与建设
…					

(二)教学条件要求

根据城市轨道交通工程建设特点,让学生在最短的时间内、最真实的环境下完成复杂的实操训练,真正做到理论和实践结合,体现实训中心的配备价值,需要具备一个比较完整系统的接近实际施工现场的轨道实训场地和实训设备,能够容纳至少两个班级的学生上课,以及实训设备数量满足学生上课需要。

该课程所用到的仪器设备如下:

轨道几何状态检测仪(轨检小车)+轨道精调软件+工控机+高精度全站仪,CRTS Ⅰ、CRTS Ⅱ、CRTS Ⅲ型轨道板精调标架+精调软件+工控机+高精度全站仪+莱卡棱镜,超声波钢轨探伤仪,高精度水准仪,轨距尺、支距尺等。

(三)教学方法与教学手段建议

在教学方法上,要根据课程特点,考虑学生实际情况,选择能充分调动学生兴趣,注重培养学生实际能力的教学方法。比如项目导向教学法、头脑风暴法、示范模拟训练教学法、案例教学法等。

(1)在教学过程中,应立足于加强学生实际操作能力的培养,采用项目教学以工作任务引领提高学生学习兴趣,激发学生的成就动机。

(2)本课程教学的关键是轨道检测现场教学,在教学过程中,教师示范和学生分组讨论、训练互动,学生提问与教师解答,知道有机结合,让学生在"教"与"学"过程中,掌握轨道检测最新技术和方法。

(3)在教学过程中,要创设工作情境,同时应加大实践实操的容量,加强实操项目的训练,在实践实操过程中,使学生掌握轨道检测流程,提高学生的岗位适应能力。

(4)在教学过程中,要应用多媒体、投影的教学资源辅助教学,帮助学生熟悉工地现场的施工过程及控制要点。

(5)在教学过程中,要重视本专业领域新技术、新工艺、新材料发展趋势,贴近工地现场;为学生提供职业生涯发展的空间,努力培养学生参与社会实践的创新精神和职业能力。

(6)教学过程中教师应积极引导学生提升职业能力素养,提高职业道德。

(四)教材与参考资料

本课程使用教材:

曹英浩,霍君华,李冲光.轨道工程检测技术[M].北京:人民交通出版社股份有限公司,2019.

本课程参考文献:

(1)朱颖.客运专线无砟轨道铁路工程测量技术[M].北京:中国铁道出版社,2008.

(2)芮东升,赵陆青.德国高速铁路轨道技术简介[J].铁道标准设计,2006(S1):144-146.

(3)单位中铁一局集团有限公司.客运专线无砟轨道铁路工程施工技术指南[M].北京:中国铁道出版社,2007.

(4)单位中铁二院工程集团有限责任公司.高速铁路工程测量规范[M].北京:中国铁道出版社,2010.

(5)尚斌,张小宁.中国城市轨道交通现状及思考[J].交通与运输(学术版),2011(2):90-92.

(6)李耀宗.关于我国城市轨道交通规划与规模的反思[J].都市快轨交通,2005,18(4):83-85.

(五)课程资源开发与利用建议

(1)注重实验实训指导书和实验实训教材的开发和应用。

(2)注重课程资源和现代化教学资源的开发和利用,这些资源有利于创设形象生动的工作情境,激发学生的学习兴趣,促进学生对知识的理解和掌握。同时,建议加强课程资源的开发,建立多媒体课程资源的数据库,努力实现跨学校多媒体资源的共享,以提高课程资源利用效率。

(3)积极开发和利用网络课程资源,充分利用诸如电子书、电子期刊、数据库、数字图书馆、教育网站和电子论坛等网上信息资源,使教学从信息的单位传递向双向交换转变;学生单独学习向合作学习转变。同时应积极创造条件搭建远程教学平台,扩大课程资源的交互空间。

(4)产学合作开发试验实训课程资源,充分利用本行业典型的生产企业的资源,进行产学合作,建立实习实训基地,时间"工学"交替,满足学生的实习实训,同时为学生的就业创造机会。

(5)建立本专业开放实训中心,使之具备现场教学、实验实训、职业技能证书考证的功能,实现教学与实训合一、教学与培训合一、教学与考证合一,满足学生综合职业能力培养的要求。

七、教学评价

(一)考核评价

改革传统的学生评价手段和方法,采用阶段评价、过程性评价与目标评价相结合,项目评价,理论与实践一体化评价模式。

关注评价的多元性,结合课堂提问、学生作业、平时测验、实验实训考核及考试情况,综合评价学生成绩。

应注重学生动手能力和实践中分析问题、解决问题能力的考核,对在学习和应用上有创新的学生应予特别鼓励,全面综合评价学生能力。

本课程的总评成绩=平时成绩+期末考试成绩。其中平时成绩(平时成绩包括考勤、作业、两次测验、实训考核)占50%,期末考试成绩占50%。

（二）评价标准（附表4）

考核成绩评定表　　　　　附表4

	序号	项目		小计
平时成绩组成40%	1	考勤成绩		10
	2	作业成绩		15
	3	测验1		5
	4	测验2		5
	5	实训考核成绩		15
		合计（$S_{平时}$）		50
	序号	题型	题(空)数	每题(空)分数	小计
期末成绩组成60%	1	单选题	10题	1分/题	10
	2	填空题	10题	1分/题	10
	3	判断题	10题	1分/题	10
	4	名词解释题	3题	2分/题	6
	5	简答题	2题	7分/题	14
		合计（$S_{期末}$）			50
总评成绩	共计 $S_{总评}=S_{平时}+S_{期末}$				100

参 考 文 献

[1] 朱颖.客运专线无砟轨道铁路工程测量技术[M].北京:中国铁道出版社,2008.

[2] 芮东升,赵陆青.德国高速铁路轨道技术简介[J].铁道标准设计,2006(S1):144-146.

[3] 中铁一局集团有限公司.客运专线无砟轨道铁路工程施工技术指南[M].北京:中国铁道出版社,2007.

[4] 中铁二院工程集团有限责任公司.高速铁路工程测量规范[M].北京:中国铁道出版社,2010.

[5] 尚斌,张小宁.中国城市轨道交通现状及思考[J].交通与运输(学术版),2011(2):90-92.

[6] 李耀宗.关于我国城市轨道交通规划与规模的反思[J].都市快轨交通,2005,18(4):83-85.